D1869091

S.F.
V.

Albrecht Goes

Mit Mörike und Mozart

Studien aus fünfzig Jahren

S. Fischer

Für diese Ausgabe:
© 1988 S. Fischer Verlag GmbH, Frankfurt am Main
Satz und Druck: Wagner GmbH, Nördlingen
Einband: G. Lachenmaier, Reutlingen
Printed in Germany 1988
ISBN 3-10-026520-3

Inhalt

Mit Mörike und Mozart

Hinweis

Sag ich »Mörike oder Liebe auf den sechsten Blick«, so hält man das für eine so dürftige Liebeserklärung, daß sie wirklich nicht auch noch gedruckt werden sollte, dabei ist der Satz nichts als ein biographisch-zuverlässiges Eingeständnis, daß es bei mir wirklich fünf ernsthafte Dichtererfahrungen gegeben hat, eh' Mörike an die Reihe kam, ehe er so gelesen wurde, wie es sich für Mörike geziemt. Ich habe, sehr früh beginnend, nacheinander – etwa in dieser Reihenfolge – Goethe, Hölderlin, Nietzsche, Rilke und Hofmannsthal aufgenommen, nacheinander und dann freilich weiterhin gleichzeitig, einen über dem anderen nicht vergessend, auswendig lernend – und so denn beständig in mir bewahrend.

Dann gab es, ich war neunundzwanzig geworden, den Auftrag von Cotta, eine kleine Mörike-Monographie zu schreiben. Natürlich war der Lesebuch-Mörike schon in den Kinderjahren »da« gewesen; man kommt in Schwaben nicht in die Sekunda, ohne zwölf Mörikegedichte und die Mozartnovelle zu kennen. Aber nun war das blaue Buch von 1838, ›Mörike Gedichte‹, den Verantwortlichen im Cotta-Verlag neu in die Hand gekommen, und sie dachten an eine Würdigung nach hundert Jahren. ›Die Dichter der Deutschen‹ hieß eine kleine Reihe von Monographien, bei denen man, ohne daß es als Kotau vor den Machthabern verstanden werden mußte, an die Erbgüter der Nation denken wollte. Die Arbeit machte mir Freude, es war schön, Zusammenhänge zu entdecken, viele Briefe zu lesen, Freunden seiner Welt zu begegnen. Was das Werk selbst anging, so erinnere ich mich noch genau an zwei Vorstellungen, die mich begleiteten: das Bild von der Zwiebel: Haut um Haut hat man abzuschälen, es ging immer weiter; es schien so einfach und war schwierig und wurde immer noch schwieriger und geheimnisvoller. Und im Bild der Forelle fand ich zu einer Figur, die man eben zu fassen glaubte und die sich sogleich wieder entzog. Aber mein Büchlein wurde fertig und wurde sogar gut aufgenommen: für mich blieb es immer ein Torso, ein Anfang, ein Versprechen. Doch wußte ich: diesem Dichter würde ich treu bleiben.

Kam er mir nahe? Ich zögere mit der Antwort. Kamen mir die Vorgänger, die ich genannt habe, nahe? Eigentlich keiner; am ehesten vielleicht noch Nietzsche. Mit dem, so dachte ich damals, hätte ich mich wohl »pfortensisch« verständigt, und sein Gedicht ›Noch einmal, eh ich weiterziehe‹, das große Jugendgedicht, hätte ich gern silbengenau beantwortet. Aber weder nach Weimar noch nach Homburg zog es mich sogleich. Vom Datum her hätte es ja sogar noch einen jugendlich-kecken Besuch in Muzot oder in Rodaun geben können, aber derlei Ziele blieben unerreichbar für den Studenten von 1926; immerhin kam ich damals auf einer Fußwanderung nach Roecken an Nietzsches Grab und wahrhaftig auf eine Stunde in das Nietzsche-Archiv in Weimar, die alte Nietzsche-Schwester stand Rede und Antwort. Aber auch das nahe Cleversulzbach schien mir nicht so recht zugänglich; ich hätte nicht im Pfarrgarten gewartet, bis der Mann mit der schwarzen Kappe zu seinen Goldparmänen gekommen wäre; ja, ich hätte kaum eine Anrede gewußt. Mir war genug, daß es das Werk gab, dieses unerschöpfliche Werk.

»Was macht auch euer Mörike?« Ein Hochmögender im Land las mir das aus einem Brief vor und sagte lächelnd: »Da sind Sie gemeint«. Man hatte sich also gesagt: da ist ein junger Pfarrer, ein Humanist, ein Mann, der Verse schreibt und der auch noch dem jungen Mörike, dem von der Schreinerschen Zeichnung, ziemlich ähnlich sieht . . . Aber ich erschrak doch sehr, als ich den Briefsatz hörte, und wehrte die Verbindung fast unfreundlich ab. Nicht in den verwegensten Jugendträumen wollte ich mich vergleichen mit dem Mann, der den ›Gärtner‹ geschrieben hatte oder gar das ›Denk es, so Seele‹. Auch schien mir, ich sei nach Anlage, Lebensrhythmus und Arbeitsziel ganz unmörikisch. Aber als ich viel später – erst jetzt – in der Ausgabe der ›Sämtlichen Gedichte‹, die wir Heinz Schlaffer verdanken, die vielen kleinen Verslein las, die wirklich für den Tag und nicht für die Ewigkeit geschrieben waren, Albumverse und derlei, da fühlte ich doch sogleich eine große Nähe: nicht im Kleinsten darf man sich gehen lassen oder verleugnen, noch die Partikel muß an das Ganze erinnern: im Lächeln, im Charme, und in dem »Ernst, den keine Mühe bleichet«. Niemandem, vielleicht auch Goethe nicht, hätte man eine solche Ausgabe mit allem Recht bereiten können: ihm, Mörike, stand sie zu, und ich mußte sie, auf verschlungenem Weg, als Vermächtnis und Auftrag annehmen.

Sagte ich: Liebe auf den sechsten Blick? Dann muß ich hinzufügen: dafür dann aber dauerhafte Liebe. Mörike, der Dichter, bei dem mich jede Silbe trifft.

Mozart – da war es: erste Liebe im kindlichen Ohr. Ich saß in der weißen Matrosenbluse, achtjährig, in der Steglitzer Musikschule, die volltönend ›Konservatorium‹ hieß, bei Fräulein Eckhoff vor einer Clementi-Sonatine. Während einer kleinen Pause hörte ich Klavierspiel aus dem benachbarten Übraum. »Das ist ein Weihnachtslied«, sagte ich; ›Morgen kommt der Weihnachtsmann‹. »Ja, das ist es auch«, sagte Fräulein Eckhoff, »aber zuerst war es ein Thema für Mozarts Klaviervariationen. ›Ah, vous dirai-je maman‹ heißt das Stück. Wenn du mit dem Clementi fertig bist, spiel ich dirs vor.«

So fing es an, und dann ging es weiter – stürmisch, wie damals alles bei mir stürmisch voranging, Ungeduld war mein Leben. Bald kam die ›Sonata facile‹, die so gar nicht ›facile‹ ist, an die Reihe, und in den Notenbeständen des Großvaters wurde gesucht und gefunden: Mozart, Mozart. ›Don Giovanni‹, ›Figaro‹, ›Zauberflöte‹, ›Titus‹, jeweils die Klavierauszüge, alle alt und sehr benützt. Dazu ein Dutzend Quartette, als Partituren gedruckt. Erste Violine, zweite Stimme, das läßt sich ertasten; der Cellopart vielleicht auch; den Bratschenschlüssel muß ich lernen; aber wie lern' ich das Ganze, Lehrmeisterin Ungeduld? Es gab – Kriegsjahre in Berlin – noch keinen Opernbesuch und ganz selten ein Konzert. Ich bin mit meinem Mozart allein, niemand berät mich, niemand lenkt mich ab; meine Armut ist mein Reichtum; Leporello steht mir bei, und ich singe seinen ersten Auftritt: »Keine Ruh bei Tag und Nacht«.

Nun, es blieb nicht bei Leporello. Konzerte kamen, es kam der in seinen Anfängen anspruchsvolle Rundfunk (»danke, Arthur Schnabel«); es kam die nie genug zu rühmende Erfindung der Schallplatte. Fast noch mehr zu rühmen hatte ich die unerschöpflichen Notenbestände in der Musikabteilung der Staatsbibliothek. Ich fand mich bald zurecht. Der Bratschenschlüssel wurde erlernt, im Partiturenlesen gab es Fortschritte, an manchem Abend ging ich sehr glücklich nach Hause, ein Mozart-Trio im Ohr, obgleich am ganzen Nachmittag kein Ton laut geworden war. Meine Grenzen, das versteht sich, blieben mir schmerzhaft im Bewußtsein: die großen Symphonien waren auch dem »Fortgeschrittenen« unlösbare Rätsel und Wunder.

Immerhin ist es nun, siebzig Jahre nach den Steglitzer Anfängen, dahin gekommen, daß ich eine ordentliche Anzahl von Nummern im Köchelverzeichnis nicht nur als Titel kenne, sondern in jedem Satz, mehr: in jeder Passage, wohl wissend freilich, daß auch das nicht mehr ist als ein Anfang. Doch genug, um in Wahrheit zu leben mit dieser Mozartschen Musik. Sie »schön« zu nennen, hat keinen Sinn: das Wort »schön« sagt nichts. Es ist die Musik, in der alles vorkommt, was Raum hat im Dasein des Menschen auf der Welt. Begreiflich, daß die Menschen auf der Welt, alle, Mozart spielen – ad infinitum.

»Kannst du das entschlüsseln?« Marianne zog aus ihrem berühmten roten Mantel einen kleinen Zettel. Sie hatte – das war ihr métier, mehr: ihre große Kunst – einen Abend lang Mörike rezitiert, ihre Begleiterin hatte Mozart gespielt. Auf dem Zettel stand: Zwonulleins-Citronenfalter-Gottesbeweis. »Das hat mir jemand zugesteckt.« »Drei Worte«, sage ich lachend. Wenig: aber doch ein Ganzes; hier, heute abend, läßt sich das wohl deuten.

Zwonulleins: das meint Köchelverzeichnis 201, die A-Dur-Sinfonie von 1774.

Citronenfalter: das Gedicht ›Citronenfalter im April‹ hast du ja vorhin gesprochen: »Und wird der Mai mich nimmer sehn/ in meinem gelben Kleid«.

Und Gottesbeweis!? Ich denke, der Zettelmann wollte sagen: daß es wohl schön, menschlich schön ist, Talent zu haben, Talente zu entwickeln; daß aber solche Dinge wie diese beiden Werke doch nicht anders zu verstehen sind als »eine Stimme von jenseits des Menschen« (so hat Thornton Wilder einmal große Dichtung genannt). Ich jedenfalls: ich höre das, ich habe dies ›Grausame Frühlingssonne‹ heut' von dir gehört als wie zum erstenmal, wiewohl ichs seit langem kenne; und auch in der A-Dur-Sinfonie kenne ich nun zufällig jeden Ton. Aber der Schauer über meinem Rücken, wenn ich an derlei auch nur *denke*, ists doch, ich kanns nicht anders ausdrücken, immer neu ein Anhauch aus dem mysterium tremendum.

Zur Auswahl noch dies: ich habe darauf verzichtet, die Mörike-Arbeit von 1938, von der ich eingangs sprach und die ich immer als eine Art von »cantus firmus« angesehen habe, noch einmal aufzunehmen; nun sollen die Variationen den Platz ausfüllen. Da kann es wohl nicht ausbleiben – und hier nehme ich den »strengen Lehrern« (vor denen sich auch Mörike zuweilen gefürchtet hat) das Wort aus dem Mund –, daß sich zuweilen Wiederholungen eingestellt haben. Ich bitte, an die alten

Stadtuhren erinnern zu dürfen: um elf Uhr oder um Mitternacht tritt die Figur heraus, man kennt sie, aber man grüßt sie auch beim zweiten und beim dritten Mal. Und was das Silben- und Sechzehntelzählen, die Detailgenauigkeit also, angeht: es ist nicht anders: die Sichel steht für den vollen Mond, die Welle für das weite Meer und die Wimper für den ganzen Augen-Blick, der Leben und Liebe verheißt.

Mörike

Mörikes Siegel

Hoch in Jahren schon, pflegte Mörike, wenn man ihn um ein Blatt von seiner Hand bat, einen Siegelabdruck zu schenken und dazu zu schreiben: »*Mein Wappen ist nicht adelig, / mein Leben nicht untadelig, / und was da wert sei mein Gedicht, / fürwahr, das weiß ich selber nicht.*« In einem Albumvers – er liebte dergleichen und verstand sich darauf – ganz im Ernst sich versteckend: so gedenkt er der Herkünfte und so des eigenen Weges: nicht ganz ohne ein schüchternes Lächeln, aber ganz ohne Pathos, und – dies das Wichtigste –, wirklich ohne von seinem Gedicht zu wissen, »was es wert sei«, verharrend vielmehr in der reinsten Unbefangenheit, einer Unschuld anheimgegeben, die recht eigentlich sein Lebensgeheimnis ist. Er mochte sich selbst nicht gegenübertreten im Spiegel des Narziß. Und gerade darum ist von seinem ganzen Werk zu sagen, was er selbst einmal von seinen Bräutigamsbriefen, den Zeugen glücklich-schwerer Jahre, gesagt hat: »Es ist auch nicht ein falscher Hauch darin.«

». . . nicht adelig«: es ist nicht nachzuweisen, daß die zwei Mohren im Wappen der Mörikes zurückdeuten auf das alte ostpreußische Adelsgeschlecht derer von Moericke; was man sicher weiß, ist nur, daß in der Mark Brandenburg, in Havelberg, jener Bartholomäus Moericke gesessen hatte, der nach seiner Auswanderung ins Schwäbische, seiner Übersiedlung nach Neuenstadt an der Linde, im siebzehnten Jahrhundert der Stammvater der schwäbischen Mörickes geworden ist. Unser Dichter entstammt einer in Ludwigsburg beheimateten Seitenlinie dieser Neuenstadter Mörickes – zunächst noch mit ›ck‹

geschrieben –, Enkel eines Hofmedikus, Sohn des Stadt- und Amtsphysikus Karl Friedrich Mörike. Dieser trug unter dem 8. September 1804 in seinen Schreibkalender ein: »Gebahr mir meine Frau einen starken Sohn. Die Geburt war gut und erfolgte mittags halb zwölf Uhr.«

»Vom Vater ... die Statur«, Goethes Verse stellen sich ein und gelten, und gelten auch mit dem »des Lebens ernstes Führen«; die Fama, die es anders wissen will, geht irre. Und ebenso gilt dann die Fortsetzung: »vom Mütterchen die Frohnatur, die Lust zu fabulieren«. Diese Mutter, der später vom Sohn die herrliche Zeile »Dich zu preisen, o glaub', bin ich zu arm und zu reich« entgegengeschrieben wurde, eine Frau Aja im kleinen, war in Spiel- und Kindertraumjahren die Nächste in des Sohnes Sinn, und sie blieb es für lange Zeit.

Was weiter ihn bildete, war die Luft des geistig beweglichen Bürgertums aus Schwaben: das ist nicht die stolze Selbstsicherheit des Frankfurter Patriziats, in die der junge Goethe hineingewachsen war, aber eine aufrechte Ehrenfestigkeit, die Sphäre der Cotta und Georgii, der Kauffmann, Köstlin und Schwab, die ihn umgab: so in Ludwigsburg zuerst, dann – nach des Vaters frühem Tod – in Stuttgart, danach im Uracher Seminar, in dem Eduard Mörike seine letzten vier Gymnasialjahre verbrachte.

Im Jahre 1822 kam er auf die Universität, und zwar – als angehender Theologe – in das Tübinger Stift; hochberühmt seit alters, das Haus Keplers, Bengels und Hölderlins, Hegels, Schellings, das ihm nun für weitere vier Jahre etwas wie eine geistig-geistliche Heimat werden sollte, und es auch geworden ist, wenngleich die eigentlich wegbestimmenden Erlebnisse dieser Jahre nicht Studienerfahrungen waren, sondern Erfahrung der Freundschaft und Versehrung der Liebe. Und zwar war es Wilhelm Waiblinger zuerst, dessen feurig-unruhiger Geist für einige Zeit nicht geringen Einfluß auf ihn gewonnen hatte, einen Einfluß, dem sich Mörike zu gebotener Stunde – zu einer von seinem innersten Menschen ihm gebotenen Stunde – mit merkwürdiger Festigkeit des Herzens entzog. Auch mit Hölderlin, dem Umnachteten, war er in Tübingen manchen Tag zusammen, in scheuer Ehrfurcht und heimlicher Abwehr; Hölderlin – das war nicht sein Vater (dieser Vater, der ›Dichtervater‹, hieß Goethe), aber sein älterer Bruder, wohl auch etwas wie sein Magier und – seine Gefahr.

Unmittelbarere Gefahr freilich erwuchs ihm aus der Begegnung mit Maria Meyer, einem Schenkmädchen fast unbekannter Herkunft. Sie, Peregrina, das ›heilige Nachtbild‹, tritt für eine kleine, gleichwohl unwägbare Zeit in Mörikes Leben ein, tiefe Verwirrung stiftend. Über den Einzelheiten dieser Beziehung liegt der Schleier des Geheimnisses. Was man weiß, ist nur, daß in einem Augenblick der höchsten Verstörung die Hilfe der Freunde und die feste Hand seiner Schwester ihn zu sich selbst zurückführen konnten. Erhalten blieb in den fünf Peregrina-Liedern ein Widerklang dieser Begegnung in Seligkeit und Schrecken: »Einst ließ ein Traum von wunderbarem Leben / mich sprießend Gold in tiefer Erde sehn«, beginnend, und endend dann: »Die goldnen Adern konnt' ich nirgend schauen / und um mich schüttert sehnsuchtsvolles Grauen.«

Wohl, er war gerettet. Aber der von Peregrina läßt, ist ein Versehrter von Grund auf. Mörikes Lebensgeflechte hatten, nachdem ihm dieses Gegenüber unerreichbar geworden war, hinfort keine Möglichkeit mehr, in jenes Urvertrauen hineinzufinden, in dem für eines Lebens Länge Halt und Heimat gewesen wären. Er trat zwar nach bestandenem Examen in den Dienst seiner Kirche, er wagte es, vier Jahre nach seiner Lösung von Peregrina sich mit Luise Rau, einem freundlichen Pfarrerstöchterchen, zu verloben, aber weder die eine noch die andere Bindung war wirklich von Dauer. Die Verlobung löste sich nach fünf Jahren, Jahren, denen wir eben diese Bräutigamsbriefe »ohne falschen Hauch« verdanken, im Amt blieb er, mit einer einzigen Unterbrechung, immerhin fast siebzehn Jahre lang: zunächst in seinen Lehr- und Wanderjahren, als Vikar in mehreren württembergischen Dörfern, dann – von 1834 an –

als Pfarrer von Cleversulzbach, und hier war es, daß er, ein einziges Mal, Wurzel zu fassen vermochte. Neun Jahre blieb er hier, Schwester Klärchen hielt ihm Haus, und auch seine Mutter war bei ihm bis zu ihrem Tod im Jahre 1841. Er war gewiß nicht das, was man einen vollkommenen Pfarrer heißen könnte, zum Beispiel kein sonderlich williger Prediger vom Sonntagmorgen... wohl aber ein herzlicher Freund der Armen und der Kranken, ein vortrefflicher Erzähler der biblischen Geschichte, ein Liebhaber des Gartens und der Tiere, der Bücher und der Musik, ein Sinnierer und ein Träumer, ein Bastler und Zeichner, ein redlicher Hausvater, ein treuer Freund seinen Freunden und gern auch der Spielgeselle bei Kindern; zugleich aber einer, der, wo es ihm darauf ankam, seinen Mann zu stehen wußte: hier, in Cleversulzbach, hat er sein eigentlich gültiges Lebenswerk, die im Jahre 1838 erschienene Sammlung seiner Gedichte, unter Dach gebracht.

Im Jahre 1843 zwang ihn zunehmende Kränklichkeit, um seine Versetzung in den Ruhestand zu bitten; im September dieses Jahres, eben also beim Eintritt in sein vierzigstes Lebensjahr, nahm er Abschied von Dorf und Amt. Es folgte ein freundliches fränkisches Zwischenspiel, ein Winter in Schwäbisch-Hall, Jahre dann in Mergentheim. Dort gesellte sich dem engen Bruder-und-Schwester-Bund Margarete Speeth. Sie wurde im Jahre 1851 Mörikes Frau. Im gleichen Jahr übersiedelte er nach Stuttgart, wo man, seinen Finanzen aufzuhelfen, ein kleines Amt eigens für ihn geschaffen hatte: er bekam einen Lehrauftrag am Königin-Katharina-Stift: *einmal* in der Woche mußte er dort eine Literaturstunde halten. Es folgen vierundzwanzig Jahre, man wird sie, alles bedenkend, nur eben ›Lebensabend‹ heißen können. Die Welt brachte ihm, was sie ihm bringen konnte: einige Ehren und Ehrenzeichen, einen Doktorhut und den Professortitel, die Mitgliedschaft in der Bayrischen Akademie der Schönen Künste, manche Unruhe des Ruhmes; ein spätes Vaterglück – und dies war denn wohl die beste von allen Gaben für ihn –, Freundschaft, alte und neue – hierher gehören

Theodor Storm und Moritz von Schwind –; es gab Begegnungen mit der »großen Welt«, mit Iwan Turgenjew zum Beispiel, der den ›Turmhahn‹ auswendig konnte, und mit Friedrich Hebbel. Aber die Schatten über diesen Jahren sind tief: viel häusliche Not und Verstimmung war da, Krankheit, Dürftigkeit, Einsamkeit und Resignation. Am 4. Juni 1875 starb Eduard Mörike in Stuttgart, »sanft, fast unmerklich, aber nach qualvollen Schmerzen«; an seinem Grab hielt Friedrich Theodor Vischer eine mit Recht berühmt gewordene Rede. Die Totenmaske, die auf uns gekommen ist, läßt ahnen, wie schwer ihm sein eigenes Leben geworden sein muß.

»... nicht untadelig« hatte er in dem Stammbuchverslein dieses Leben genannt, und niemand wird es besser wissen wollen als er selbst. Er mochte denken, daß allerlei Tadler aufstehen würden und sein Lebenszögern, sein Träumertum, das, was er einmal den »unglaublich verzärtelten Gang seines Wesens« genannt hatte, nicht nur eben mit Nachsicht betrachten würden; und dergleichen ist ja wieder und wieder geschehen, kluge und törichte Deutungen im Gefolge ... Was man darüber nicht vergessen sollte, ist dies: daß die Mörikesche Lebensleistung dennoch und ausdrücklich die Leistung einer Tapferkeit eigener Art gewesen ist.

Wir sprechen hier von der »Reinheit des Herzens«, die »Eines wollte«, die nichts Fremdes, nichts ganz Ungemäßes in das Leben aufnehmen mochte. Mit einer Art von heiliger List hat Mörike auch den äußeren Mächten, sie heißen nun Kirchenbehörde oder Bürger-Glücksverlangen, den Griff nach seinem Wesen verwehrt. Er hat es auf sich genommen, als ein armer Exulant sein Leben zu fristen, und sein Leib ist ihm dabei auf eine eigene Weise zu Hilfe gekommen: es war ihm möglich, wie auf inneren Befehl, wann immer ihm dies gut dünkte, krank zu werden ... Er hat, der Goethemaxime »Was euch nicht angehört, müsset ihr meiden« treu, »Nein« zu sagen vermocht, zu Waiblinger, zu Peregrina, oder zu Lenau und zu Heine ... und sich selbst hat er alle Möglichkeiten, in das Pathos einer »Schmerzensprahlerei« auszuweichen, versperrt. Auch hat er es den äußeren Bedrängnissen, der Enge seiner Umwelt, nicht erlaubt, sein eigentliches Menschentum einzuengen. Es ist – und hier muß man den ungenauen Betrachtern und den flüchtigen Lesern ins Angesicht widerstreiten – etwas Herrenhaftes, Großräumiges um ihn, und die Bezeichnung »Mörike, der liebenswürdige Idylliker« sollte man als eine unerlaubte Verkürzung abtun für immer. Im Ernst: die Freunde, die sich »weltläufig« gaben, die Vischer und Strauß, sie haben viel eher etwas vom schwäbischen Biedermann an sich als dieser Mörike, dieser tief sich in sich selbst zusammenfassende, dieser scheue, dieser der Unruhe von Zeit und Ewigkeit ausgesetzte Mann. Endlich wird man nie genug rühmen können jene nur dem nobelsten Sinn eigene Tapferkeit, die als eine mozartische Kraft der Überwindung zutage tritt: dem Widrigen, dem Mißgünstigen zu begegnen in der reinsten Heiterkeit, in jenem innigen, nach innen gütigenden Humor, der die ›Häusliche Szene‹ zu schreiben vermochte, das ›Elfenlied‹ und das ›Märchen vom Sicheren Mann‹.

». . . und was da wert sei mein Gedicht, fürwahr, das weiß ich selber nicht.« Man soll diesen Ausspruch nicht pressen. Es ist nicht wahr, daß Mörike nicht auch mit sich selbst in einem Verhältnis des Einklangs, der Freude und des Vertrauens gestanden ist. In einem Brief des Sechsundzwanzigjährigen lesen wir: »Überhaupt lebe ich der festen Überzeugung, bei einem Schriftsteller, der auch nur etwas mehr ist als z. B. Wilhelm Hauff, verhält sich die Notwendigkeit äußerer Anregung und lebender Stoffe des Tages zur Bedingung des eigenen Ideenfonds wie 4 zu 80. Wer der letzteren Summe gewiß ist, der findet die erstere auch als Dorfpfarrer ... Wer die 80 nicht besitzt, der muß sie sich aus der anderen Summe ergänzen und sich seine Kopien aus Teezirkeln, Gesellschaften usw. holen, den feinen Ton studieren, hinter dem Stutzer und seiner Krawatte den Satyr spielen und das dann als Poesie drucken lassen. Er kann ein unterhaltender, guter Schriftsteller sein, aber kein Dichter –«. Das ist 1830, mitten im schönsten Jugendstolz, geschrieben; aber auch in dem Brief, mit dem er fünfundzwanzig Jahre später dem Verleger Cotta seine ›Mozart‹-Novelle anbietet, regiert trotz aller Devotion ein Ton, der sich nichts vergibt.

Stuttgart, den 6. Mai 1855

Euer Hochwohlgeboren
erlaube ich mir hiermit, das bis auf wenige Blätter vollständige Manuskript einer Novelle vorzulegen, wegen welcher ich schon früher mit der verehrlichen I. G. Cotta'schen Verlagshandlung korrespondiert habe und in deren Ausarbeitung ich zu meinem Bedauern längere Zeit unterbrochen worden war.
Meine Aufgabe bei dieser Erzählung war, ein kleines Charaktergemälde Mozarts (das erste seiner Art, soviel ich weiß) aufzustellen, wobei, mit Zugrundelegung frei erfundener Situationen, vorzüglich die heitere Seite zu lebendiger, konzentrierter Anschauung gebracht werden sollte. Vielleicht daß ich später in einem Pendant auch die andern, hier nur angedeuteten Elemente seines Wesens und seine letzten Lebenstage darzustellen versuche.
Das Büchlein könnte als Vorläufer der im Januar 1856 einfallenden Feier des hundertjährigen Geburtstags Mozarts betrachtet und angekündigt werden, ohne daß diese Beziehung ausdrücklich auf dem Titelblatt stünde. In Miniaturformat auf stark Velinpapier gedruckt und verziert, wird es wohl schon vermöge seines Stoffes einen größeren und rascheren Absatz finden, als ich sonst von meinen Arbeiten vorauszusetzen leider gewohnt bin; und versichern darf ich hier, nie etwas mit mehr Liebe und Sorgfalt gemacht zu haben.

Mörikes Gaben: die reichsten, die man sich denken kann. Er war eine heile, im Tiefsten denn doch ganz heile Künstlernatur, voll Bildner-, Fabulier- und Märchenlust, ausgerüstet mit einem eminenten Sinn für Wahrnehmung jeder Art, »sehend Aug« und »hörend Ohr« und – große Seltenheit! – beide im Gleichgewicht des Vermögens; er war beschenkt mit einer genauen Liebe zur Musik und mit reichem Zeichnergeschick. In ihm war jene unmittelbare Schöpferkraft, von der gesagt ist, er brauche »nur eine Hand voll Erde zu nehmen und zu drücken, und schon fliegt ein Vöglein durch die Luft« – dazu ein völlig naives Sprachgefühl, das ihn die köstlichsten Namen erfinden ließ, »Nixe Binsefuß« und »Silpelit« und »Suckelborst«, die kühnsten Wortverbindungen, »Windebang« und »Glockentonmeer«, und so unvergleichliche Chiffren dann wie »das uralt-alte Schlummerlied«. Dies, und zugleich ein sublimes Kunstgefühl im Sinne dessen, was wir »Kunstverstand« heißen, Wachheit und Traum also in der kostbaren Mixtur, die allein den wirklichen Dichter ermöglicht.

Sein erstes Buch, der ›Maler Nolten‹, eine ›Novelle in zwei Teilen‹, war 1832, in Goethes Todesjahr, erschienen, in Anlage und Grundton von ›Wilhelm Meister‹ mitbestimmt, aber doch ganz Mörikes Handschrift, ja, Mörikes eigene Geschichte: Geschichte von einem, der liebt und geliebt wird und der auf dem Weg über die Welt, über Abenteuer und Versehrung, sich selbst erfährt, das Zuzweitsein mit dem eigenen Herzen als seine Lebensnotwendigkeit, ein Werk, das erkennen läßt, wie recht Rudolf Lohbauer, Mörikes Freund, hatte, wenn er den Dichter einen Sohn Goethes nannte »aus geheimnisvoller, wilder Ehe«. Goethisch ist das Wohlgemessene und auch das Distanzierte, goethisch auch die Lust, das Persönliche allgemein zu sagen und durch solche Entschränkung dahin zu kommen, daß das Allgemeine persönlich wird in Farbe und Lebenshauch. Das »Besitztum für immer« freilich ist nicht die Nolten-Prosa. Das »Besitztum für immer« sind Mörikes Gedichte.

Hier ist einer am Werk, der völlig zu Hause ist in der Welt des Kreatürlichen. Im Reich der Elemente. Der mit Feuer, Wasser, Luft und Erde umgeht, ganz empfangender Geist (»... nur noch das Ohr dem Ton der Biene lauschet«), ganz gestaltender Geist (»... die Seele fliegt, soweit der Himmel reicht, der Genius jauchzt in mir!«). Im Tag der Schöpfung: in allen seinen Stunden, und in einer vor allen: in der Stunde der frühesten Frühe, am äußersten Rande der Nacht (»... dort gehet schon der Tag herfür an meinem Kammerfenster ...«). Im Jahr der Schöpfung: in Frühling und Sommer, Herbststunde und Wintermorgen (»O flaumenleichte Zeit der dunklen Frühe!«).

Und so daheim in den Lebensläufen des Herzens, in Kindheit und Jugend und Alter, im Liebestag und in der Abschiedsnacht, in Furcht und Schrecken und in dem, was über Furcht und Schrecken ist (»Und ich sprach zu meinem Herzen: laß uns fest zusammenhalten«). Und nicht anders daheim in der Welt der Bilder und der Gebilde von einst, bei Catull und Anakreon, beim ›Alten Bild‹ und bei der schönen Lampe.

Weltfrömmigkeit: er hat das Wort nicht gekannt, aber es spricht ein Grundgefühl seines Werkes aus. Eine eigene Scheu hielt ihn davor zurück, sein Credo häufig in aller Unmittelbarkeit zu dichten. Wo es geschah, gelang ihm ein Höchstes an Einfalt und Tiefe (»Herr, schicke, was du willt« und: »Hüter, Hüter, ist die Nacht schier hin?«); die Gegenwart freilich des Ewigen inmitten der Vergänglichkeit war ihm allezeit gewiß, mitten im Scherz noch, und so in der Begegnung mit den Grundmächten aus Anbeginn und Ende, Geburt und Tod: »Ein Tännlein grünet wo, wer weiß im Walde« »Denk es, o Seele!«

›Ein Tännlein grünet wo ...‹ Als ein »böhmisches Volkslied« ist dieses Gedicht, unter vielen vollkommenen vielleicht das allervollkommenste, eingeführt am Schluß der Novelle ›Mozart auf der Reise nach Prag‹, die im Mozart-Jahr 1856 erschienen ist; und diese Novelle ist das wahre Juwel unter Mörikes

Prosadichtungen. Man sieht Mozart, den Vorübergehenden, den Wanderer, den Gast, Mozart im Schöpferglück auf dem Weg zur Don-Giovanni-Premiere in Prag, man erlebt den fröhlich Tafelnden, den Parlierenden, den Musizierenden; viel Licht ist da, aber es ist Licht im Abschied. Man hat eingewendet, daß die farbige Wahrnehmung böhmischer Landschaft sehr wohl Mörikes, nicht aber eigentlich Mozarts Sache gewesen sein könne, aber ein Hauch des Unverwechselbaren ist über allem, und nicht umsonst verschränken sich hier die Erscheinungen des Darstellers und des Dargestellten. Denn wenn es heißt: »Gram aller Art und Farbe, das Gefühl der Reue nicht ausgenommen, war er als eine herbe Würze jeder Lust auf seinen Teil gewöhnt, doch wissen wir, auch diese Schmerzen rannen abgeklärt und rein in jenem tiefen Quell zusammen, der aus hundert goldenen Röhren springend, im Wechsel seiner Melodien unerschöpflich, alle Qual und alle Seligkeit der Menschenbrust ausströmte«, so ist das von Mozart gesagt, aber es gilt für beide: für Mozart und Mörike.
Was nun die kleineren Arbeiten, die hier noch nicht genannt wurden, angeht – die Novelle ›Lucie Gelmeroth‹, das Märchen vom Bauern und seinem Sohn, das Gottfried Keller liebte, das ›Stuttgarter Hutzelmännlein‹, an dem sich Thomas Mann bei der Arbeit am ›Doktor Faustus‹ so ergötzte, ›Der Schatz‹, ›Die Hand der Jezerte‹, die ›Idylle vom Bodensee‹ und die zahlreichen kleinen Spielgedichte und ›Musterkärtchen‹ –, so würde keine von ihnen, für sich genommen, den Rang dieses Dichters begründen und bestimmen können: ins Gesamtgeflecht eingefügt aber, bezeugen sie, wie sehr dieses, dem äußeren Umfang nach nicht eben breite Werk, Größe hat, die eine Größe, die, auf weite Sicht betrachtet, als Größe dauert: die Lebensaufmerksamkeit der Liebe. Noch von den kleinsten Partikeln her drängt hier alles zur Mitte. Dieser Mitte hat Mörike einen einzigen Namen gegeben, und alles Wohllautende und Geformte, auch das Rechte und das Heilige, ja, noch die Nacht- und Todbereiche darin beschlossen, den Namen des *Schönen.* Das Nein,

das im Ja verborgen ist, wird nie und nirgends verschwiegen, aber im Letzten triumphiert ihm das Ja: »Was aber schön ist, selig scheint es in ihm selbst.«

Von Wunderwenigen zu Lebzeiten im Ernst erkannt – man muß es festhalten: Cotta meldet nach neun Jahren den Verkauf von sechshundertundsieben Exemplaren der ›Gedichte‹ –, ist er im Jahre 1875 dahingegangen, »wie ein stiller Berggeist aus einer Gegend wegzieht, ohne daß man es weiß, wie wenn ein schöner Junitag dahin wäre«. Dies sind die Worte Gottfried Kellers, der zu diesen Wenigen gehört hat. Er hat ihn sehr schön einmal »den Sohn des Horaz und einer feinen Schwäbin« genannt, und mit Schweizergrimm bald nach seinem Tod in einem Brief an Vischer sich vernehmen lassen: »Wenn sein Tod nun seine Werke nicht unter die Leute bringt, so ist ihnen nicht zu helfen. Nämlich den Leuten.« Und ein anderer Schweizer, Jakob Burckhardt, hatte sehr früh schon in einem Brief an Friedrich von Preen über Mörike geschrieben: »Dieser wundersame Mensch gehört doch zu den tröstlichsten Erscheinungen. Man sieht, wie eine für das Schöne geborene Natur auch in den mäßigsten Umgebungen und Umständen sich auf das Schönste und Glücklichste entfalten kann.«
Wir könnten nun freilich, in vordergründiger Betrachtung, zu diesem »Schönsten und Glücklichsten« unsre Fragzeichen machen – aber was wissen wir denn? Was wissen wir, wie es eigentlich ist? Ob er, den wir einen »Kronzeugen für die Verläßlichkeit des inneren Reiches« genannt haben, der uns als ein Bürge gilt für »den Bestand, der dem Zerbrechlichsten gegeben ist, für die Gewalt, die dem Leisesten eignet«, – ob er es je anders gewollt hat als so – es je anders hätte wollen können, wollen dürfen? Hier bleibt die Frage – und gerade hier ist nun, alles erwogen, nicht zu fragen.
Unsren Vätern, und unsren Vorvätern schon, hat die Musik zu

Mörike hin geholfen. Kauffmann und Scherzer, Pressel, Hetsch und Silcher haben Mörikes Lieder vertont; er, Mörike, kannte manche dieser Vertonungen, und man weiß, wie anmutig er der Sängerin Agnes Schebest gedankt hat, als sie ihm seinen ›Gärtner‹ gesungen hatte. Er sagte, die eigenen Verse aufnehmend: »Der Sand, den ich streute / er blinket wie Gold«. Im Frühling des Jahres 1888 dann hat Hugo Wolf über vierzig Mörikelieder vertont – und sie gelten uns, zusammen mit den Chor-Kompositionen Hugo Distlers, als die genauesten Deutungen Mörikes im Bereich der Musik. Aber vielleicht bedarf unsre Generation nicht mehr in gleicher Weise dieses Beistands durch die Vertonung. In Zeiten großer Erschütterung, in zwei Weltkriegen, hinter Stacheldraht, in Elendslagern aller Art, hat Mörikes Werk, haben vor allem Mörikes Gedichte ihre äußerste Probe bestanden und ihre Lebenskraft frei aus sich selbst an uns bezeugt. Eine Epoche, die sich in allen Stücken ihrer fragmentarischen Gestalt bewußt ist und nach dem Ungeteilten, dem Ganzen sich sehnt, findet wohl zu einem Werk, in dem als eine wahre »coincidentia oppositorum« – Vereinigung des Gegensätzlichen – das Wort »Schmerzensglück« erfunden und gestaltet worden ist, in dem eine Stimme, wie aus Mozarts Ton, den Schrecken singt, und sänge sie gleich das insgeheim Überdauernd-Überwindende, das »schöne Gemüt«.

Wieviel Herrliches auch die Natur, wie Großes die edle
Kunst auch schaffe, was geht über das schöne Gemüt,
Welches die Tiefen des Lebens erkannt, viel Leides erfahren
Und den heiteren Blick doch in die Welt noch behielt?
Ob dem dunkelen Quell, der geheimnisvoll in dem Abgrund
Schauert und rauscht, wie hold lächelt die Rose mich an!

Nach Nietzsches Tod wagte Jakob Burckhardt, derselbe, der so früh Mörike, den »wundersamen Menschen«, erkannt hatte, den mächtigen Ausspruch: Seine Bücher hätten »die Unabhängigkeit in der Welt vermehrt«. Wir nehmen diese kühne Formulierung auf und bezeugen, daß das Vorhandensein Mörikes in der Welt, sein Dasein in der spannungsreichen Einheit von Leben und Kunst, den Bestand an Helligkeit in der Welt vermehrt hat. Wo immer wir ihm begegnen, erreicht uns der Abglanz des Lichtes, jenes Lichtes, das vom Dunkel weiß und doch – als aus unversieglicher Quelle gespeist, dieses seines göttlichen Ursprungs in sich selbst gewiß – nicht schwindet und nicht altert.

Zum neuen Jahre

Wie heimlicherweise
Ein Engelein leise
Mit rosigen Füßen
Die Erde betritt,
So nahte der Morgen.
Jauchzt ihm, ihr Frommen,
Ein heilig Willkommen,
Ein heilig Willkommen,
Herz, jauchze du mit!

In ihm seis begonnen
Der Monde und Sonnen
An blauen Gezelten
Des Himmels bewegt.
Du, Vater, du rate!
Lenke du und wende!
Herr, dir in die Hände
Sei Anfang und Ende,
Sei alles gelegt!

Kennt ihr die Wies? Seid ihr einmal von Oberammergau her hinaufgestiegen, Stunde um Stunde durch den dunklen Hochwald, bis es sich zuletzt schier überraschend lichtete und inmitten einer grünen Runde die weiße Wallfahrtskirche erschien, selbst ein Stück heller Landschaft und zugleich doch ein Geheimnis höherer Helligkeit, ein Bau der Gnade? Seid ihr eingetreten, habt ihr's wahrgenommen, dieses Wunder aus Blau und Rosa und Gold, Wunder der Leichtigkeit und des Lichtes, Überwindung der Schwere, der Starre, der Trägheit des Steines und nicht nur des Steines? Ein großer Meister, so dünkt es uns, hat hier im Raume gewagt, wozu er zuvörderst sein Herz vermocht hatte: er hat Platz gemacht für die Heiterkeit des Ewigen, eine Weite bereitet für Erd- und Himmelslobgesang. Da steht ihr nun und möchtet wohl im Worte einstehen für solche Freude, möchtet antworten und wißt nicht wie. Ich meine, euch wäre geholfen, wenn euch einer diese Worte leihen würde, die von Anbeginn her das Wunder der göttlichen Herablassung rühmen, den Abglanz der Begegnung von Himmel und Erde:

Wie heimlicherweise
Ein Engelein leise
Mit rosigen Füßen
Die Erde betritt –

Aber es bedarf keiner Wies; ihr braucht nur, was ihr alle haben könnt: einen Morgen am Neujahrstag und den Gang von der Burghalde herab, der nächtlichen Herberge. Dort waret ihr gestern abend alle beisammen gewesen, geeinigt durch den nachdenklichen, erschrockenen und getrosten Ernst, mit dem wache Menschen diesen letzten Abend des Jahres begehen. Jeder hatte, der Verabredung gemäß, von einer wichtigen Stunde aus dem letzten Jahr erzählt; danach, als es unversehens Mitternacht geworden war, stand man beisammen am offenen Fenster und ließ den Glocken im Talrund das letzte Wort. Dann war Stille geworden; etliche schliefen den alten, unerschütterlichen Kinderschlaf, einige wachten noch lange; einer, den besondere Besinnung wach hielt, hörte den Schneefall, der gegen Morgen einsetzte, nichts war so leis wie der. Und nun war es Morgen. Ein Frühaufsteher hatte geweckt, hurtig hatten sich alle fertiggemacht, der Plan war, ins Dorf hinabzugehen zum Morgengottesdienst. Das Schneien hatte aufgehört, aber ein fahler Schneehimmel hing noch immer über dem Lande; winterklare Luft empfing die Heraustretenden, eine weiße Schneedecke lag auf dem Talweg, ins Lautlose versank der Fuß. Und wie aus dem Chorhimmel der Wieskirche, so hier aus dem leibhaftigen Himmel über der Erde wurde dies wahr:

Wie heimlicherweise
Ein Engelein leise
Mit rosigen Füßen
Die Erde betritt,
So nahte der Morgen –

Ihr spüret, wie diese fünfte Zeile der Strophe für sich steht, so, wie ein Neues eintritt, wie ein Unversehrtes naht. Herz, du Herz des Wanderers, du gestern wie heut schlagendes, du heut wie gestern unruhig stürmendes, höre: ein Neues beginnt.
Und nun seid ihr im Tal, den Weg säumen die ersten Häuser, der Schnee schimmert bläulich, und noch ist Licht in den Stuben. Aber nun treten die Dorfleute heraus auf die Straße, in der dunklen Festtagstracht, und heute grüßen sie nicht nur, heut geben sie sich die Hand und wünschen sich »gesunden Leib und den Frieden und den heiligen Geist.«
Beim letzten Glockenschlag ist die Kirche erreicht, die Orgel hebt an, es ist eine feierliche Gewalt in ihrem Anheben, und eine große Helligkeit ist in diesem ersten Orgelspiel des neuen Jahres. Oboe, Äoline und Vox coelestis sind gezogen, sie sind wie das »Jauchzen der Frommen« – »Herz, jauchze du mit!« Aber der große Grundtext fehlt nicht, und die hier zusammenkommen, die wollen kein Traumgedicht. Sie meinen das Gottesjahr, sie schreiben, wie die Väter vor ihnen geschrieben haben: Anno Domini, und das will sagen: nicht nach unserm Sinn beginnen wir das Jahr, sondern:

In ihm sei's begonnen,
Der Monde und Sonnen
An blauen Gezelten
Des Himmels bewegt.

Nein, wir sind nicht die Herren dieses Jahres, aber wir kennen den Herrn dieses Jahres. Und mehr noch: wir trauen ihm. Wir wagen es – um Christi willen wagen wir es –, »Du« zu ihm zu sagen:

Du, Vater, du rate!

Merket, wie dieses »Du« so tieftröstlich klingt. Es ist das gleiche Geborgensein des dunklen Vokals, das wir in »Ruhe« und »Truhe«, in »Hut« und »gut« so lieb haben, und der Doppelklang des zweimaligen »u« und »a« in dieser Zeile ist wie Ein- und Ausatmen des Lebens, das sich zu der tapferen Weisheit bekennt: »der geht am weitesten, der nicht weiß, wohin er geht«. Und weiß doch mehr als dieses: Ich weiß nicht. Weiß, daß er bitten darf. Nicht nur um Rat und zarte Hilfestellung, nicht: ich will drauflosleben, dann gib du deinen Segen dazu, sondern:

Lenke du und wende!

Du mußt erschrecken, wie heftig diese Zeile dir entgegenstößt. Du hättest gewiß gesprochen, »Du, Vater, du rate, du lenke und wende.« Aber nein: »lenke du«, das will sagen: wenn Gott lenkt, so geht es himmelhoch über Menschenkunst und Menschenplan hinaus, und da magst du wohl den Atem anhalten, wie er anhält in dem gelinden und doch unausweichlichen Einschnitt »lenke du und wende« –; das bedeutet denn: wenn Gott lenkt, so wenden sich wahrhaftig die Wege, so gibt es ein Ende und einen Neubeginn, eine andere Richtung, einen Ausblick, wo keiner zuvor hinaussah.
Da ist die Orgel, alle Register sind gezogen, mächtig mit allen ihren Stimmen, führt sie's dem Schluß entgegen. Und der dreifache Reim von »wende« »Hände« »Ende«, der macht, daß die Strophe daherströmt wie ein großes Wasser, das immer neuen Zufluß aufnimmt. Bis zuletzt eines bleibt und vor aller Augen

steht, da die Orgel verharrt auf dem letzten Ton, dieses eine: Gottes Hände. Du blickst auf deine Hände. Sieh, wie sie halten wollen, was sie nicht halten können, wie ihnen entgleitet, was sie halten sollen, wie sie binden und lösen nach ihrer Weise. Aber nun blick von dir weg und vernimm: hier sind Hände, die halten. Hände, die binden und lösen aus aller Wahrheit. »Er wacht sich nicht müde«, diese waltenden, gestaltenden Hände sind und bleiben am Werk, auch am Werk deiner Hände. Begreife, wer's vermag: du trittst hinaus, du handelst. Und doch ist in dem allen ein anderer kräftig. Strahlen fahren von ihm aus und bündeln sich in ihm zusammen, alle deine Tage zittern in seinem Licht. Das sagen deine Augen, nun sie in den Heimweg blicken, und dein Leben frohlockt, frohlockt in den frohlockenden Silben: »Sei alles gelegt.« Alles.

Nachwort, geschrieben 1944

In dem Band Mörike-Gedichte, der mir hier im Osten für diese Auswahl zur Verfügung stand, fand ich folgenden Eintrag: »Dieses Buch hat mir im vierten Jahre des Weltkriegs über manche schlechte Stunde hinweggeholfen und Glück gebracht. Möge es auch dir gute Dienste tun und bringe es gesund wieder. Weihnachten 1939. Dein Vater«. Der Kamerad, der mir dieses Buch geliehen hatte, gehörte in eine süddeutsche Gärtnerei. Wieviel ihm sonst von Dichtung und Dichtern bekannt war, wüßte ich nicht zu sagen; die Mörikegedichte jedenfalls, die hatte er in seinem Tornister, und nicht nur dort. Nicht anders als wie die Äpfel im Garten der Heimat, deren Süßigkeit und Frische, Gestalt und Duft ihm vertraut sind, kannte er diese Gedichte, wie sie sein Vater gekannt hatte als eine Quelle der Freude und des Trostes. Und das soll uns ein Zeichen sein für die Lebenskraft dieser vor hundert Jahren entstandenen Gedichte, ein helleres, als viel kluge Worte es zu geben vermögen.

Über den Lebensgang Eduard Mörikes ist in wenigen Worten das Wichtigste gesagt. Er wurde 1804 in Ludwigsburg, der alten württembergischen Residenz geboren, hat Theologie studiert und ist nach allerlei Kreuz- und Irrfahrt mit dreißig Jahren Pfarrer zu Cleversulzbach im Unterland geworden. Aber schon neun Jahre später mußte er krankheitshalber Dorf und Amt verlassen. Zwischen Mergentheim, Stuttgart, Lorch und einigen anderen württembergischen Städten hin und her ziehend, hat ers trotz Ehe und Vaterschaft, trotz aller Ehren und Anerkennungen zu einem eigentlichen Lebensglück nicht gebracht. Im Jahre 1875 ist er in Stuttgart gestorben.

Lange nicht so einfach ist es, die Linien des inneren Lebens nachzuziehen. »Ein Mensch mit seinem Widerspruch.« Ein lebensscheuer, kränklicher Einsiedler; zugleich aber auch ein Mensch, der für Freundschaft und Herzensdinge so begabt ist wie nur selten einer. Ein gar bequemer Pfarrherr mit Schirm und Zylinder – in welchem Schattenriß er denn auch auf die Nachwelt gekommen ist –, das Gehabe eines Philisters kaum verschmähend, und doch ein überaus zarter und hoher Geist, allen Melancholien und Humoren gleichermaßen aufgetan. Ein Stiller im Lande, der kaum über die Grenzen seiner schwäbischen Heimat hinausgekommen ist, zugleich aber in den Ländereien des Geistes und der Seele vortrefflich zu Haus: es seien nun lateinische Dichter oder Mozartmusik oder die zeitgenössische Zeichenkunst von Richter und Schwind. In mancherlei Dienstbarkeit sein Leben lang, schlecht und recht: im Grunde freilich keinem anderen Dienst verpflichtet als dem Dienst an seinem Werk, dem aber mit ungeteiltem, tapferem Herzen.

In früher Jugend hatte er, auf den Spuren des Wilhelm Meister wandelnd, einen Roman, den ›Maler Nolten‹, geschrieben. Später einige Märchen und Geschichten erzählt, unter denen das ›Stuttgarter Hutzelmännlein‹ am bekanntesten geworden ist. Zuletzt, im reifen Mannesalter schon, gelang ihm eine Novelle ›Mozart auf der Reise nach Prag‹, und mit ihr eine der großen Kostbarkeiten der deutschen Dichtung. Sein Hauptwerk aber, die Gedichte, begleiten seinen ganzen Werdegang. In der Mehrheit stammen sie aus dem dritten und vierten Jahrzehnt seines Lebens, einige der schönsten schon aus der allerfrühesten Zeit.

Vom Volkslied bis zur Hymne, vom Epigramm bis zur Ballade, vom Idyll bis zur hohen Gedankenlyrik schöpfen sie alle Möglichkeiten des Gedichtes aus. Das Geheimnis ihrer Größe, ihrer Leuchtkraft, ihrer Frische ist ihre Einfachheit. Jene Einfachheit freilich, die nicht am Anfang, sondern am Ende der Wege des musischen Geistes steht: Gipfel und Ziel.

So sind sie: Natur, vollkommene Natur, der Schwelgerei so

fern wie der hausbackenen Biederkeit. Sparsam in ihrem Ausdruck, sparsam freilich aus Reichtum und nicht aus Not. Prunkend dann plötzlich, wenn es gilt, das Verborgene aus den Schächten ans Licht zu heben und das Unwägbare zu wagen: »Du bist Orplid, mein Land, das ferne leuchtet!«

Dem Kleinen auf eine eigene Weise zugetan, den Vögelein im Laube, dem Ton der Biene, den Blumen am Bache. Aber dieses Kleine ist die Scherbe, in der sich das Große spiegelt. Keiner kann sagen, wie es zugeht: aber noch im zärtlichsten Idyll ist bei Mörike die ganze Welt gegenwärtig nicht anders als in den großen Gedichten Goethes und den Gesängen Homers.

Ihr dunkler Grundton ist kaum zu überhören – wie denn das Nächtige im ganzen Mörike eine wesentliche Bedeutung hat –, aber in allen Tönen verstehen sie sich auf den Lobgesang, und eine Tür ist immer nur angelehnt in die Welt des Humors, der wie die Septembersonne wärmt, ohne zu brennen und ohne zu stechen.

Sie sind weltoffen und keck. Furchtlos nennt ihr Dichter das Kind beim Namen. Aber die einzige Sorge, die Mörike noch auf dem Sterbebett um diese seine Gedichte hatte, ist in der Frage: »Es steht doch nichts Frivoles darin?« beschlossen, unbegründete Sorge dieses Dichters der Ehrfurcht und der echten Frömmigkeit.

Alle Reize der Form, alle holden Spiele der Sprache sind diesen Gedichten bekannt, und an Kunstverstand gebrach es Mörike nicht. Aber nirgends stoßen wir auf jenes »Schulschmäcklein«, das ihm beim Lesen von wer weiß welchen Gedichten begegnet ist und von dem er sagt: »aber seinen Versen merkt man an, / daß der Verfasser Lateinisch kann / – und schnupft.«

So sind sie: Gedichte aus erster Hand. Ohne Meister. Und so sind sie geblieben: ohne Schüler, ohne Nachahmer, ruhend in sich selbst. Unser Gärtner hat recht: wie die Rosenäpfel daheim sind sie, reif und makellos, und voll Duft und Süßigkeit.

Lange Zeit hindurch waren sie – das Los aller wirklichen Gedichte teilend – nur einer kleinen Gemeinde bekannt geworden. Dann haben Lesebuch und volksliedhafte Vertonung das Ihre getan, um einige von ihnen dem Lebensgut der Nation einzufügen, und zumindest in Schwaben gibt es kaum jemand, der nicht etliche der schönsten im Gedächtnis hat. Nicht alle freilich, die ›Das verlassene Mägdlein‹ oder ›Die Soldatenbraut‹ singen, wissen, daß es Mörikes Verse sind, die sie singen. Und sie brauchen's auch nicht zu wissen. Wer in seinem Volke lebt, kann des Namens entraten. Einen besonderen Dienst hat Hugo Wolf den Mörike-Gedichten getan. Auf der Höhe seiner eigenen Meisterschaft stehend, hat er vor fünfzig Jahren zahlreiche Mörike-Gedichte vertont und mit diesen Kompositionen wie mit einem Zauberschlüssel hundert verborgene Kammern, hundert geheime Schönheiten erschlossen, Kammern und Schönheiten freilich, die längst schon im Texte verborgen waren und die nur auf den Leser warteten, der sie fand.

Auf diesen Leser wartet, in Geduld und Gelassenheit, auch die vorliegende Auswahl der Mörike-Gedichte. Ihrer Siebzig sind hier beisammen: Frühlingslieder und Liebesverse, Freundschaftszeugnisse und heitere Bilder, Träume, Ahnungen und Geheimnisse, Schönheit und Wahrheit genug. Nach Art einer Mozart-Sonate sind sie zueinandergefügt: Allegro, Adagio, Menuetto, Vivace ... Indes: einen Wegweiser durch die Auswahl zu geben, darf sich der Herausgeber versagen. Denn die Freuden des Entdeckens sind eigene Freuden; und wer mag sich Überraschungen nehmen lassen, bei der Weihnachtsbescherung, beim Ostereiersuchen, oder hier: bei Mörikes Gedichten?

Im Feldquartier, Galizien, Frühling 1944

Mörike beim Spiel

›Inschriften, Denk- und Sendeblätter‹ ist in Goethes großem lyrischem Werk eine Gruppe von Gedichten überschrieben, und man hat sich beim Blättern und beim Lesen darin oft genug zu wundern, daß sie, in der Summa, außer dem anmutigen Sinn für das Gesellige, der ein Sinn der Epoche war, nur selten einmal die eigentliche Handschrift, die »Klaue des Löwen« erkennen lassen. Sehr im Unterschied dazu gehört es zu dem Erstaunlichen, und – wie wir sehen werden – nicht Zufälligen, sondern Bezeichnenden in Mörikes Werk, daß es dort kaum ein Stück gibt, das nicht noch die Goldader wirklicher Dichtung offenbar macht – gerade auch unter seinen Gedichten an Personen. Die großen berühmten Stücke, die ›Sehrmanns‹-Epistel an Longus oder die mächtige Beschwörung der Musik, Mozartscher Musik doch wohl, in dem ›An Wilhelm Hartlaub‹ überschriebenen Gedicht, auch ein Idyllikon wie das Konstanze Hartlaub zugedachte Zaubergebilde ›Ländliche Kurzweil‹ lassen wir hier außer Betracht; sie alle greifen in der Absicht und der Anlage weiter; aber schon eine Haarlocke, ein Vogelnest und ein Osterei waren ihm Lockung genug für reine Poesie, und wie lesen wir ein nur eben auf ein Datum, auf einen ersten oder zweiten Kindergeburtstag hin geschriebenes Stück wie dieses:

An den Vater meines Patchens

Der Knabe, der zehn Jahre später dir ein Freund
Und lange Zeit ein täglicher Genosse war,
Daheim noch lebt' er in des lieben Vaters Haus,
Mit blühenden Geschwistern selbst ein blühender:

Sieh, diesen Säbel zur Husarenuniform
Trug er durch Hof und Garten und Alleen der Stadt!
Das schöne Kleid (du sahst wohl noch ein Stück davon,
Scharlachen, fein, mit Silberschnörkelwerk besetzt),
Ist längst dahin samt alle seinem Zubehör,
Bis auf dies Eisen, dem getreu die Scheide blieb.
Wem laß ich nun die Waffe? Billig spart' ich sie
Dem eignen Sohn; er bleibt nur gar zu lange aus!
Am Ende, fürcht ich ernstlich, kommt er nimmermehr;
Sah ich doch selbst die Mutter bis zur Stunde nicht!
Kurzum denn, Alter, deinem Erstgeborenen,
Dem deine Bruderliebe meinen Namen lieh,
Häng ich den Säbel, bis er ihn gebrauchen kann,
Am Nagel übers Bettchen, ihm zu Häupten auf,
Unblutig Spielzeug, das von schöner Jugend weiß
Und deinem Knaben keine bösen Träume schafft.

Das ist also ein Brief; kaum mehr. Und nur so, wie es einem, dem der Umgang mit Versen vertraut ist, in den Sinn kommen mag, plötzlich aus der Prosa in das gebundene Wort überzugehen, wagt der Dichter ein, zwei Schritte ins Land der Gedichte, und ein leichter, das natürliche Parlando kaum verändernder Rhythmus stellt sich ein. Aber kaum, daß die erste, die zweite Zeile geschrieben sind, verwischen sich die Konturen, das Anläßliche schwindet dem großen Träumer aus dem Bewußtsein. Für einen Augenblick taucht die Uracher Seminarzeit auf, in der Absender und Empfänger dieser Epistel einander gesellt waren, aber schon ist er ganz mit sich allein in dem einundeinzigen Paradies der Kindheit. Ludwigsburg ist da, aus den Erzählungen der Mutter ersteht die Herzog-Karl-Eugen-Zeit, der Mozarttanz und der Mummenschanz, Wünsche werden wach, und Schloß, Schloßpark und Allee rufen nach dem Knaben, der mitparadieren mag, ein jüngster Husar. Die Lust von einem, der früh zu seinem eigentlichen Beruf gezeichnet, immer ein anderer zu sein wünscht, die Lust zum Märchen, zur Verkleidung, zum Traumspiel zur Zeit und zur Unzeit – sie alle sind nahe, und wer zu hören versteht, hört die Stimme des Präzeptors, der den Schulknaben in seine tiefbeschäftigte Abwesenheit hinein zu fragen hatte: »Büble, von welchem Brückle hast jetzt wieder nunterguckt?«

»Long, long ago.« Der Mann, der hier einen Patenbrief schreibt, hat längst Ludwigsburg und alle anderen Paradiese verlassen müssen, ein einziges, das der Erinnerung, ausgenommen. Wände sind zwischen dem Damals und dem Nun, undurchdringlicher als die steinernen Wände im Pfarrhaus von Cleversulzbach; die ihn besuchen und von Angesicht sehen, schreiben: »Sein Äußeres ist sehr gealtert, keine Spur mehr von jenen jugendlichen Zügen, die Haut im Gesicht ist schlaff und hängend, die Gestalt ohne alle Grazie.« Es müßte etwas geben, eine Tür ins Offene, einen großen Aufschwung, einen Anfang, noch einmal einen Anfang. Aber was wäre ein Anfang? Ein Sohn, ja: einen Sohn haben – das wäre ein Anfang. »Wem laß ich nun die Waffe? Billig spart ich sie dem eignen Sohn.« Aber was sind das für Wunschträume? Wohl, er träumt sie, aber sie sind nah dem Erwachen geträumt, und Wehmut und Selbstironie gehen miteinander einen Gang, da er fortfährt: »Er bleibt nur gar zu lange aus.« Und plötzlich, in namenlosem Ernst, der Blick in ein einsames Alter: »Am Ende fürcht ich ernstlich, kommt er nimmermehr.« Und dann, noch einmal zum halben Scherz zurückkehrend: »Sah ich doch selbst die Mutter bis zur Stunde nicht!«

Bang-innige Träumerei! Man muß aufwachen, man muß sehen, was ist. Hier ist ein Briefblatt, und ein Säbelchen liegt da. Man muß »Kurzum!« schreiben – so scheucht man wohl die Geister der Vergangenheit und die Gespenster der Zukunft zur Seite, und der Blick wird frei für ein schlafendes Kind, das »Eduard«, Eduard Hartlaub heißt. Über dem Kinderbett ist Platz für ein »unblutig Spielzeug«: im Bereich der Kinderatemzüge ist viel Leben freundlich bewahrt.

»Gedichte an –« rufen, so denkt man zuweilen, nach einem

Treff, man kredenzt sie, dem Champagner gleich, in einem Augenblick des Glanzes, und der Glanz ist beim Kredenzenden. Wir haben alle unsre Erfahrungen mit solchen Versen: wie bezaubernd sie im Augenblick sein können und wie matt sie geworden sind, wenn man sie nach drei Tagen wieder liest. Mörikes »Gedichte an –« sind ganz anders. Sie haben zunächst kaum einen Glanz. Aber sie werden immer schöner, je länger man mit ihnen umgeht. Denn hier ist nicht die Pracht, die sich ansieht, sondern das Licht einer Liebe, die sich dem anderen zuwendet. Wenn sie leicht sind – und sie sind ja leicht –, so sind sie's nach der Weise von Brentanos Schicksalslied: »Schweres Herz hat leichten Sinn.« Es war dem Mann, der sie schrieb, nicht gegeben, etwas von dem, was in derberen Zonen »volles Leben« heißt, zu verwirklichen. Eines aber wurde ihm zuteil: er vermochte es, sich für einen erfüllten Augenblick ganz zusammenzufassen, und alle Kraft des Schauens, Schmeckens und Fühlens war in der kleinsten Äußerung, die aus der glücklichen Stunde kam, vollkommen gegenwärtig.

Da ist eine Stube, und ein tiefversehrter Mann hält seine »Andacht zum Unbedeutenden«, um es mit einer Wendung Boisserées zu sagen: er zeichnet, er schnitzelt, er spricht mit seinem Hündchen und seinem Staren, und ein Blättchen wird beschrieben. Aber eine Tür ist angelehnt, und wir merken wohl, daß da die Räume sind, in denen die großen Weltgedichte Mörikes wohnen (wohnen? kaum –: zu Gaste sind), fürchtenmachend und tröstlich – oder beides in einem.

Musik des Abschieds

Die Mozart-Novelle

Als Eduard Mörike an seine Novelle ›Mozart auf der Reise nach Prag‹ ging, stand er im neunundvierzigsten Lebensjahr. Bilder aus dieser Zeit zeigen einen über seine Jahre hinaus gealterten Mann mit müden Augen und erschlafften Gesichtszügen. Das, was er selbst einmal den »unglaublich verzärtelten Gang seines Wesens« genannt hatte, war durch Jahre der Untätigkeit schmerzlich entwickelt worden; wenn von Arbeit die Rede war, dann wurde von ihm selbst nur an eine Herausgebertätigkeit gedacht. So fragt er im Jahr 1851 bei Vischer an: »Weißt Du mir nicht auf Bibliotheken ein altes Schweineleder zum Wiederaufweichen, deutsch oder lateinisch?« Und fügt resigniert hinzu: »An eine eigene selbständige Arbeit von mir ist gegenwärtig nicht zu denken.« Eine Brotarbeit also wird gesucht, denn Mörike brauchte Geld. Das war während seines ganzen Lebens rar gewesen, das Geld, aber gerade in diesen Jahren mußte ihm besonders viel an einer neuen Verdienstmöglichkeit gelegen sein. Er schickte sich an, einen Hausstand zu gründen: Margarete Speeth, die Freundin der Mergentheimer Jahre, wird seine Frau; man übersiedelte nach Stuttgart, wo sich – nach längerem Suchen her und hin – eine Tür aufgetan hatte, ein neues kleines Amt, wie es auch ein kränklicher Dichter noch ausfüllen konnte. Er wurde zum »Pfleger weiblicher Jugend« bestellt und erhielt einen Lehrauftrag am Katharinenstift. Die Belastung, die ihm hieraus erwuchs, war nicht groß, die Besoldung freilich entsprechend gering.

Und nun geschah es in eben diesen Jahren, daß es das Leben mit seinem Schmerzenssohn noch einmal gut meinte. Die neue Umgebung, die kleine Aufgabe, die Literaturstunde bei den bildungsdurstigen Fräulein – nach ihrer grünen Tracht ›Laubfrösche‹ genannt –, das Wagnis des neuen Hausstandes, in welchen dann – großes Glück! – Fanny und Marie, die beiden Töchter, hineingeboren wurden, dazu manches Zeichen äußerer Anerkennung: Doktorhut, Professortitel und Ordensband –: da schien es doch, als regten sich von neuem die Lebensgeister und die Dichterlust. Anfangs sind es noch alte Pläne, die aufgenommen werden; plötzlich kommt die Geschichte vom ›Stuttgarter Hutzelmännlein‹ unter Dach, ein kleines Märchen ›Die Hand der Jezerte‹ wird geschriebn, dann aber – und zwar schon am Weihnachtsabend 1852 – kann er in einem Brief an den Morgenblatt-Redakteur Hermann Hauff, einen Bruder des Dichters Wilhelm Hauff, schreiben: ». . . habe ich vermutlich das Vergnügen, Ihnen gegen das Frühjahr eine kleine Novelle: Mozart auf seiner letzten Reise nach Prag – anzubieten.« Das Frühjahr kommt und geht, ohne daß wir weiteres von der Geschichte hören, aber im September des folgenden Jahres taucht sie in einem Brief an Hartlaub von neuem auf: »Auf die erste Hälfte des Oktober versprach ich dem Cotta das Manuskript. Zum Abschluß fehlen mir nur ein paar völlig klare und ungestörte Tage, und mehr als einmal dachte ich deshalb schon an ein Refugium zu Dir; ohnehin muß einzelnes noch am Klavier zwischen uns beraten und festgestellt werden.« Noch einmal vergeht ein Jahr, dann aber erfahren wir von einer Vorlesung der – wohl noch nicht ganz abgeschlossenen – Arbeit im kleinen Kreis und hören von herzlichstem Echo. Im Mai 1855 wird sie – von einem überaus ehrerbietigen Brief begleitet – dem Verleger Freiherr Georg von Cotta vorgelegt. Dabei wird Bezug genommen auf die im Januar 1856 »einfallende Feier des hundertjährigen Geburtstages Mozarts«. Wenige Wochen später ist die Novelle im ›Morgenblatt‹ zu lesen, und fast gleichzeitig erscheint sie als eigenes kleines Buch. Sie wird – um das gleich hier zu erzählen – von der Öffentlichkeit sehr freundlich willkommen geheißen; wichtiger noch als der allgemeine Beifall war für Mörike die Zustimmung einiger Freunde. Nicht leicht kann man sich eine anmutiger erfüllte

Stunde denken als jene Teestunde aus dem August 1855, von der wir durch einen Bericht Theodor Storms wissen. Da saßen Wilhelm Hartlaub, der »Urfreund«, Theodor Storm, der hochansehnliche Gast aus dem Norden, und Mörike beisammen, und der Dichter las ihnen die eben vollendete Novelle vor, »im schönsten Hochdeutsch«, wie ausdrücklich versichert wird. Hartlaub rief im hellsten Entzücken zu Storm hinüber: »Aber ich bitt Sie, ist das nun zum Aushalten?« – und wir verstehen ihn wohl.

Dieser Novelle ist – um auch dies hier gleich noch anzufügen – keine größere Prosa-Arbeit mehr gefolgt, an Gedichten immerhin eine kleine Zahl, darunter das herrliche Spätwerk ›Erinna an Sappho‹. Wollte man auf Goethe blicken, der nach dem Fünfzigsten noch ›Dichtung und Wahrheit‹, die ›Wahlverwandtschaften‹, den ›Westöstlichen Divan‹ und ›Wilhelm Meisters Wanderjahre‹ geschrieben hat – oder an Fontane denken, dessen ganzes, im eigentlichen Sinn dichterisches Werk ein Alterswerk ist –, dann könnte einen die Vorstellung von zwanzig kaum noch fruchtbaren Lebensjahren des Dichters Mörike traurig machen: aber mir will scheinen, solche Seitenblicke und solche Gedanken ziemen sich nicht.

Jedenfalls, diese Arbeit wurde vollendet und wurde ein vollendetes Werk. »Versichern darf ich hier«, schreibt Mörike an Cotta, »nie etwas mit mehr Liebe und Sorgfalt gemacht zu haben.« Und an einer anderen Stelle, sehr anmutig zu lesen, stolz und bescheiden zugleich: »Ich sehe sehr wohl ein, daß die Summe von dreihundert Gulden für sechs Bogen Prosa im Miniaturformat auffallen kann. Wenn indes diese Summe für ein episches Gedicht von gleichem Umfang vielleicht angemessen erschiene, ich aber mir das Zeugnis geben darf, auf die prosaische Form der Darstellung nicht weniger und einen gewissermaßen ähnlichen Fleiß verwendet zu haben als eine rhythmische Arbeit erfordert, so wird mein Vorschlag minder befremden.« So wird denn also hier die Prosa-Arbeit durch ihren Verfasser selbst dem Rang der Gedichte benachbart, und in der Tat

wird der beglückte Leser immer wieder – nicht nur, was den Rang angeht – an diese Nachbarschaft gemahnt. »Fürwahr, man schreibt nur im Angesicht der Poesie gute Prosa. Der Takt eines guten Prosaikers in der Wahl seiner Mittel besteht darin, dicht an die Poesie heranzutreten, aber niemals zu ihr überzutreten.« Genau im Verstand dieser Bemerkung – einer Bemerkung Nietzsches – ist Mörikes Mozart-Novelle große deutsche Prosa. Man könnte sagen, das ganze Erzählerwerk Mörikes, vom ›Maler Nolten‹ bis zur ›Historie von der schönen Lau‹ sei eine einzige Vor- und Einübung in die Meisterschaft, und auf sechs Bogen Miniaturformat wird dann das Meisterwerk selbst geschrieben, so scheinbar leicht, so schwebend und so klar, so Lied des Lebens und des Todes, daß wir nicht ungern vom »Schwanengesang« sprechen würden, wäre diese Bezeichnung nicht so unveräußerlich an Schuberts letztes Liedwerk gebunden; auch hätten wir gute Lust, einer neuen Ausgabe dieser Novelle die bittersüße Zeile voranzustellen, die wir im ›Kleinen Welttheater‹ von Hugo von Hofmannsthal finden: »Ich hör doch für mein Leben gern / So traurig singen, und von fern.«
Dabei wollen wir nun freilich nicht überhören, was Mörike selbst zur Charakteristik seiner Arbeit gesagt hat. »Meine Aufgabe bei dieser Erzählung war, ein kleines Charaktergemälde Mozarts (das erste, soviel ich weiß) aufzustellen, wobei, mit Zugrundelegung frei erfundener Situationen, vorzüglich die heitere Seite zu lebendiger konzentrierter Anschauung gebracht werden sollte.« »Vorzüglich die heitere Seite«: das ist wohl wahr. Die Schilderung eines Reisetags der Eheleute Mozart im Jahr 1787 – da kann viel Anlaß zu heiteren Stücken und Stücklein bestehen, und solcher Anlaß wird weidlich wahrgenommen. Wir fahren in der stattlichen, gelbroten Kutsche über das mährische Gebirg hin, wir helfen den wohlgelaunten Eheleuten ihre Luftschlösser bauen, wir lustwandeln mit dem Maestro im gräflichen Garten, wir sind auch zur Stelle, wenn mir nichts dir nichts die Pomeranze vom Baum genommen wird; der Brief an die Dame des Hauses muß geschrieben wer-

den, der Graf kommt des Wegs, und dann können wir uns schon denken, daß alles sich fürs erste zum Guten wendet. Ein Abend voll Glanz und Musik tut sich auf, Geschichten und Gedichte und vielfältiger Gesang. Und dem Abend folgt ein Morgen, ein festliches Finale: »Heiliger Sixtus und Calixtus – Konstanze! Du! Der Wagen soll mein sein! Du fährst künftig in deinem eigenen Wagen –«. Aber wir begreifen es wohl: alles, was geschieht, geschieht unterwegs, geschieht wie zu Gast. Das Schöne, das Beglückende, das Übermütige, das Heitere – das alles ist allezeit das Vorübergehende. Wir sind eben noch bei den Stegreifreimen, die große, vergnügte Episode vom Einkauf der Holzsachen wird uns aufgetischt – eine Geschichte, die übrigens sehr so schmeckt, als habe sie sich im Haus Mörike ereignet –, da, unversehens sind wir vom »Höllenbrand« angesengt, von der ›Don-Juan‹-Partitur, die aus dem Reisekoffer heraufgeholt wird und mit der Mozart die Abendgesellschaft auf ihre Bitte hin noch bekannt macht. Und da heißt es dann: »Jener furchtbare Choral, ›Dein Lachen endet vor der Morgenröte‹, erklang durch die Totenstille des Zimmers. Wie von entlegenen Sternenkreisen fallen die Töne aus silbernen Posaunen, eiskalt, Mark und Seele durchschneidend, herunter durch die blaue Nacht.« Wir sitzen im dunklen Zimmer, und es schaudert uns mit allen Schaudern von Zeit und Ewigkeit, und wir fühlen es wohl, wie recht Eugenie, die junge Braut im Hause, mit ihrer Empfindung hat, »daß dieser Mann sich schnell und unaufhaltsam in seiner eigenen Glut verzehre, daß er nur eine flüchtige Erscheinung auf der Erde sein könne, weil sie den Überfluß, den er verströmen würde, in Wahrheit nicht ertrüge«. Wir gehen dem todtraurigen Schlußgedicht entgegen, das hier, als böhmisches Volksliedchen verkleidet, eingeführt wird, und wissen, daß das Schöne, daß Tännlein und Rosenstrauch ihre einzige wirkliche Dauer darin haben: »auf deinem Grab zu wurzeln und zu wachsen«.

So hatte denn der Rektor Wolff die Novelle recht genau gehört mit ihren Tönen und mit ihren Untertönen, wenn er zu Mörike nach der Vorlesung sich vernehmen ließ, er sei ungeachtet der vorherrschenden Heiterkeit oder vielmehr durch die Art derselben aus einer wehmütigen Rührung gar nicht herausgekommen. Mörike fügt der Äußerung die Bemerkung bei: »Das ist es aber, was ich eigentlich bezweckte.«

In diesem großen Zugleich von wahrer Heiterkeit und abgründiger Schwermut liegt der eigentliche und unvergleichliche Reiz der Erzählung, und da gerade der junge Mensch den Doppelklang von Lebensmut und Weltschmerz in sich wiederfindet, hat die Novelle von jeher besonders innig mit jungen Menschen gesprochen, ohne daß diese schon deutlich zu sagen wüßten, was sie hier so tief und selig verzaubert. Aber auch wir stocken mit Recht vor der Aufgabe, an dieses Geheimnis zu rühren, und wem sich auf den labyrinthischen Wegen in eigene Arbeit hinein das eine und andere Tor einen Spalt weit geöffnet haben sollte, der wird erst recht an dieser Stelle in sieben Sprachen zu schweigen wissen. Was zutage tritt, ist ja gerade nichts Listig-Erklügeltes, sondern ein Stück Natur. Fabulierlust ist am Werk, aber sie ist von der Art, daß jeder meint, dergleichen müsse wirklich ohne viel Aufwand zustande gebracht werden können. »Im Herbst 1787 unternahm Mozart in Begleitung seiner Frau eine Reise nach Prag, um ›Don Juan‹ daselbst zur Aufführung zu bringen«, so lautet der erste Satz, so einfach und unfeierlich wird angefangen, und wie absichtslos reiht in der Folge sich Episode an Episode. In Wirklichkeit ist nun gerade dieser Verzicht auf alle Besonderheiten die höchste Kunst, und was so sorglos daherfabuliert scheint, ist in Wahrheit mit der größten Sorgfalt ineinandergewoben.

Sie ist in allen Stücken der Mozartschen Musik verwandt, und das in einem solchen Maß, daß wir alle uns Mozarts Gestalt kaum anders vorstellen können als so, wie ihn Mörike uns hier vor die Augen gemalt hat. Und wie die Sätze einer Serenade Mozarts sich folgen – Andante, Allegro, Scherzo, Menuetto, Adagio und Finale –, so folgen sich hier die Szenen dieses glücklichen Tags.

Mozarts Musik, Musik der Paßhöhe, da die Landschaften wechseln und das Klima sich wandelt. Was Mozart vorausging, war die Musik Bachs, Glucks und Haydns, die Musik, der es genug war, in sich selbst schön zu sein, ein seliges Spiel. An diesem Verlangen, das im Grunde nichts über sich hinaus verlangte, hat Mozart noch allen erdenklichen Anteil; unter den Spielern ist er der einfallsreichste und der verspielteste von allen. Was Mozart folgte, die Musik des Menschen, der sich vor Grenzen gestellt sieht, der in Schluchten geführt wird, der mit den Dämonen zu fechten hat und die Musik verstehen lernt als eine Waffe, die Musik Beethovens, um einen Namen für viele Namen zu nennen – nun, dergleichen Musik ist auch in Mozart lebendig genug. Von den »schwarzen Gründen«, von der Grenze, vom Aber und Wehe weiß der Komponist der g-moll-Symphonie alles, was es darüber zu wissen gibt, und bis zum Grunde offenbar wird das in eben der Don-Juan-Partitur, die aufgeschlagen ist in dieser Novelle. Mozarts eigentliches Geheimnis aber ist dies: daß er, zwischen den Epochen, zwischen den Bewußtseinsbereichen stehend, sein Spiel fortsetzt – wohl wissend, daß Abgrund Abgrund ist. Der Geist des Komturs ist im Gemach, der furchtbare steinerne Gast ist gegenwärtig, das Ende kommt, aber Don Juans Melodie bricht nicht ab.

Abschied – das ist das Wort, an das wir hier denken müssen. Abschied von der Welt des Rokoko, einer kindlich-aufglänzenden Welt. Aber es ist Abschied in der Musik, ist Musik des Abschieds. So Mozart – und so Mörike. Auch zu der Zeit, als die Novelle geschrieben wurde, war Abschied zu nehmen, Abschied von einer Epoche, vom Biedermeier aus der ersten Hälfte des neunzehnten Jahrhunderts, und zuweilen spukt dieser Abschied herein – im Grunde aber ist es nicht Rokoko und nicht Biedermeier, sondern tiefere Einsicht in die Vergänglichkeit des Schönen, und ist Abschied schlechtin: »Denk es, o Seele!«

Übrigens hat man – von den Kunstregeln aus gesehen – nun doch auch Fehler an diesem Werk entdecken wollen. Der Gelehrte, der Musikhistoriker Mörike, so sagte man wohl, spiele das eine und andere Mal dem Dichter Mörike einen Streich; auch gebe der Verfasser in seiner großen Sorglosigkeit nicht nur das Kunstwerk selbst, sondern kraft einer eigenen Vertraulichkeit mit dem Leser auch noch etwas wie die Entstehungsgeschichte dazu, mehr als einmal sähe man einen unvernähten Faden in diesem Webmeisterstück unbekümmert herunterhängen. Nun, wenn das Fehler sind, so sind es entzückende Fehler. Die Einfalt, mit welcher Mörike mit seinen Menschen umgeht, mit Mozart und mit uns – gegen welches Pathos wollte man sie eintauschen? Und wenn die Abschweifungen vom strengen Weg der Erzählung weit hinausgehen – könnte man im Ernst wollen, sie gingen *nicht* so weit hinaus?

Daß der Musikhistoriker Mörike mit großem Ernst bei seiner Sache war, geht aus dem Plan hervor, der lange Zeit bestanden hatte: ein tüchtiger Kompositeur, der Musikerfreund Hetsch, sollte eine kleine musikalische Beilage im Sinne Mozarts erfinden, und sie wäre als Handschriftfaksimile beigegeben worden. Auch wurde erwogen, ein oder zwei Porträts als »charakteristische Zutat« der Jubiläumsausgabe beizugeben. Wir sind froh, daß aus den Plänen nichts geworden ist. Denn keine Hetsch-Musik und kein Kupferstich hätten so den ganzen Mozart vergegenwärtigen können, wie Mörikes Schilderung es vermochte.

»Hierbei etwas von mir, Ihrer lieben Frau eines Abends mit Herrn Geibel, den ich von Herzen grüße, vorzulesen. Wär' es nach meinem Wunsch gegangen, so präsentierte sich Herr Mozart ihr in Sammet und Seide, – was er sich doch noch vorbehält.« So Mörike in einem Brief an Heyse aus dem August 1855 anläßlich der Übersendung des ›Mozart‹. Wie seltsam, wie fast schon vergangen mutet uns die Welt dieser Empfänger an!

Die Novelle aber ist nicht vergangen, und sie bedarf auch des Sammets und der Seide nicht, um sich zu präsentieren. Seit hundert Jahren ist sie auf der Welt, und es gehört keine Prophetengabe dazu, ihr so viel Dauer vorauszusagen wie der deutschen Sprache selbst und der Mozartschen Musik.

Gewiß ist ungewiß

Von einem großen Gedicht soll hier die Rede sein, groß in dem Sinn, in dem von »großen Gedichten« gesprochen werden kann: vollkommen im Gleichgewicht von Spiel und Ernst, von Ahnung und Wirklichkeit. Auch wo man nur zehn oder zwölf Gedichte aus dem ganzen deutschen Sprachgut der Jahrhunderte wählen dürfte, wäre dieses Gedicht mit guten Gründen dabei: es ist das Gedicht ›Denk es, o Seele!‹ von Eduard Mörike.

Aber zuerst muß ich den Platz beschreiben, an dem dieses unvergängliche Gebilde zum erstenmal – vor gut hundert Jahren – zu lesen war. Es hat eine rührende und fast komische Bewandtnis damit: zum Lachen ist es und zum Weinen, zum Sichwundern und zum Sichtrösten: durch eine solche Pforte können Meisterwerke in die Welt kommen. Keine Sorge – wenn es Meisterwerke sind, wird man sie auch dort nicht übersehen. Im ersten Jahrgang der ›Frauenzeitung für Hauswesen, weibliche Arbeiten und Moden mit vielen Muster- und Modeblättern und dem Unterhaltungsblatte Salon‹, Stuttgart 1852: man schlage Seite 56 auf, und in redlicher Folge findet man dort: Ratschläge, wie man am besten Straminarbeiten gegen Motten schützt, ein Rezept für Pomeranzentorte in Prosa, eines für Kartoffelpudding in Reimen (»... und schlägt's zu einem steifen Schaum, davon wird die Masse so leicht wie Flaum«), danach ein Stück Erzählung von Ottilie Wildermuth, sodann kommt ein kleiner Strich, und nun, unten auf Spalte zwei – so füllt ein Redakteur seine Seite! – ›Grabgedanken – von Eduard Mörike‹, und dann also dies:

Ein Tännchen grünet wo,
Wer weiß, im Walde;
Ein Rosenstrauch, wer sagt
In welchem Garten?
Von beiden ist gewiß
Ein Reis erlesen,
Auf meinem Grab zu wurzeln
Und zu wachsen.

Zwei schwarze Rößlein weiden
Auf der Wiese,
Sie tummeln sich zur Stadt
In muntern Sprüngen.
Sie werden schrittweis gehn
Mit meiner Leiche.
Vielleicht, vielleicht noch eh'
An ihren Hufen
Das Eisen los wird,
Das ich blitzen sehe!

Wer das Gedicht gut kennt, muß unruhig eine Zeile vermißt haben, die sich ihm gewiß beim ersten Kennenlernen schon unvergeßlich eingeprägt hat, den Zuspruch »Denk es, o Seele!«, der dann in den Sammlungen der Mörikegedichte diesen Strophen als Titel voransteht. Was hier vorliegt, ist die erste Fassung des Gedichts; betrachten wir zunächst sie.

Es sind zwei ganz einfache, ungereimte Strophen, die erste acht, die zweite zehn Zeilen lang. Für einen Augenblick ist man geneigt, sich das Ganze als Prosa geschrieben zu denken. Fast kunstlos, so meint man, geht das einher, fast ohne Rhythmus, ohne Musik und Melodie. ›Grabgedanken‹ – das will heißen: was einem so an einem besonderen Tag in den Sinn kommt, und was man dann, bang genug, vor sich hinstammelt. Drei Bildeindrücke, wie sie einem Dahinwandernden wohl in ein und derselben Stunde nacheinander vor die Augen kommen können: Tännchen und Rosenstrauch und weidende Rößlein. Bildeindrücke? Kaum das. Traumbilder nur, die ersten beiden zumindest, Reminiszenzen, unbestimmte und flüchtige: »wer weiß« – »wer sagt«; auch den weidenden Rößlein begegnet kein ruhig beobachtender Blick, sondern einer, den die Gedanken schweifen machen: ein anderes Bild erscheint – jetzt die sich tummelnden »in muntern Sprüngen«, jetzt die schrittweis gehenden – »vielleicht, vielleicht ...«. Aber mit diesem »vielleicht« hat uns schon die Geißel berührt, die Rute Notwendigkeit, und wir sind nicht mehr unverbindlich außenstehende Betrachter. Wir gehen von neuem über das Gedicht hin, wir sind von einer fremden Gewalt in das Gedicht hineingezogen, und nun merken wir: dieses Leichtgefügte ist gleichwohl das unlöslich Geflochtene. Was zuerst aussah wie drei Bildeindrücke, das werden nun zwei Bilder, in zwei Strophen deutlich voneinander getrennt, wie die beiden Sätze einer Sonate deutlich getrennt sind voneinander.

Tännchen und Rosenstrauch: das Auge sieht dunkelgrün und dunkelrot, beisammen beide. Jedes für sich gesehen, ist das ruhige Leben. Ernst und fast feierlich – oder auch: anmutig und einfältig-schön, Baum und Blume. Beisammen aber sind sie das ruhige Leben nicht mehr. Grabschmuck sind sie – und sie bedeuten – still und in Ergebenheit wird es bedacht: den Tod.

Die zweite Strophe dann – welche Farben sieht hier das Auge? Schwarz und Weiß. Nur diese Rößlein, weidend auf der Wiese. Der Wiese wird man kaum gewahr, die schwarzen Pferde sind Bild genug: friedlich weidend zuerst und sich tummelnd hernach und schrittweise gehend zuletzt, mit dem dunklen Bahrtuch behangen. Aber da tritt das Silberweiß der Hufe ins Bild. Dunkelgrün und Dunkelrot – das reimte sich aufeinander. Hier, da dem Schwarz dieses Hellblitzende entgegenzuckt, hier ist kein Reim. Hier ist Gefahr. Hier ist das Bebende, die Leidenschaft des Augenblicks, Wind, der heftig herzufährt, und sein Name heißt: bald!

Aber schon die erste Strophe – ist sie denn wirklich still und

ergeben? Sie scheint es zu sein, sie zögert zu sich selbst hin: wie ein Kind beim Blumenpflücken die Blumen prüft, so scheint sie die Worte zu prüfen. Aber plötzlich verrät sie sich, und es ist das Wort »gewiß«, in dem sie sich verrät: »Von beiden ist gewiß ein Reis erlesen . . .« Gewiß – das heißt: ungewiß, und ungewiß heißt: ich fürchte mich, und heißt: ist hier kein Entrinnen? Von der Zeit ist noch nichts gesagt, die Stundenschlagnähe ist noch nicht in dieser ersten Strophe, aber die Todesfurcht ist in ihr. In jede Zeile – jetzt erkennen wir's – ist sie eingedrungen; neunmal kehrt der Konsonant »w« wieder, und was kunstlos schien, ist lauter schimmernde Höhle und großes Sprach- und Geistgeheimnis.
Nun hat aber Mörike dem Gedicht eine zweite Fassung gegeben, die lautet so:

Ein Tännlein grünet wo,
Wer weiß, im Walde;
Ein Rosenstrauch, wer sagt
In welchem Garten?
Sie sind erlesen schon,
Denk' es, o Seele,
Auf deinem Grab zu wurzeln
Und zu wachsen.

Zwei schwarze Rößlein weiden
Auf der Wiese,
Sie kehren heim zur Stadt
In muntern Sprüngen.
Sie werden schrittweis gehn
Mit deiner Leiche,
Vielleicht, vielleicht noch eh'
An ihren Hufen
Das Eisen los wird,
Das ich blitzen sehe!

Was hat sich verändert? Aus dem »ich« ist ein »du« geworden, »dein Grab« heißt es jetzt, »deine Leiche«. Es ist kein fremdes »Du«, Grabgedanken sind's noch immer, und Selbstgespräch ist auch dies. Aber der hier seine Seele mahnt »denk es, o Seele«, das ist nicht ganz der gleiche Mann, der das »von beiden ist gewiß ein Reis erlesen« so todesbang sprach.
Mag sein, daß einige Form-Einsichten die Änderung zunächst veranlaßt haben. Vielleicht hat ihn ein genauer Leser darauf aufmerksam gemacht, daß wohl vom Rosenstrauch, nicht aber vom Tännlein ein Reis gepflanzt werden kann. Er, Mörike, hat es mit Wahrnehmungen solcher Art, das weiß man, sehr genau genommen. Auch der Wechsel vom »Tännchen« zu dem süddeutsch-heimatlicheren, melodischeren »Tännlein« ist wohl bedacht; ebenso die Abwehr der kleinen Übertreibung, die in dem doppelten Bild »tummeln sich in muntern Sprüngen« lag. Jetzt springen die Rößlein, weil es den heimischen Stall zugeht. Die wichtigste Änderung aber ist die, daß nun die zwei Zeilen »Sie sind erlesen schon – denk' es, o Seele« erscheinen. In dem herben »Sie sind erlesen schon«, diesem kategorischen Indikativ, wird eine neue Dimension erreicht: die der ruhigen Zuversicht. Gerade indem das Wort »gewiß« nicht mehr dasteht, wird Gewißheit. Und diese Gewißheit bedenkt einer aus Glauben in jenem Psalmton, der das Wort »Seele« kennt, bedenkt sie mit sich selbst: nicht unverzagt – aber gefaßt.
Mörike hat sich für die zweite Fassung entschieden, und diese Entscheidung ist allein gültig. Meine heimliche Vorliebe aber für die erste Fassung, für diese spröden zwei Zeilen »Von beiden ist gewiß ein Reis erlesen« – mag ich dennoch nicht verschweigen.
Es ist eine alte Streitfrage: Soll man, wenn es darum geht, ein Gedicht zu verstehen, beiziehen, was man von den Lebensumständen eines Dichters weiß, oder soll man das nicht? Soll man sich einen Fingerzeig geben lassen aus dem Gang des Lebens? Mörike stand, als er die erste Fassung des Gedichts schrieb, im

ersten Jahr seiner Ehe, dieser spätgeschlossenen Ehe. Erde ruft in der Frau; Liebesstunde und Tod sind Geschwister. Die endgültige Fassung des Gedichts aber stammt aus dem Jahre 1855, dem Jahr, in dem ihm sein erstes Kind geboren worden ist. Ob einer, der das Kind vor sich sieht, gefaßter seinem Grab entgegengeht? Es könnte sein.

Aber nun ein Drittes. Dieses Gedicht hat im Werk Mörikes einen besonderen Platz gefunden am Schluß der Novelle ›Mozart auf der Reise nach Prag‹. Es wird dort als böhmisches Volksliedchen eingeführt; solche Mystifikationen liebte Mörike seit eh und je. Von seinem Gedicht »Wir Schwestern zwei, wir schönen« schreibt er – es war in der Cleversulzbacher Zeit – an seinen Freund Hartlaub, er habe eine Dorfschöne ein Liedchen singen hören, habe ihr dann Strophe um Strophe entlockt – hier sei es; gegen Ende des Briefes gesteht er den kleinen Betrug. Es sei nichts mit der Dorfschönen, die Strophen seien von ihm. Und dann: »Ich wollte nur, daß du es unbefangen lesen sollst und mir dann schreiben, ob es den Eindruck eines Volkslieds auf dich machte oder nur halb oder gar nicht.« Das war dort ein Scherz, und das ist hier nun Ernst. Vom Geheimnis des Frühvollendeten ist auf den letzten Blättern der Novelle die Rede, und wie Liebe, Liebe vor allen andern Mächten, befähigt ist, diesem Geheimis nachzusinnen. Eugenie, die Braut, ist es, die bei Mozarts Spiel »hinter allem unsäglichen Reiz« dies erspürt und durch das »geheimnisvolle Grauen der Musik« hindurch erschüttert wird: »Es ward ihr so gewiß, so ganz gewiß, daß dieser Mann sich schnell und unaufhaltsam in seiner eigenen Glut verzehre, daß er nur eine flüchtige Erscheinung auf der Erde sein könne, weil sie den Reichtum, den er verströmen wird, in Wahrheit nicht ertrüge.« Und so geht sie zum Klavier, zieht den Schlüssel ab »in eifersüchtiger Sorge, daß so bald keine andere Hand wieder öffne«. Da fällt ihr das böhmische Volksliedchen entgegen, das sie kennt. Und dann heißt es: »Wie sie es aber auch verstehen wollte, der Inhalt war derart, daß ihr, indem sie die einfachen Verse wieder durchlas, heiße

Tränen entfielen: Ein Tännlein grünet wo, wer weiß, im Walde . . .«

»Denk es, o Seele!« Es gibt kein Totengedenken ohne Todesgedenken; kein Todesgedenken aber ohne Lebensgedenken. Die stärksten, die innigsten Zeichen des Lebens – Baum, Blume und Kreatur –, wir umfassen sie mit dem Blick der Liebe, der um die Vergänglichkeit weiß. Musik des *Abschieds* ist alles, was wir auf Erden zuwege bringen können. Genug, wenn es *Musik* des Abschieds ist.

Unschuld des Schönen

›Mörikes Geheimnis‹ gedachte ich einen Augenblick lang meine Ansprache heute zu überschreiben, aber Sie werden mir zustimmen, wenn ich es dann doch nicht getan habe: niemand läßt im hellen Reich der Kunst sich gerne auf Mystagogie und Geheimniskrämerei ein. Verstehen freilich werden wir es dann wieder durchaus, daß man, für eines Augenblickes Länge, gerade mit Mörikes Namen den Begriff »Geheimnis« verbindet, denn es gibt unter den großen Dichtern der Nation keinen, der sich, so wie Mörike, im selben Augenblick auftut und im selben Augenblick wieder verschließt, keinen, dessen Werk so eindeutig und frei am Tage zu liegen scheint und der uns doch, wo immer wir seiner Spur nachgehen, tief ins Labyrinth hineinzieht.

Wir glauben, ihn zu kennen, und als vorhin sein Wort, wie es sich geziemt, das erste Wort in unsrer Feier hatte, da hörten wir vertrautes Wort und hörten – wenn wir von den dunklen Peregrinaliedern absehen – wohlverständliches Wort. Aber dennoch ist es wahr: wir haben kein Wort gehört, das nicht in jedem Augenblick uns wie durch halboffene Türen in andere, nur geahnte Räume zu schicken weiß, und wenn wir uns auf den Weg machen, kommen wir nie mehr am alten Platz heraus. »Unser Mörike«, sagen wir, und wenn wir uns auch gewiß davor hüten, in dem täppisch-vertraulichen Tonfall »unser« zu sagen, so, als ob der Mann, der ›Gelassen stieg die Nacht ans Land‹ geschrieben hat, mit jedem Cleversulzbacher Küfermeister oder jedem Stuttgarter Kameralverwalter gleich auf gleich, du auf du wäre; wir mögen uns dieses »unser« nicht nehmen und nicht schmälern lassen, weil wir Mörikes Lebensluft zu kennen meinen.

Dieses Ludwigsburg also, die Soldaten- und Bürgerstadt von 1804, in deren Alleen der Knabe Mörike in silberbetreßter Uniform daherparadierte, ein jüngster Husar. Noch nach einem Menschenalter gedenkt er des schönen Kleids (»scharlachen, fein, mit Silberschnörkelwerk besetzt«) und des Säbelchens, das nun dem Patenkind Eduard Hartlaub übers Bett gehängt wird ... Diese Eltern dann: ein tüchtiger, schwerblütiger Oberamtsarzt und eine heitere Pfarrhaustochter, eine Frau Aja im Kleinen, die prächtig erzählen konnte und mit der Feder geschwind war; Urach: die Berge der Alb »Besonnte Felsen, alte Wolkenstühle! Auf Wäldern schwer, wo kaum der Mittag lichtet«; Tübingen und das Stift, diese eigene Mischung aus Dürftigkeit und Enge zur Linken und helläugiger Geistigkeit zur Rechten, Neckar und Österberg und das Presselsche Gartenhaus, in dem der kranke Hölderlin zuweilen eine Stunde zubrachte ... Die Pfarrhäuser, Pfarrdörfer rings im Land kennen wir, den Werk- und Feiertag in ihnen, Ochsenwang und Owen, und von dem Stuttgart aus der Zeit vor hundert Jahren haben wir eine lebendige Vorstellung als von der Bürgerstadt der Cotta und Georgii, der Kauffmann, Köstlin und Schwab, des Königin-Katharina-Stiftes und seiner lernbegierigen Fräulein, ihrer grünen Schulkleidung zulieb »Laubfrösche« genannt. Das alles ist unser, wie es sein war – und »sein« und »unser« wird das Bedächtige, das Heimelige, das Zögernde sein –, und die kurzgefaßte Ästhetik Mörikes, die reichste und reifste, die man sich denken kann, muß auf schwäbisch gehört werden: »No nix forciere«. Auch muß man uns die Freude gönnen an der gutverbürgten Anekdote, die erzählt, daß Mörike mit Emanuel Geibel, einem rechten Poeta laureatus seiner Zeit, einen Stuttgarter Weg hinausgefahren sei ... Geibel begann, in feurigen Dichtersworten die Wolken des Sonnenuntergangs zu schildern – dann kam Mörikes Echo: »Jo, bei ons hoißt mers ›Schäfle‹«: und das war im reinsten Schwäbisch gesprochen, und selbst wenn es das schönste Hochdeutsch gewesen wäre, für Lübecker Ohren hätte es noch wunderlich genug, noch schwäbisch genug geklungen. Wir glauben, ihn zu kennen, und wir sind, Schulen, Hochschulen und Volkshochschulen, Büchereien und Hauskreise, an diesem schönen Festtag nicht in höflicher Verlegenheit, so, als wüßten wir nicht so recht, wen wir feiern. Es gibt Kinder genug, die das ›Elfenlied‹ und den ›Feuerreiter‹ nicht nur auswendig lernen, sondern gerne auswendig lernen, und noch immer nicht wenige gute Stuben, in denen Mörikelieder, von Hugo Wolf vertont, zu Hause sind, und es gibt auch noch Küchen, Küchen in den gleichen Häusern dann, in denen ein Mädchentag beginnt mit Mörikes: »Früh, wenn die Hähne krähn« – und »Wir Schwestern zwei wir schönen –«. Und wenn man einen Augenblick lang der Vorstellung nachgeben wollte, daß ganz Württemberg, das Land zwischen Mergentheim und Friedrichshafen, aber nicht nur dieses Württemberg der Erdkunde, sondern das Land mit seiner Geschichte von Eberhard dem Greiner bis zu Theodor Heuß oder von Abraham a Santa Clara bis zu Christian Wagner, ausgelöscht wäre, und dann weiter denken würde, daß in einer fremden Universitätsbibliothek etwa, in Uppsala oder in Cambridge, das ganze Werk Mörikes uns erhalten geblieben wäre, so bliebe damit Württemberg auf *eine* Weise unverloren: so sehr ist dieses Land gegenwärtig in diesem Werk. Nicht im Sinne einer Gleichung, denn dieses Werk ist sehr vieles, was nicht in den Begriff »Schwaben« hineingeht – und auch »Schwaben« ist nicht weniges, was nicht in Mörikes Werk seine Entsprechungen findet –, wohl aber in dem Sinn, daß wir hier Heimatluft atmen mit jedem Atemzug.

Um noch einmal einen Augenblick auf das Schwäbisch zurückzukommen, das er, zeit seines Lebens, gesprochen hat und das als ein leichter Hauch die Hochsprache, deren Meister er war, umweht – ein einziges Mal hat er ihm im vollen Ernst erlaubt, mehr zu sein als dieser Hauch, und das in das Märchen vom Stuttgarter Hutzelmännlein hineingeheimnißte Lied ›Lieb in den Tod‹ ist dabei zur Welt gekommen:

Ufm Kirchhof, am Chor,
Blüht a Blo-Holder-Strauß,
Do fliegt e weiß Täuble
Vors tage tuet, aus.

Es streicht wohl e Gässele
Nieder und zwue,
Es fliegt mer ins Fenster,
Es kommt auf mi zue.

Jetz kenn i mein Schatz
Und sei linneweiß Gwand
Und sei silberes Ringle
Von mir an der Hand.

Es nickt mer en Grueß,
Setzt se nieder am Bett,
Frei luegt mers ins Gsicht,
Aber a rüehrt mes net.

Drei Woche vor Ostre,
Wenns Nachthüele schreit,
Do mache mer Hochzig,
Mei Schatz hot mers gsait.

Fei still isch mei Hochzig,
Mer halte kein Tanz.
Wer goht mit zur Kirche?
Wer flicht mer de Kranz?

Ein abgründiges, ein unergründlich-trauriges Lied, Schubert hätte es vertonen können. Und wenn wir sagen, es habe den Rang der großen alemannischen Gedichte des Johann Peter Hebel, so sagen wir nicht zuviel. Betrachten wir's im Ganzen des Mörikewerkes, so steht es nur eben am Rande, das kleine Lied

›Lieb in den Tod‹, aber sind wir nicht schon mitten in den Mysterien beim »Weiß Täuble« und bei dem todbangen Noli me tangere: »Aber a rüehrt mes net«?

Und dann heben wir an und vergegenwärtigen uns die Bilder, die auf uns gekommen sind, anfangend bei der wunderbaren Schreinerschen Zeichnung, die den Einundzwanzigjährigen zeigt, das Abbild jener Jünglingsvollkommenheit, von der man sagen mag, daß sie, wo immer sie uns begegnet, der kostbarste Trank ist, den uns das Leben kredenzt; danach die Pfarrersbilder, die wir alle kennen, diese müde, doch nicht so recht erfreuliche Physiognomie, schlaff und dicklich, und man vermutet zu Recht, daß sie etwas von einer Maske bedeuten will, hinter der sich das eigentliche Gesicht scheu und sicher verbirgt. Endend dann bei der Totenmaske, von der man sich erzählt, daß die Freunde in Marbach fast bange werden ob des furchtbaren Besitztums. Man reiht Bild an Bild, und dann stürzt man wie von Kaskade zu Kaskade, von Frage zu Frage: was ist das für ein Weg von jenem Anbeginn bis zu diesem Ende?

Ist es nötig, die einfachen äußeren Daten von Mörikes Lebensgang uns in Erinnerung zu rufen? Geboren am 8. September 1804, als »ein starker Sohn« ins Krankenregister des Vaters eingetragen, in einem größeren Geschwisterkreis die Kindheit in Ludwigsburg verlebend, eine gute und heile Zeit, die durch den Tod des Vaters ein jähes Ende findet. Es folgen Uracher Seminarjahre und die Studentenzeit im Tübinger Stift. Nach 1826 wird er im sogenannten unständigen Dienst der württembergischen Landeskirche verwendet, auf Vikarswanderung also geschickt, nach Bernhausen, nach Pflummern, nach Eltingen und anderswohin. 1834 bekommt er die Pfarrei Cleversulzbach im Unterland, und dort hat er neun Jahre lang, nicht gerade leichten, aber doch guten Sinnes, die Aufgaben des Pfarramts wahrgenommen, soweit Kraft und Gesundheit reichten, nicht eben glücklich auf der Kanzel, aber nicht unglücklich über den Umgang mit den Bauern aus dem Hohenloher Land. Seine »himmlische Güte und freundliche Herablassung zu den Armen, Niedrigen und Verachteten« wird gerühmt und sein Religionsunterricht, in dem man »die Palmen Palästinas rauschen hört«. Kraft und Gesundheit freilich reichten nicht lange aus, 1843, noch nicht vierzigjährig also, nimmt er seinen Abschied. Es folgt ein freundliches, fränkisches Zwischenspiel, Jahre in Schwäbisch Hall und Mergentheim, dann: siebenundvierzigjährig, eben erst verheiratet, der Aufzug in Stuttgart, und die vierundzwanzig Jahre, die nun noch folgen, heißen in der Summa fast schon Lebensabend und nicht anders. Die Welt brachte ihm, was sie ihm bringen konnte: einige Ehren und Ehrenzeichen, einen Doktorhut und den Professorentitel, ein kleines Amt als Literaturlehrer am Königin-Katharina-Stift, einige Unruhe des Ruhmes, ein spätes Vaterglück – und dies war denn wohl die beste von allen Gaben für ihn –, einige Freundschaft – und viel Herzeleid, viel Einsamkeit, viel Resignation. Am 4. Juni 1875 ist er in Stuttgart gestorben; auf dem Pragfriedhof hielt Friedrich Theodor Vischer eine mit Recht berühmt gewordene Rede; eine kleine, freilich eine erlesene Gemeinde stand um das Grab.

Aber wie liest sich nun die Geschichte des inneren Lebens? Nicht als ein Schlüsselwort – denn alle Schlüssel schließen hier immer nur einen Teil des Hauses auf –, wohl aber als Wort zur Charakteristik kommt uns die bang-wahrhaftige Unterscheidung des Thomas von Aquin in den Sinn, die davon spricht, daß das die Hölle auf Erden sei, wenn einem gleichzeitig potentia gegeben und actus versagt wurde. Potentia: das ist die Fülle der Kenntnisse, der Erkenntnisse, der Möglichkeiten – und actus: das wäre das Glück, diese Erkenntnisse in die Tat umzusetzen, diese Möglichkeiten zu verwirklichen.

So nämlich war es mit Mörike bestellt. Es waren ihm – der Anblick der Schreinerschen Zeichnung läßt darüber keinen Zweifel – Möglichkeiten die Fülle gegeben. Ein eminenter Sinn für Wahrnehmung jeder Art, ein sehend Aug und ein hörend Ohr, ein ganz unmittelbares Sprachgefühl und zugleich ein völlig entwickeltes Kunstgefühl im Sinne dessen, was wir

›Kunstverstand‹ heißen mögen: Wachheit und Traum also in der kostbaren Mixtur, die allein den wirklichen Dichter ermöglicht. Die Schöpferkraft, von der das schöne Wort lautet, daß er, Mörike, nur eine Hand voll Erde zu nehmen und zu drücken brauche, und schon fliege ein Vöglein durch die Luft – alles also, was nur eine heile, im tiefsten heile Künstlernatur sich wünscht: Bildnerlust, Fabulierlust, Märchenlust –, eine kundige Liebe zur Musik, zu Mozarts Musik vor aller anderen Musik – ein ›Figaro‹-, ein ›Titus‹-, ein ›Don Giovanni‹-Abend waren Höhepunkte in seinem Leben, und in dem großen Gedicht ›An Wilhelm Hartlaub‹ glaubt nachhorchende Mozartliebe rein genau die Klavierfantasie in c-moll zu erkennen; dazu geschickte Hände, Zeichnerhände, Bastlers- und Töpfershände. Und dann: eine natürliche Gabe zum Menschen hin war ihm gegeben, ein Sinn für Freundschaft, viel Humor, viel Selbstironie, eine große Liebesfähigkeit bei großer Liebesbedürftigkeit – ein – im einfältigsten und höchsten Verstehen des Wortes – frommer Sinn.

Dies – mit Thomas von Aquin zu reden – die potentia. Wie aber gerät man mit solchen Gaben in die Hölle auf Erden? Es wird nicht anders sein: die *eine*, tiefversehrende Liebesbegegnung, die seinem Leben zuteil wurde, die Begegnung mit Peregrina, mit der Fremdlingin Maria Meyer, die ihn in seinem zwanzigsten Lebensjahr traf, dieses so fast völlig undurchsichtige Erlebnis – nichts für Romanciers und muntere Novellisten – hat das Gesamtgeflecht seines Lebens und seines Wesens unheilbar verstört, und die Strophen aus dem Peregrina-Zyklus: »Krank seitdem, wund ist und wehe mein Herz, nimmer wird es genesen« sprechen nichts aus als die lautere, die bittere Wahrheit, und mit einer furchterregenden Wachheit redet von dieser Lebenserhöhung und Lebensverstörung die Stanze, die als eine zweite Strophe des ersten Peregrinagedichts gedacht war und die wohl in Einsicht darein, daß so schutzlose Dinge kaum die Luft ertragen, in der sie atmen sollen, später wegfiel:

Einst ließ ein Traum von wunderbarem Leben
Mich sprießend Gold in tiefer Erde sehen,
Geheime Lebenskräfte, die da weben
In dunklen Schachten, ahnungsvoll verstehn;

Mich drangs hinab, nicht konnt ich widerstehen,
Und unten, wie verzweifelt, blieb ich stehn –
Die goldnen Adern konnt ich nirgend schauen,
Und um mich schüttert sehnsuchtsvolles Grauen.

Hölderlin ist ikarusgleich in sein Dunkel gestürzt, Mörike aber ging über die schöne, schwäbische Erde hin, Schritt um Schritt ins Schattenland. Die Lebensgeflechte hatten – anders kann man es wohl nicht sagen –, nachdem dieses einundeinzige Gegenüber nicht mehr erreichbar war, keine Möglichkeit mehr, in jenes Grundvertrauen hineinzufinden, in dem Halt und Heimat ist: so mußte denn eines Tages dem Pfarrerstöchterchen Luise Rau, trotz der herrlichen Bräutigamsbriefe, Lebwohl gesagt werden, und so mußte denn auch das Wagnis des alternden Mannes, mit Gretchen Speeth einen Hausstand zu gründen, nur eben fragmentarisches Gelingen zeitigen, trotz vieler Mühe, und Trümmer der Freude zurücklassen. Und alles, was an natürlichen und glücklichen Anlagen in Mörike lebendig war, schickte sich an, sein unheilvolles Teil, das ja in jeder Anlage verborgen ist, zu entwickeln. Das Zarte entartete zum Hypochondrischen, so daß er selbst von dem »unglaublich verzärtelten Gang seines Wesens« sprechen mochte; das Zögern, diese reinste Künstlerlist, entwickelte sich zum Schwerfälligen hin, in das Träumerische mengte sich die Lust am Okkulten, das Lässig-Gelinde näherte sich dem Betulichen – ich vermeide mit Bedacht das Wort »dem Philiströsen« –, die Versteckspiellust der Jugend wurde zum Versteckernst des Mannes, der Kulisse über Kulisse aufrichtete, und die Stelle des schönen Jünglingsernstes nahm nun, da die Lösungen im Lichten und Leichten fehlten, eine dumpfe Melancholie ein, die nur selten noch, nur in kostbaren Augenblicken noch, über sich selbst hinauswuchs – in die Laute unvergänglicher Klage hinein:

Laß, o Welt, o laß mich sein!

Eines freilich blieb Mörike erhalten. Es blieb ihm die Kraft, nichts Fremdes, nichts seinem Wesen ganz Ungemäßes in sein Leben aufzunehmen. Mit einer Art von heiliger List hat er das den äußeren Mächten und Umständen verwehrt und es dabei auf sich genommen, immer wieder als ein armer Exulant sein Leben zu fristen, sein Leib half ihm bei seiner Bemühung, indem er, wie auf inneren Befehl, krank werden konnte –, und mit einer eigenen, nicht leichthin sichtbaren Tapferkeit hat er auch wieder und wieder den inneren Finsternissen und Fremdlingschaften Widerpart geboten, hierin ganz ein Sohn dessen, den er »Vater Goethe« genannt hat und der es so befohlen hat: »Was euch das Innre stört, dürft ihr nicht leiden, was euch nicht angehört, müsset ihr meiden.« Mitten in einem liebreichen Bräutigamsbrief steht zu lesen die Versicherung, er wolle sich mit Freuden den Wünschen der sehr geliebten Luise fügen, und dann der Nebensatz: »so viel als ohne Zerstörung meines eigenen Selbst möglich ist«. Aus allen Halbverständnissen und Mißverständnissen des menschlichen Zwiegesprächs kehrt er zurück zum Gespräch mit dem eigenen Herzen:

Und ich sprach zu meinem Herzen:
Laß uns fest zusammenhalten!
Denn wir kennen uns einander,
Wie ihr Nest die Schwalbe kennet,
Wie die Zither kennt den Sänger,
Wie sich Schwert und Schild erkennen,
Schild und Schwert einander lieben.
Solch ein Paar, wer scheidet es?

In Kraft dieser Wachsamkeit – dieser Sorge, in Übereinstimmung zu bleiben mit seinem Selbst – vermochte er, ein alter Mann, als ihm die Bräutigamsbriefe noch einmal zu Gesicht kamen, über ihnen zu sagen: »Es ist auch nicht *ein* falscher Hauch darin«, und dieses Wort können wir recht wohl aufnehmen als das Wort, das für sein ganzes Werk gilt.
Es wäre auch gewiß das einzige, das ihm selbst wichtig wäre, das einzige Urteil, an dem ihm liegen mochte. Im Alter pflegte er zuweilen einmal Freunden einen Siegelabdruck zu schenken und darunter zu schreiben:

Mein Wappen ist nicht adelig,
Mein Leben nicht untadelig,
Und was da wert sei mein Gedicht,
Fürwahr, das weiß ich selber nicht –

Und dieses »fürwahr« war keine gespielte Bescheidenheit. Er sah sich nicht im Spiegel, sich nicht und sein Werk nicht. Nur, *daß* Werk und Leben zusammengehören, nur, *daß* es darauf ankomme, wer einer sei und auf welche Weise das Werk in ihm wahr sei, an dieser Einsicht freilich hat er in jedem Augenblick seines Lebens festgehalten. Die Werk-Leben-Problematik, wenn wir es abgekürzt so nennen wollen, hat er am eigenen Leibe so sehr durchleiden müssen, daß er keine gelehrte Untersuchung darüber zu Tage bringen konnte; das große Jugendwerk, der ›Maler Nolten‹, ein Werk unheimlicher, moderner Seelenklugheit, ist Beitrag genug. Mörike sah schweigend ein, daß die schöne Sicherheit, mit der die großen alten Werkmeister, die »poetai«, ihr Leben in ihr Werk einbauen konnten und ihr Werk in ihr Leben, daß sie nicht seine Sache war und daß ihm der große Atem Goethes fehlte, der – vielleicht mit heftigen Mitteln – Leben und Werk unablässig aufeinander beziehen konnte. Er ahnte wohl, daß man, so wie die Welt nun einmal war und so wie er in dieser Welt nun einmal war, nicht beides zugleich haben konnte: ein volles Leben und eine volle

Kunst. Fragmentarisch mochte vieles, mochte alles sein, was nun noch Leben hieß. Genug, wenn es echt, wenn es lauter war, wenn es war wie hohe, rein geatmete Luft.
In diesem Zusammenhang muß für einen Augenblick die Rede kommen auf Mörikes Urteil über Heinrich Heine, und man kann ja wohl gespannt sein auf das, was der Dichter von ›Ein Tännlein grünet wo‹ zu dem Dichter von »Der Tod, das ist die kühle Nacht« zu sagen hatte. Wir verdanken Theodor Storm die Aussage Mörikes. Er, Heine, – so sagte Mörike – sei ein Dichter ganz und gar, aber nicht eine Viertelstunde könnte er mit ihm leben, wegen der ganzen Lüge seines Wesens. Wir lassen es offen, ob Mörike Heine ganz gerecht wird mit diesem scharfen Wort – ob er ihm gerecht werden kann? Wie kann einer dem andern gerecht werden? –, aber wir begreifen wohl, wie sehr eine solche Abwehr bei Mörike aus den Tiefen seines Wesens kommt, des Wesens, das die »Schmerzensprahlerei«, bei Lenau etwa, nicht ausstehen konnte, dem der Wichtigtuer, der Übertreiber in einem Maß zuwider war, daß er ihn als den »Sehrmann« in der berühmten ›Epistel an Longus‹ erbarmungslos zur Hölle weist; für den das »No nix forciere« Lebens- und Kunstmaxime zugleich war und der als ein Sterbender, im Blick auf die Gedichte, eine einzige Frage noch auf dem Herzen hatte, die Frage: »Es steht doch nichts Frivoles darin?«
Nein, es steht nichts Frivoles darin. Und was zunächst als Frage eines Christenmenschen, an ernster Pforte stehend, ausgesprochen ward, wird nun, je länger wir's bedenken, zum Deutewort für die ganze Mörikesche Existenz. Mörikes Geheimnis: wir werden es nicht in einem einzigen Signet umgreifen. Wir meinen, es gehöre diesem Werke zu: eine eigene castitas, sprich: Reinheit, eine Unschuld, die Unschuld eines Wissenden, am glücklichsten sagte man wohl: eine *Unschuld des Schönen*, um so den Begriff einzuführen, der für Mörike in der Mitte stand, den Begriff des *Schönen*. Das Schöne – das war ja für ihn nicht nur das Wohlgeformte, das Wohllautende, sondern in einer

Art von Unio mystica auch das Rechte, auch das Heilige. Und wieder – noch einmal in einer unio – auch das Zwielicht-Gefährdete, auch das Licht, das aus Gründen und Abgründen, aus den Wahnsinnsbereichen auch, seine Reflexe und Spiegel nimmt; die Tristan-Strophen Platens, jenes »Wer die Schönheit angeschaut mit Augen, ist dem Tode schon anheimgegeben« – sie stammen aus demselben Jahre 1825, in dem einige der schönsten Jugendgedichte Mörikes entstanden sind –, Mörike hat sie nicht geschrieben, die Tristan-Strophen, aber was sie meinten, das wußte er wohl.
Das Schöne. »Was aber schön ist, selig scheint es in ihm selbst«: die große Zeile steht am Ende eines Gedichts, das »ein Kunstgebild der echten Art« feiert, eine Lampe. Und ist es hier eine Lampe, so ist es ein andermal eine Landschaft der Sinne oder der Seele, ein altes Bild, ein griechisches Werk oder auch nur – aber es gibt kein »nur« – ein Kinderspielzeug.
Unschuld des Schönen: sie ist es, die diesem Werk seine so eigentümliche, so unverwechselbare Weite, seine Freiheit und sein Licht verleiht.
Seine Weite. Hier ist einer am Werk, der völlig zu Hause ist in der Welt des Kreatürlichen, im Tag der Schöpfung, im Jahr der Schöpfung, im Reich der Elemente. Ein Züricher Doktorand hat kürzlich viel Scharfsinn darauf verwendet, uns dieses ›Mörike und die Elemente‹ vor Augen zu stellen. Wie hier Luft, Wasser, Feuer und Erde wieder- und wiederkehren, und wir haben's ja von Kindertagen her im Ohr, dieses:

Wie ein Gewebe zuckt die Luft und scheint
Durchsichtiger stets und leichter aufzuwehen –

und:

Schön ist der Flammen Schein, es springen die Funken

und:

Schwill an, mein Fluß, und hebe dich,
Mit Grausen übergieße mich!
Mein Leben und das deine!

und:

Hört man der Erdenkräfte flüsterndes Gedränge –

und die schöne Lau kommt uns in den Sinn und das Märchen vom Sicheren Mann. Es ist die Natur, ihr Behagen und ihr Schrecken, ihre Traulichkeit und ihre Unzugänglichkeit, die beschworen werden, und die Kraft der Unschuld erlaubt es ihm, ganz nah bei ihr zu sein und die kühnsten Spiele zu spielen, Shakespeare-›Sturm‹-hafte, – Caliban, Ariel und Prospero in einer Person.
Und zu spielen dann auch in der anderen Welt, in der Bilder- und Geistwelt. Bei Catull also und bei Theokrit, bei Anakreon und bei Mozart. Spiel – nehmt das Wort nur in seiner höchsten Herrlichkeit – ist der Umgang Mörikes mit der Sprache und dem Sprachgeist. Und es ist beides da: ein Spiel der Maße und des Maßes wie ein Spiel im Überschwang. Gottfried Keller hat Mörike einmal genannt den »Sohn des Horaz und einer feinen Schwäbin«. Sohn des Horaz, das hieße: begabt mit einem urbanen Sinn für das Nobel-Geschmeidige, es hieße: im Verse sein als in seinem Element. Im leichten und im prächtigen, im einfachen Vierzeiler, im Sonett, in der Stanze, in den freien Rhythmen, und – sicherer, fröhlicher, unangestrengter als irgendein anderer deutscher Dichter – in den klassischen Versmaßen, so daß man selbst im häuslichen Essigstreit »redet elegisches Maß«:

Daß noch zum Schluß mir dein Pentameter tritt auf die Ferse!
Dein Hexameter zieht unwiderstehlich ihn nach.

Und wo ist die »feine Schwäbin«? Ist sie in der Verhaltenheit, in dem, was man, unübersetzbar in anderes Deutsch, das »Gnitze« heißt, in dem, was auch das Heimlich-Gescheite, das Hehlingen-Helle einschließt, und noch das Hehlingen-Fromme? Ist die feine Schwäbin in dem, was wir vorhin seine reinste Künstlerlist nannten, in dem berühmten Mörikeschen Zögern, dem Weglassen, dem Aufhören – ja, dem Aufhören, wenn's am besten schmeckt:

An dem fremden Haus, wohin
Ich dich zu begleiten hatte,
Standen wir nun, weißt, ich drückte
Dir die Hand und –

Dieses war zum letzten Male,
Daß ich mit dir ging, o Klärchen,
Ja, das war das letztemal,
Daß wir uns wie Kinder freuten.

Spiel, verschwenderisches Spiel aber, ist in dem Übermut der Namensschöpfungen »Suckelborst« und »Lolegrin« und »Liebmund Maria Wispel«; und Spiel, wieder im höchsten Sinne, sind die Wortwagnisse Mörikes: »windebang« und »Schmerzensglück«, »Sternenlüfteschwall« und »Glockentonmeer«, Spiel auch die Eingebungen der reinsten Wortmusik: »Daß die Blüten beben, daß die Lüfte leben, daß in höh'rem Rot die Rosen leuchten vor« – und so, Stufe um Stufe, bis zu seiner höchsten, seiner vollkommensten Zeile, wenn ein Superlativ möglich ist: »Das uralt-alte Schlummerlied.« Zuletzt verschränken sich Spiel und Nichtmehrspiel, wenn es in der Mozartnovelle heißt: »Wie von entlegenen Sternenkreisen fallen die Töne aus silbernen Posaunen, eiskalt, Mark und Seele durchschneidend, herunter durch die blaue Nacht.«
Weite, sagen wir. Und Freiheit müssen wir nun weiter sagen. Der scheue Mann, mit allem seinem »Laß, o Welt«, strahlt in

der Unschuld des Schönen eine heitere und großräumige Unbefangenheit aus, ein ganz unmittelbares Geradezu. Es gibt Distichen bei Mörike, die man kecklich in Goethes ›Römische Elegien‹ einreihen könnte. Würden Sie, wenn Sie's nicht wüßten, Mörike ein so keckes Erotikon zutrauen wie das ›Leichte Beute‹ genannte?

Hat der Dichter im Geist ein köstliches Liedchen empfangen,
Ruht und rastet er nicht, bis es vollendet ihn grüßt.
Neulich so sah ich, o Schönste, dich erstmals flüchtig am Fenster,
Und ich brannte: nun liegst heute du schon mir im Arm.

Nein, die Freunde, die sich so weltläufig gaben, die Vischer und Strauß, sie hatten viel eher in einigen Bereichen ihres Wesens etwas von einem Philister, bei Mörike begegnet uns auf jedem Blatt, wo nicht auf den ersten, so gewiß auf den zweiten und dritten Blick ein *Herr.* Des zum Zeugnis denken wir an die vielfältigen Humore, die ihm eigen waren, an den Präzeptor Ziborius denn und an die Nixe Binsefuß, an den Sicheren Mann, und auch an den scharfen Rettich, mit dem er sich kuriert, wenn schlechte Verse ihm ins Haus kommen und die gute Laune stehlen.
Erst recht denken wir, wenn wir »Freiheit« sagen, an das neidlose Zugetansein Mörikes, das in zahlreichen Musterkärtchen die liebreichste Gestalt gefunden hat. Sie sind nicht geschrieben aus dem Verlangen heraus zu glänzen, sondern sie sind geschrieben mit der Kraft der Liebe, die in ein Zimmer eintritt, – unscheinbar fürs erste, aber das Zimmer wird hell. Wir sollten, wenn wir sie beschreiben wollen, mit den Worten »reizend« oder »liebreizend« vorsichtig sein: diese Verse geben mehr, als solche schmückenden Beiwörter ausdrücken können. Sie geben das Lächeln vom Wesen her, sie sind Strahlungen von dem, was gemeint ist in den Strophen vom ›Schönen Gemüt‹:

Wieviel Herrliches auch die Natur, wie Großes die edle
Kunst auch schaffe, was geht über das schöne Gemüt,
Welches die Tiefen des Lebens erkannt, viel Leides erfahren,
Und den heiteren Blick doch in die Welt noch behielt?
Ob dem dunkelen Quell, der geheimnisvoll in dem Abgrund
Schauert und rauscht, wie hold lächelt die Rose mich an!

Und ein Drittes noch. Kraft dessen, was wir die Unschuld des Schönen nannten, wohnt diesem Werk inne ein eigenes Licht. Die Stunde dieses Dichters – wagen wir dieses Wort! – ist die Stunde der frühesten Frühe. Es ist nicht von ungefähr, daß er wieder und wieder zu ihr ins Gedicht zurückgekehrt ist, da

Man sieht im Lichte bald
Den Morgenstern vergehn
Und doch am Fichtenwald
Den vollen Mond noch stehn –

Es ist die Stunde dessen, der die Nacht kennt und der mit einer bangen Genauigkeit die fröstelnde Frühe beschreibt, jenes:

Es wühlet mein verstörter Sinn
Noch zwischen Zweifeln her und hin
Und schaffet Nachtgespenster –

und der doch den Tag glaubt. Und das im höchsten Sinn. Der Glaube, das Credo ist als die lauterste Essenz allgegenwärtig, allwirksam. Zweimal finden sich, mottoartig dem Gedicht vorangestellt, Worte des Neuen Testaments, von Mörike im Urtext zitiert. Einmal ist es der Urlaut der Kreatur aus Römer acht, das Wort vom »ängstlichen Harren«, das andere Mal das Urwort vom Schöpfungsgeheimnis aus Johannes eins, das dem Gedicht ›Göttliche Reminiszenz‹ vorangesetzt ist: »Alle Dinge sind durch dasselbige gemacht.«

Zwischen jenem Seufzen und dieser Gewißheit steigt auf, in Bangnis und Zuversicht, der »goldnen Töne Leiter«. Es war Mörikes Sache nicht, ganz unmittelbar sein Credo zu dichten; die Schleier der Scheu – nur selten zieht er sie zur Seite. Dort freilich, wo es geschieht (»Herr, schicke, was du willt« – und »Hüter, Hüter ist die Nacht bald hin?«), entstand ein Höchstes an Einfalt und Tiefe, ein Höchstes auch an Leuchtkraft jenes Lichtes, das vom Dunkel weiß.

Sehr nahe ist gerade hier der eine Mozart, um dessen Gestalt er seine schönste Erzählung geschrieben hat. Wenn er von ihm spricht, meint man unwillkürlich, es werde von Mörike selbst gesprochen, etwa dort, wo es heißt: »Gram aller Art und Farbe, das Gefühl der Reue nicht ausgenommen, war er als eine herbe Würze jeder Lust auf seinen Teil gewöhnt, doch wissen wir, auch diese Schmerzen rannen abgeklärt und rein in jenem tiefen Quell zusammen, der, aus hundert goldenen Röhren springend, im Wechsel seiner Melodien unerschöpflich, alle Qual und alle Seligkeit der Menschenbrust ausströmte.«

Und der Preis? Man frage nicht nach dem Preis. »So arm von außen und so reich von innen!« hatte einst eine Freundin von ihm geschrieben. War er ein König Midas wider Willen: alles, was er anrührt, wird Gold, und er selbst, der Anrührende, muß hungern und dürsten? Gewiß hat sie ihn beschäftigt, die Frage nach dem »Los des Schönen auf der Erde«, und man könnte einen Augenblick lang versucht sein, bei einer Anmerkung T. S. Eliots – zu Nietzsche und Rilke gemacht – Mörikes Namen als dritten Namen an den Rand zu schreiben. Es heißt dort, diese beiden Dichter hätten einer einzigen Passion zu leben gewußt, der: »ihre eigene, persönliche Pein zu etwas Reichem und Denkwürdigem, etwas Universellem und Überpersönlichem umzuprägen«; aber ich zögere, Mörike hier mit zu nennen. Ich glaube, wir würden dem Manne, der »und was da wert sei mein Gedicht, fürwahr das weiß ich selber nicht« gesagt hat, Unrecht tun, wenn wir ihn in eine erst unsrem Jupiterlampen-Jahrhundert gemäße Bewußtheit hereinziehen würden. Es ist am Tage, daß die Frage nach dem »*Los* des Schönen« für ihn untergeordnet war unter die Frage nach dem *Sinn* des Schönen der Erde, und diese Frage, die alte Hölderlinfrage: »Wozu Dichter in dürftiger Zeit?« war für ihn keine Frage. So sollten wir uns begnügen mit jener Charakteristik, die ein großer, ein prophetischer Zeitgenosse Mörikes, die Jacob Burckhardt in Basel in einem Brief an Friedrich von Preen gegeben hat; was für ein mächtiger Bogen wölbt sich da nun herüber, wie wird da plötzlich Weltraum um unseren Dichter, wenn der Betrachter der großen Epochen der Kunstgeschichte über Mörike schreibt: »Dieser wundersame Mensch gehört doch zu den tröstlichsten Erscheinungen. Man sieht, wie eine für das Schöne geborene Natur auch in den mäßigsten Umgebungen und Umständen sich auf das Schönste und Glücklichste entfalten kann.«

Im Vordergründigen können wir zu diesem Dictum freilich unsre Fragezeichen machen . . . aber was wissen wir eigentlich? Was wissen wir, wie es eigentlich ist? Ob er, den wir genannt haben einen »Kronzeugen für die Verläßlichkeit des inneren Reiches, für den Bestand, der dem Zerbrechlichsten gegeben ist, für die Gewalt, die dem Leisesten eignet«, ob er es je anders gewollt hat als so . . . es je anders hätte wollen können, wollen dürfen? Hier bleibt die Frage – und gerade hier ist nicht zu fragen.

Unter den Ereignissen, die eine vergleichende Kulturgeschichte für das Jahr 1804 verzeichnet – die Geburt Ludwig Feuerbachs zum Beispiel, das Erscheinen von Schillers ›Tell‹ und von Beethovens ›Eroica‹ –, war die Geburt des »starken Sohnes« im Hause des Oberamtsarztes zu Ludwigsburg, geschehen am 8. September mittags um halb zwölf Uhr, gewiß eines der leisesten; über den engsten Freundeskreis hinaus hat niemand groß Gratulation geleistet zur Geburt des Knaben Eduard Friedrich. Nun, hundertfünfzig Jahre nach diesem Tag, ist der Kreis groß und weit geworden, der diesen Tag und diese

Geburt segnet. Sein Werk ist lebendig, wir vollziehen auch hier keine Totenerweckung. Und es ist – seltsame Doppelbestimmung – voraussetzungslos und voraussetzungsreich.

Voraussetzungslos: ein Sechsjähriges kann die Strophen vom ›Elfenlied‹ aufnehmen und wiedergeben in ihrem ganzen Zauber, und wenn sich, wunderweit vom Mutterland entfernt, zwei der deutschen Sprache Mächtige treffen, und es wäre so, daß sie über hundert und ein Ding sich nicht verständigen könnten, plötzlich aber käme es den einen an, eine Zeile zu sagen wie die Zeile:

»Der Sonnenblume gleich steht mein Gemüte offen –«, da könnte der Fremde, der Andere nur eben sagen: »wie schön!« oder, wie Goethe gesagt hätte: »wie wahr! wie seiend!«

Und voraussetzungsreich doch auch. Lassen Sie mich zum Schluß die Episode vom letzten Geburtstag Mörikes erzählen, mit seinen Auserwählten spricht ja das Leben zuweilen einmal Symbolsprache. Es verlautet, daß Mörike an seinem siebzigsten Geburtstag spät abends plötzlich einen vollen Musikakkord gehört habe, einen herrlichen Harfenton, der durchs Fenster hereindrang. »Wo ist die Musik?« rief er laut. Aber niemand außer ihm hatte sie gehört. Darauf sagte er: »Es bedeutet mich. Dies ist mein letzter Geburtstag.«

Wo ist die Musik? Wie, wenn sie, die für den ›alten, großen Träumer‹ die Todesbotschaft brachte, Lebensbotschaft brächte für die, die sich in seinem Zeichen sammeln? Wo ist die Musik? »Durch alle Töne tönet / im bunten Erdentraume / ein leiser Ton gezogen / für den, der heimlich lauschet.« Das sind Friedrich Schlegels Verse, Verse, die Schumann so sehr geliebt hat, und auch Mörike, das ist so gut wie gewiß, hat sie, diese Urlaute der Romantik, gekannt und geliebt.

»Für den, der heimlich lauschet«, sei sie, die nun sogleich wieder das Wort haben soll, die Musik von Mörikes Wort, und die, die ihr folgen wird, Mozarts Musik, und die, die im Raume ist, Ariels Gesang: »Da lächeln alle Sterne / Ich kniee, ihrem Lichtgesang zu lauschen.«

Für den also, der der Unschuld des Schönen traut und dem falschen Hauch widerstreitet, der es begreift, daß eines Dichters Werk nicht lässig und bequem angenommen werden darf, sondern verbindlich, sondern wach, sondern wissend, zum Leben gezeichnet nach der Weise des Todgezeichneten: »Es bedeutet mich.«

Früh im Wagen

Es graut vom Morgenreif
In Dämmerung das Feld,
Da schon ein blasser Streif
Den fernen Ost erhellt.

Man sieht im Lichte bald
Den Morgenstern vergehn
Und doch am Fichtenwald
Den vollen Mond noch stehn:

So ist mein scheuer Blick,
Den schon die Ferne drängt,
Noch in das Schmerzensglück
Der Abschiedsnacht versenkt.

Dein blaues Auge steht,
Ein dunkler See, vor mir,
Dein Kuß, dein Hauch umweht,
Dein Flüstern mich noch hier.

An deinem Hals begräbt
Sich weinend mein Gesicht,
Und Purpurschwärze webt
Mir vor dem Auge dicht.

Die Sonne kommt; – sie scheucht
Den Traum hinweg im Nu,
Und von den Bergen streicht
Ein Schauer auf mich zu.

Es ist nicht nötig, von der Person des Dichters etwas zu wissen, um ein Gedicht zu verstehen: Verfassernamen stören zuweilen, und das eine und andere Mal könnte es sich ziemen, sie zu vergessen. Der Knabe Carossa konnte nicht begreifen, was »spaßige Wörter wie Klopstock, Mörike oder Kopisch, die im poetischen Hausschatz unter den Gedichten zu lesen waren, mit der innigen Musik der Verse zu tun haben sollten«, man erinnert sich an die ergötzlichen Schilderungen aus den ›Verwandlungen einer Jugend‹. Gedichte sind mehr als ihre Dichter: das ist ihr Geheimnis, ihre Legitimation. Auch die Umkehrung dieses Satzes, die Versicherung: Dichter sind mehr als ihre Gedichte – gibt einen Sinn; das Phänomen Goethe zum Beispiel, geht weder in die Hymnen der Frühe noch in die sublimen Gebilde des ›Divan‹ hinein ohne Rest; Überfluß ist im einen wie im anderen Fall der Name des Gesetzes, das hier regiert.

Worauf es ankommt, ist dies: daß wir einen dichterischen Text um seiner selbst willen lesen und ihn fürs erste und zweite in sich selbst genug sein lassen. Biographische Erfahrungen stehen auf einem anderen Blatt, und die Kenntnis der Entstehungszeit eines Gedichts trägt lange nicht immer etwas Ersprießliches bei zu seinem Verständnis. Gerade bei Mörike gibt es ja – ein wenig vereinfacht gesagt – kaum eine Entwicklung. Der Einundzwanzigjährige schrieb das Gedicht ›An einem Wintermorgen, vor Sonnenaufgang‹. Wer es kennt, wird sich in Wahrheit fragen, wohin eigentlich von diesem Gedicht, einem vollkommenen Gedicht, noch eine Entwicklung zielen könnte. Unser Gedicht ›Früh im Wagen‹ gehört nicht zu diesen Gedichten des Anfangs, sondern in die Mitte von Mörikes Leben und damit bei dem so früh Verstummten schon fast an das Ende seiner Schaffenszeit. Doch bedeuten derlei Daten nicht viel. Das Wahre, Wirkliche, das Gültige ist ohnehin immer wie außer der Zeit.

›Früh im Wagen‹ ist keines von den bekanntesten unter Mörikes Gedichten, auch ist es – man mache die Probe aufs Exempel – nicht eben leicht auswendig zu lernen. Ein Gebilde der Grenze ist es, und das in mehr als einem Betracht. Es wohnt an jener Grenze des halbbewußten Lebens, von der eine scharfsichtige Bemerkung des Novalis spricht: »Wir sind dem Erwachen nah, wenn wir träumen, daß wir träumen.« Die Stunde dieses Gedichts ist die Stunde vor Tag, die fröstelnd frühe, eine Stunde, in der sich der Dichter Mörike – man kann so sagen – ausdrücklich zu Hause gewußt hat: immer wieder ist er im Gedicht zu ihr zurückgekehrt. Es ist dies nicht die romantische Stunde, nicht Eichendorffs Abend, nicht die Stunde der tiefen Träume: die Dämmerung, von der eingangs die Rede ist, hat nichts zu tun mit der Dämmerung aus dem ›Abendlied‹ des Matthias Claudius. Hier ist nichts »so traulich und so hold«: Wipfel an Wipfel in scharfer Kontur geschnitten und gezackt – so ragt der Fichtenwald in dieses vier Uhr, fünf Uhr früh. Beide, der volle Mond und der Morgenstern, der verblassende, erscheinen, jeder ein einzeln Einziger, unverwechselbar und streng. Im Doppelreim dann sind sie einander gesellt: dieser Morgen mit seinem ersten Licht und der immerwährende Wald: ». . . im Lichte bald / . . . am Fichtenwald« – und dieser Doppelreim – den Mörike sonst kaum einmal verwendete – prägt eine fast beängstigende Überdeutlichkeit ins Bewußtsein, jene Überdeutlichkeit des Außen, die sich selbst versteht als Gleichnis für ein Innen, das schmerzhaft scharf gesehen und erfahren wird: »So ist mein scheuer Blick« –. Was nun diesen Innenraum angeht, so erscheint zunächst ein Signet, ein Begriff, und zwar ein für Mörikes Jahrhundert ganz ungewöhnlicher, wir möchten sagen, ein moderner Begriff, ein gefährlich-gefährdeter, ein Zwielichtbegriff, es erscheint das Wort »Schmerzensglück«. Aber dann öffnet sich der Vorhang, und aus dem dunklen Gehäuse der Erinnerung, aus den Erfüllungen der jüngst vergangenen Vergangenheit, aus der unwiderruflichen, der Abschiedsnacht steigt Bild um Bild. Alle Sinne leben; leben, wie man in solcher Stunde lebt, bang und überwach. Gesicht, Gefühl und Gehör, eins dem andern zu Hilfe eilend, eins das andere steigernd – bis zur deutlich getasteten Wirklichkeit steigernd, und nichts ist für Mörikes Dichtung so bezeichnend wie diese Genauigkeit gerade auch der sinnlichen Wahrnehmung. Er ist alles andere als leibarm, leibfern, leibfeindlich. Leiblichkeit: sie ist – nach einem tiefen Wort des schwäbischen Mystikers Oetinger – »das Ende der Wege Gottes«, sie ist auch das Ende der Wege des Dichters, und so endet es denn: »An deinem Hals begräbt / Sich weinend mein Gesicht / Und Purpurschwärze webt ...« – Purpurschwärze: in diesem Wort ist die geheimnisvolle Chiffre Schmerzensglück noch einmal aufgenommen. Purpurschwärze: sieht man das? O ja. Aber eben dort, wo Mörike es sieht: »Vor dem Auge dicht« – dort nämlich, wo äußere und innere Sicht nicht mehr zu unterscheiden sind.

»Die Sonne kommt«: das könnte bei Goethe stehen, und es steht auch bei Goethe, wortwörtlich, im ›Divan‹ nämlich; aber so, wie es hier steht, erscheint es ganz eigen, und sehr anders als in Goethes Vers. Nicht Helios erscheint, nicht das flammenhufige Gespann. »Die Sonne kommt« – das ist hier fast der Feind, der sich naht. Der Traum, das Schmerzensglück, die geliebte, in Schrecken geliebte Welt entschwebt, sie löst sich, wie Nebel sich lösen, und was das Feld behält, das ist: der Schauer.

»Und von den Bergen streicht / Ein Schauer auf mich zu.« Ein Schauer: das ist nicht Kontur, nicht Fichtenwald und Morgenstern, nicht blaues Aug' und dunkler See. Ein Schauer, das ist das Es, das Mysterium tremendum. Man versteht, wenn man dieser Strophe nachhorcht, warum Mörike eine Musik wie Mozarts ›Don Giovanni‹ so über alles geliebt hat: der unermeßliche Ernst, der gerade dort, wo wir uns seiner nicht versehen, eintritt und die Szene bestimmt, er ist bei Mörike wie bei Mozart der nämliche Ernst. Um noch einer Einzelheit nachzugehen, die freilich, recht verstanden, keine Einzelheit ist, sondern die Tinktur des ganzen Gedichts bestimmt: es ist merkwürdig, wie wenig in diesem Gedicht Jahreszeit ist, eindeutig fühlbare, und wie auch die Landschaft, die sonst in Mörikes Gedicht meist Schwaben, Franken, Land Hohenlohe heißt und anders nicht, diesmal nur wie durch den Tränenschleier hindurch gesehen ist, Seelenlandschaft – wobei sie freilich nicht das geringste einbüßt an Unmittelbarkeit, an Inständigkeit, an Natur.

»Große Dichtung: ist sie nur die höchste Leistung menschlichen Vermögens oder ist sie eine Stimme von jenseits des Menschen?« So läßt Thornton Wilder in den ›Iden des März‹ seinen Cäsar fragen, und ein Gedicht wie Mörikes ›Früh im Wagen‹ rechtfertigt die Cäsarfrage wieder und wieder. Wir werden gut daran tun, sie als Frage stehenzulassen und den Schauer nicht deuten zu wollen, der von der Bergwelt des schöpferischen Geistes niederstreicht in die Bezirke gelebten Lebens, in ihre Süße, in ihren Ernst, in ihre flüchtige, zitternde Herrlichkeit.

Mörike – gestern, heute, immer

1

Stuttgart, Forststraße 35, 8. September 1874 abends: ein Geburtstag ging zu Ende, Mörikes siebzigster Geburtstag. Einsam war er oft genug im Leben gewesen; sehr einsam war er jetzt, an diesem Tag; ganz einsam war er nicht. Die Schwester Klara war bei ihm, Gefährtin seines Lebens in den letzten vierzig Jahren. Vor vierzig Jahren, anno 1834, war Mörike Pfarrer in Cleversulzbach geworden, und Klara, seine jüngste Schwester, damals erst achtzehn Jahre alt, war mit ihm, dem im Dreißigsten stehenden Bruder, dort aufgezogen. Tüchtig, resolut, klug, mit einigem Mutterwitz ausgestattet, so war sie an diesem Tag zur Stelle, und auch Marie, die zweite Möriketochter, ein schönes, siebzehnjähriges Mädchen, das den Vater nur um ein Jahr überleben würde, war da. Post war gekommen. Ob ein Brief aus Mergentheim dabei war? In Mergentheim lebte seit kurzem Margarete Mörike, Eduards Frau, und bei ihr war Fanny, die ältere Tochter. Die Eheleute hatten sich vor Jahresfrist getrennt, nicht für immer, aber doch »auf unbestimmte Zeit«. Hatte Margarete geschrieben? Wir wissen es nicht. Waren sieben Briefe gekommen, so wie es Schopenhauer für seinen eigenen siebzigsten Geburtstag vermerkt hatte – der wohl mit einem bitteren Lächeln? Bitteres Lächeln sehe ich nicht auf Mörikes Altersgesicht. Sieben Briefe? Gewiß. Freilich: viele Freunde waren schon tot, der »Urfreund« Wilhelm Hartlaub lebte, und der hatte den Tag nicht vergessen. Nun war es Abend geworden, Eduard hatte sich, nach seiner Gewohnheit, früh zur Ruhe begeben. Da plötzlich hörten, so ist es überliefert, die Geschwister einen starken, herrlichen Musikakkord, wie einen großen Harfenton. »Wo ist die Musik?« rief Mörike aus seinem Zimmer. Aber niemand konnte den Urheber ausfindig machen. Darauf Mörike: »Es bedeutet mich. Dies ist mein letzter Geburtstag.«

Was nach diesem Geburtstag noch kam, war ein letzter Umzug, im November des Jahres, von der Forststraße in die Moserstraße. Rätselhaft viele Umzüge waren diesem letzten vorausgegangen. Was bedeuten diese ratlos-rastlosen Umzüge, die Archivare zählen zehn allein in den Stuttgarter Jahren: große Lärmempfindlichkeit könnte ihr Anlaß gewesen sein; sie wäre wohl verständlich bei einem, der einst gedichtet hatte: »Nur noch das Ohr dem Ton der Biene lauschet.« Noch einmal gab es eine kleine Reise in die Provinz, dann nahm ihn allerlei Krankheit, Lebenserschöpfung fest in die Zange. Verehrende Freunde der Schillerstiftung in Stuttgart und Dresden hatten schon vor zehn Jahren begonnen, dem Dichter einen jährlichen Ehrensold zu schicken; nun, da das Jahr 75, das sein Todesjahr wurde, beginnt, beeilen sie sich mit der Auszahlung. Der Empfänger, der bisher stets höflich-glücklich gedankt hatte, ist zu müde, um selbst die Unterschrift unter die letzte Empfangsbestätigung zu setzen, der Überbringer quittiert für ihn. Es wird Mai, die Leiden verschlimmern sich. Mörike läßt Gretchen aus Mergentheim kommen, und Gretchen kommt. Es gibt keine feierliche Versöhnung, aber das einfache »So, das ist schön, daß du da bist.«

Noch einmal sieht Hartlaub auf eine Stunde herein; noch einmal fällt der Blick des Abschiednehmenden auf sein kostbarstes Buch, auf die letzte Ausgabe der Gedichte. »Es steht doch nichts Frivoles darin?« lautet die Frage, die ihm dabei vom Herzen kam, und man kann von Herzen antworten: »Nein, es steht nichts Frivoles darin.« Dann, schon getrübten Sinnes, fragt er nach dem vor dreizehn Jahren verstorbenen Uhland, und es verwirrt und bedrängt ihn die Vorstellung, es habe jemand ihn, Mörike, über Uhland gestellt. Am 4. Juni in der Frühe ist es zu Ende, – »sanft, unmerklich,

aber nach qualvollen Schmerzen«, zwei Tage später, Sonntag, den 6. Juni abends um fünf Uhr ist die Bestattung auf dem Pragfriedhof. Das geistliche Wort im Trauerhaus sprach der Prälat Kapff, am Grab hielt Friedrich Theodor Vischer die Abschiedsrede. Weite Wege, nicht spannungslos durchlebte, waren an ihr Ende gekommen, und ein Blick in diesem letzten Gruß sieht schon Gestern und Morgen im lebendigen Zusammenhang:
»Du warst nicht und du wirst nicht sein berühmt bei jenen, die es nicht ahnen, welch ein Wesen es ist, das dir bei deiner Geburt die sanfte Geisterhand auf Stirn und Lippen gelegt hat, die nicht finden können, was der Dichter sinnt und meint, wenn er aus Licht und Äther magische Fäden spinnt und mit ihnen Herz und Welt, Geistesleben und Erde, Fels, Sonne, Mond und flüsternde Bäume und rauschende Wasser in ein Ganzes geheimnisvoll zusammenschlingt, die es nicht fassen, wie es doch kommt, daß der Dichter von dieser Welt ist, daß er in diese unsere Welt eine zweite, eine Welt von holden und gewaltigen Wundern hineinstellt, die ihn nicht verstehen, den Flor aus zartem Goldgespinnst, den er um die kahle Deutlichkeit der Dinge windet.«
Einen »wundersamen Menschen« hatte ihn vor Jahren schon der große Jacob Burckhardt in Basel genannt und ihn zu den »tröstlichsten Erscheinungen« gerechnet; nun läßt sich im nachbarlichen Zürich ein anderer Verehrer, Gottfried Keller, nicht ohne ein Gran grantigen Humors vernehmen: »Wenn sein Tod nun seine Werke nicht unter die Leute bringt, so ist ihnen nicht zu helfen. Nämlich den Leuten.« Aber in derselben Schweiz und im selben Jahr 1875 schreibt ein zur Stunde schon hochberühmter junger Professor dies:
»Ich sah mir diesen Mörike wieder an und fand ihn, mit Ausnahme von vier bis fünf Sachen in der deutschen Volkslied-Manier, ganz schwach und undichterisch. Vor allem fehlt es ganz an Klarheit der Anschauung. Und was die Leute an ihm musikalisch nennen, ist auch nicht viel und zeigt, wie *wenig* die

Leute von der Musik wissen, die *mehr* ist als so ein süßlich-weichliches Schwimmschwimm und Klingkling.«
Der Autor dieses seltsamen Verdikts heißt Friedrich Nietzsche, ein Mann, der in anderen Fällen, in der Bewunderung für ›Goethes Gespräche mit Eckermann‹ oder für Stifters ›Nachsommer‹ sehr wohl das Rechte traf und der so gar nicht das »innre Ohr« hatte für Mörikes Ton. Aber wenn wir nun ein wenig zurückblicken und uns dieses ›*Mörike, gestern*‹ zu vergegenwärtigen suchen, so werden wirs gewahr, daß es über fünfzig Jahre hin sich so verhielt: die Mehrzahl, auch die Mehrzahl der Leute, die sich für Dichtung interessierten, erkannte ihn nicht, ihn, diesen »König ohne Land«, und er selbst tat wenig oder nichts dazu, erkannt zu werden oder für seinen Ruhm zu streiten. Einige wenige freilich wußten zu unterscheiden; wußten, was Gold und was – wie sagen wir? – Goldschnitt war.

2

Seine äußere Biographie ist in vier Sätzen auszusagen, die innere nicht in vierhundert. Mörike war, Sohn eines alten Neuenstädter Geschlechts, in Ludwigsburg, 1804, zur Welt gekommen, hatte dreizehnjährig dem Vater, siebzehnjährig einem Bruder, wenig später einer sehr geliebten Schwester ins Grab nachsehen müssen. Er war ein frühreifes, im Fühlen hochentwickeltes, im Wollen, Handeln und Denken zögerndes Wesen. Die Handschrift des Fünfzehnjährigen ist – so muß man wohl sagen: beängstigend fertig; aber der sie schreibt, ist ein Träumer und durchaus kein guter, strebsamer Schüler, und gewiß kein Elite-Student. Er geht, ohne Begeisterung, dem Kirchendienst entgegen; aber noch vor dem Eintritt in das Vikariat geschieht ihm die Grundversehrung seines Wesens und Lebens: es ist die Begegnung mit einem fremdländisch-geheimnisvollen Mädchen, das er, ohne daß sich daraus eine wirkliche

Liebesbeziehung entwickeln konnte, doch ›bis zum Wahnsinn‹ liebte; nach der rasch erzwungenen Trennung gab es für ihn keine rechte Rückkehr mehr in reguläre, freundlich-gemäßigte Zonen. Er war wohl ein paar Jahre lang mit einem liebenswerten Pfarrerstöchterchen verlobt, schlug sich halbfroh durch allerlei Vikariatsdienste durch und wurde dann für neun Jahre Pfarrer in Cleversulzbach; kein schlechter, aber gewiß kein musterhafter Pfarrer. Im Jahre 1843, im vierzigsten Lebensjahr stehend, bat er, gesundheitlich angefochten, um Versetzung in den Ruhestand, zog nach Schwäbisch Hall und bald danach nach Mergentheim. Dort verband er sein Leben mit der – im Alter seiner Schwester Klärchen stehenden – Oberstleutnantstochter Margarete Speeth und kehrte mit ihr, 1851, nach dem ihm aus zwei Knabenschuljahren bekannten Stuttgart zurück. Dort hatte man für ihn einen bescheidenen Lehrauftrag für Literatur am Katharinenstift geschaffen. Die nun folgenden vierundzwanzig Jahre wird man, alles erwogen, nur eben ›Lebensabend‹ nennen können. Die Welt brachte ihm, was sie bringen konnte: einige Ehren und Ehrenzeichen, einen Doktorhut, den Professorentitel, ein, zwei Orden, manche Unruhe des Ruhms; als das Beste: ein spätes Vaterglück, einige neue Freundschaft noch, zuletzt – mit hellem Vorzeichen – die mit Moritz von Schwind; zugleich aber, und beständig fast, häusliche Not, Verstimmung, Krankheit, Dürftigkeit, wohl auch – wenngleich dies nicht als beständiges Teil – einige Resignation.

Wie ihn die Welt sah? Die Jugendfreunde, um mit ihnen zu beginnen – sie wurden wichtig für des Dichters Werdegang und blieben ihm lebenslang nahe –, sahen ihn so, wie ihn uns die Schreinersche Zeichnung vor Augen stellt. Dies Abbild des Zwanzigjährigen gilt uns recht als das Bild des Menschen, wie er vom Schöpfer gemeint ist, zugleich – in der unlöslichen Verbindung von Anmut und Schwermut – als das Bild des Dichters schlechthin; sie sahen ihn als einen, den man lieben und verehren mußte, und sie liebten und verehrten ihn; einzig der ge-

niale Waiblinger vermerkte kritisch, daß dieser vielversprechende Zauderer wohl nicht alles halten würde, was er versprach. Die Brüder im Amt sahen ihn – und ganz kann man's ihnen nicht verdenken – als einen Trödler an, um nicht zu sagen: als einen Faulpelz; die Vorgesetzten, die Dekane und Prälaten waren, je nach Temperament und Lebenswissen, unfrohseufzend gestimmt oder nachsichtig-mild; bei Hof war er seit dem Erscheinen des ›Maler Nolten‹ (und damals kam es darauf an) gut angeschrieben, und zwei, drei Mal besserte denn auch eine Gabe aus königlicher Schatulle sein karges Budget auf. Freilich: eine Reihe von Jahren war der gute Name Mörike ins Zwielicht geraten, Eduards Brüder hatten sich in politische Händel und private Querelen verstrickt, der »Bruder Pfarrer« hatte nicht wenig Not mit ihnen und bedurfte mehr als einmal einiger hochmögender Fürsprecher; gut, daß er sie fand.
Denken wir an die Frauen auf seinem Weg: was jene Unbekannte, was Peregrina dachte und wußte, dachte und wußte nur sie, ihre Spur verliert sich im Dunkel; Luise Rau war ein Weilchen gewiß eine glückliche Braut, dann aber – das wird die Wahrheit sein – ein wenig erleichtert, als sie den goldenen Ring für diesmal vom Finger streifen konnte. Die Mutter und die Schwester, die seinen Pfarrhausstand mit ihm teilten, waren ihm nahe, ohne freilich in sein Innerstes blicken zu können. Und was Margarete Speeth, die Partnerin dieser spätgeschlossenen Ehe, angeht, so wissen wir – trotz zahlreicher Dokumente – nicht sehr viel. Wir hüten uns davor, ihr die Alleinschuld aufzuhalsen für die Tatsache, daß diese Ehe kein rechtes Glück brachte. Es war ein Unding, als Trio diesen Lebensstand zu beginnen, eng verbunden mit der blutsvertrauten Schwester, die ihren Bruder von Kind auf und dann seit siebzehn Jahren genau in allen seinen Schwierigkeiten kannte, auch in all dem, was wir in Schwaben »Mödele« heißen, und dabei dann dem Neuankömmling zuzumuten, sich selbst den Platz zurechtzuzimmern.
In den Beziehungen zu den Lebensfreunden der späteren Jah-

re – zu nennen sind: als ein älterer Freund Justinus Kerner, dann jüngere wie Heyse und Storm, gleichaltrige wie Vischer und Strauß und Hermann Kurz – begegnen wir konstanten Elementen. Wir erfahren Mörikes natürliche Menschenfreundlichkeit, sein herzliches Zugetansein; einen aristokratischen Zug der zarten, heiteren Distanz; zugleich aber eine übergroße Verletzbarkeit und eine letzte Unzugänglichkeit. Umgekehrt hatten die Freunde ihre Freude an dem – mindestens zu Zeiten – höchst unterhaltsamen Weggefährten und hatten zugleich ihre liebe Not mit seinem »Laß, o Welt, o laß mich sein«, seiner Versponnenheit, seinen Schnurrpfeifereien, Rätseln, Spielen, Mummenschanz-Masken und Märchen; er war so gar nicht energisch, so gar nicht bereit, ihre klugen Vorschläge zu befolgen, er ließ sich im mindesten nicht in seine Karten sehen, er fand, und wär's als eine Art von Vogel Strauß, überall das Schlupfloch seiner Freiheit und wußte sich zu trösten: »Also bist du nicht so schlimm, o alter Adam, wie die strengen Lehrer sagen . . .«

Mörike, gestern: das ist der Fünfzigjährige, der Hartlaub und dem eben von Husum kommenden Storm die Novelle ›Mozart auf der Reise nach Prag‹ vorliest. »Aber ich bitt' Sie, ist das zum Aushalten!« rief der entzückte Hartlaub. Storm sagte es nicht, er hielt es aus, aber auch er war betroffen und bewegt. Und wieder: das ist der Mann, der im Katharinenstift seine Literaturstunde gibt, die Schülerinnen sitzen da und hören zu, und der Herr Professor liest mit schöner voller, überraschenderweise: dunkler Stimme vor: Goethe, Shakespeare. Im Hintergrund sitzt zuweilen, mit einer Stickarbeit, die Prinzessin Olga, und der hohe Besuch geniert Mörike durchaus nicht; am Schluß der Stunde nähern sich die Mädchen dem Pult mit ihren Poesiealben, um einen Eintrag bittend. Der wird nicht im Augenblick geschrieben, sondern sorgfältig zu Hause bedacht, und Lehrer und Schüler versahen sich dessen nicht, daß um dieses einen Eintrags willen derlei Alben heute hoch gehandelt werden auf den Auktionen der Zeit.

Mörike, gestern: auch den Sechzigjährigen müssen wir zeigen, unansehnlich, eingefallen und dicklich zugleich; er hat sich allerlei häuslicher Misere entzogen und ist nach Lorch gegangen, hat sich bei einem Hafnermeister in die Lehre begeben und töpfert nun, mit Geschick; Erfüllung ist's von einer lebenslangen Liebe zu den Dingen; und wer darin nichts anderes erblikken wollte als eine etwas fatale Flucht aus dem gehörigen Lebensernst, der sehe zu, ob er damit nicht das Geheimnis versäume, das Schiller einst dazu brachte zu sagen, der Mensch sei nur da ganz Mensch, wo er zu spielen wisse.

Isolde Kurz jedenfalls, eine blitzgescheite Zwanzigjährige, die Mörike in seinen letzten Lebensjahren noch besuchte, wußte gut zu lesen, was sich nicht ganz leicht offenbarte. Sie las das müde, halb mürrische, halb liebenswürdige Altersgesicht, und es schien ihr, als ob es »nur eine scherzhafte oder schützende Maske sei, unter der jeden Augenblick ein feiner jugendlicher Griechenkopf oder ein lächelnder Ariel zum Vorschein kommen könnte.«

Es klingt nicht so recht ineinander, bei diesem ›Mörike, gestern‹, es geht nicht zusammen: der Mann und das Werk; und recht verstanden: es kann nicht zusammengehen. Es bleibt bei der Einsicht, die der andere Jubilar dieses Jahres, die Thomas Mann, hellsichtig-früh, sein »Alter ego«, den Tonio Kröger aussprechen läßt: »daß gute Werke nur unter dem Druck eines schlimmen Lebens entstehen, daß, wer lebt, nicht arbeitet, und daß man gestorben sein muß, um ganz ein Schaffender zu sein.«

3

Als er gegangen war – nach Worten von Gottfried Keller: »wie ein stiller Berggeist aus einer Gegend wegzieht, ohne daß man es weiß« –, da schien sich zunächst die Geschichte dieses kontinuierlichen Mißverständnisses fortzusetzen: die vierte Auflage von Mörikes Gedichten, die Ausgabe letzter Hand, hütete den Laden, und Geibels Gedichte, die es zu gleicher Zeit auf hundert Auflagen gebracht hatten, florierten weiter wie je und je ... Die Versuche, das Schmerzenskind seines letzten Lebensjahrzehnts, die Neubearbeitung seines Jugendwerks, des ›Maler Nolten‹, ans Licht zu heben, brachten kein überzeugendes Ergebnis. Aber dann ereignete sich das Wunder des Perchtolsdorfer Frühlings von 1888, in dem Hugo Wolf in einem wahren Schöpferrausch fünfzig Mörikelieder vertont hat, und so vertont hat, daß wir zuweilen Mühe haben, Mörike aus dem Musikzimmer oder dem Konzertsaal in unsere Lesezimmer zurückzuholen, wobei wir noch im besonderen des Phänomens gedenken, daß dem schwernehmig-schwermütigen Komponisten die heiteren Gebilde ebensogut – manche sagen: noch besser – gelangen als die abgründigen Peregrinalieder oder das unvergleichliche ›Denk es, o Seele‹. Fünfzig Jahre später wiederholte sich das Glück einer solchen Bemächtigung in Distlers Mörike-Chorliederbuch, und die Vertonungen des Schweizers Othmar Schoeck haben einen eigenen Rang.

In den Schlachten des Ersten Weltkriegs ging Mörikes Jahrhundert endgültig zu Ende; aber gerade da ereignete es sich, daß zwei Dichter – ins Kriegsgeschehen verwickelt – sich begegneten, Hans Carossa und Max Mell, und, vom Anblick eines Skoda-Mörsers bedrängt, einander das »tröstliche Phänomen« bestätigten, daß »ein zartes lyrisches Gebilde Mörikes mitten im Kriegsgetöse seinen Klang behielt –«. Und wie Hölderlin schon um 1910 durch die Arbeit Norbert von Hellingraths neu entdeckt wurde, so wurden die lärmenden dreißiger Jahre unsres Jahrhunderts die Jahre einer Neubesinnung auf Mörike. Es galt, jenes »Der Sonnenblume gleich steht mein Gemüte offen« neu zu verstehen: nicht nur als Emanation eines großen hellen Lichtes, sondern als Zeugnis für das schwarze Kernhaus und für leidenschaftlich flammende Blätter. Es galt, ihn selbst zu erkennen als den Kronzeugen für den

Bestand, der dem Zerbrechlichsten gegeben ist, für die Gewalt, die dem Leisesten eignet.
Freilich ist es nicht so, daß, während sie zu Mörikes Lebzeiten vorwiegend das Verkehrte gedacht und gesagt haben – nun die Weltbetrachter von Mörikes Welt einhellig das Richtige sagen. 1913, als gerade die Rauntöne Hölderlins offenen Ohren neu hörbar wurden, konnte ein Kritiker entschlossen versichern, daß er sich nicht – ich zitiere –: an dem »Droste-Mörike-Stifter-Schwindel« beteiligen werde; und in unsrer Generation noch durfte ein namhafter Interpret der Weltliteratur, durfte Georg Lukács Mörike einen »niedlichen Zwerg« nennen. Und natürlich ist ja auch – wir sprechen eine Selbstverständlichkeit aus – 1975 nicht 1875. Natürlich haben sich die Forderungen des Tages verändert, und es ist ein Glück, daß sich die Schöpferkraft immer wieder erneuert. Aber wie auf das Klarinettenquintett Mozarts die ›Arietta‹ Beethovens, Schuberts ›Winterreise‹, Schumanns ›Kreisleriana‹ und das Schlußterzett aus dem ›Rosenkavalier‹ folgen mochten, Gipfelwerke alle, die *da* sind, ohne einen einzigen Takt aus Mozarts Quintett vergessen zu machen, so auch hier: wir konnten Sprachentfaltungen und Formwandlungen, Zertrümmerungen, den Expressionismus, Stadler und Gottfried Benn, Sprünge der Sprache, kühn, wie über Eisschollen hin erleben, konnten, mußten Brechts ›Fragen eines lesenden Arbeiters‹ annehmen und mußten wissen, daß dieses »politisch Lied« eben nicht nur ein »garstig Lied« ist, sondern *auch* eine brennende Notwendigkeit, von welcher der Mann mit dem schwarzen Käppchen, der abseits sein Buch las, immer abseits, nichts wissen konnte: und doch ist dieses sein »Abseits« mehr als ein Abseits.

4

Als ich – um einen Augenblick persönlich zu reden – noch im fünften Kriegsjahr eine »Feldauswahl« von Mörikes Gedichten herausgeben sollte, da stand mir, tausend Kilometer von der Heimat entfernt, in Galizien ein Mörikeband zur Verfügung, den mir der Sohn einer süddeutschen Gärtnerei geliehen hatte. In ihm fand ich folgenden Eintrag – und der gehört nun schon ganz zum ›Mörike, heute‹ –: »Dieses Buch hat mir im vierten Jahre des Weltkriegs über manche schlechte Stunde hinweggeholfen und Glück gebracht. Möge es auch dir gute Dienste tun – und bringe es gesund wieder. Weihnachten 1939. Dein Vater.« Wieviel diesem Vater Gärtner, damals, also 1918, sonst von Dichtung und Dichtern bekannt war, wüßten wir nicht zu sagen; die Mörikegedichte jedenfalls, die hatte er in seinem Tornister, und nicht nur dort.

Wir, die damals dann eine Zeitlang hinter verschlossenen Welttüren leben mußten, konnten, aus dem Krieg zurückkehrend, wahrnehmen, wie weit Mörikes Stimme gerade in diesem Jahrzehnt gedrungen war; wie im besonderen im angelsächsischen Bereich dieser Dichter verstanden, recht gedeutet und geliebt wurde; wie unsre französischen Nachbarn seinen Formgeheimnissen angelegentlich auf der Spur waren und wie sehr dann auch die Japaner sich ihm zugewandt hatten, sie, die Meister der Haikus und der Kirschblütenzeichnungen, ernste, schicksalsgläubige Leute, fähig, aufs genaueste zu differenzieren. Und nicht weniger hatten auch wir im eigenen Land gelernt, inmitten eines leidenschaftlich geübten Bildersturms diesen einen Mörike besonders zu stellen.

Wir hatten ja – das ging bis in die Schullesebücher und – teilweise auch bis in die Programme großer Liederabende – das Jahrhundert der Großeltern, das berühmte neunzehnte Jahrhundert, freihin satt. Eichendorff, Platen, Rückert, Heine, Storm: ›O Täler weit, o Höhen‹, ›Venedig‹, ›O du Entrissne mir‹, ›Lotosblüte‹, ›Am grauen Strand‹ – natürlich: das *ist* etwas ... aber ist es etwas für uns? Wir waren geneigt, es dranzugeben; wir sagten unsre Schlüsselworte, die Worte der Söhne, unser »Hofmannsthal« und »Rilke«, und die neuen dann: wir sagten »Trakl« und »Benn« und »Kasch-

nitz« . . . aber wir waren *nicht* geneigt, Mörike dranzugeben. Hör ich recht, so hatten wir drei Gründe – und damit versuchen wir nun, ›*Mörike, heute*‹ recht zu deuten –, bei unsrem Bildersturm Mörike auszuklammern.
»Er war ein Dichter und haßte das Ungefähre«: das steht bei dem dritten Jubilar dieses Jahres 1975, bei Rilke, und er, ein wirklicher Dichter, konnte hier für alle Dichter sprechen. Erwägt man vieles und alles, so zählt zuletzt nichts so wie eines Dichters *Genauigkeit*.

»Horch! auf der Erde feuchtem Grund gelegen,
Arbeitet schwer die Nacht der Dämmerung entgegen« –

ich besinne mich her und hin und finde keine Stelle in der Literatur des Jahrhunderts, in dem das für den Jahrhundertausgang so entscheidende Wort, das Wort »arbeiten«, »Arbeit«, »Arbeiter« in einem Gedicht Heimat gefunden hat, außer in diesen Strophen des ganz jungen Mörike. Und wenn es dann weitergeht, in einem wunderbaren Wechselstand von Trunkenheit und wachsamer Beobachtung:

Indessen dort, in blauer Luft gezogen
Die Fäden leicht, unhörbar fließen,
Und hin und wieder mit gestähltem Bogen
Die lustgen Sterne goldne Pfeile schießen –

so sind wir den Genauigkeitseiferern unsres Jahrhunderts schon ganz nahe: sie mögen die Romantiker höflich ausladen, wenn sie sich zu ihrem Lyrik-Kongreß zusammentun, dem einen Mörike werden sie nicht die Tür verschließen: der Mann, der diesen eminenten Sinn für Wahrnehmung jeder Art, sehend Aug und hörend Ohr, Sprachgefühl und Kunstverstand, Wachheit und Traum in der kostbarsten Mixtur miteinbringt, ist in seinen höchsten Stücken jeder Zeitgebundenheit entnommen. »Deutlicher!« hat er als kleine Korrektur an einer

Stelle in einem Schulaufsatz einer Katharinenstiftlerin vermerkt, und dieses eine »deutlicher!« lebt von dem, was in ihm lebte, von dem Verlangen, ohne Pedanterie genau zu sein.
Ein Zweites. Wir werden, Mörikes dichterische Nachbarschaft bedenkend, bei Storm eine gewisse schwelgerische Süße, bei Heine zuweilen ein elegantes Parfüm, bei Eichendorff manches »Waldeinsamkeits«-Pathos zur Seite drängen müssen, ehe wir zum Wesensgrund kommen – bei Mörike sind wir ohne allen Aufschub daheim; sein großer Apfelgarten heißt uns willkommen; es gibt mancherlei Sorten, die Gewürzluiken, den herbkräftigen Boskop und die Goldparmänen, und makellos sind sie alle, Frucht bei Frucht. Was ihn tief mit Mozart verbindet, ist das Fehlen jeglichen Sentiments. Die ganze Skala, deren ein bewegtes Gemüt fähig ist: Scherz, Ironie, Angst, Trauer, Ernst, Festigkeit, Freude und Liebe ist vorhanden, in allen Tonarten wird musiziert und durch sieben Oktaven hin; aber es ist, so möchte man sagen, ein Instrument ohne Pedal, auf dem hier musiziert wird. Verstände man die Vokabel nicht falsch, so späche ich am liebsten von einer eigenen *Trockenheit*, die Mörike unsrem Lebensgefühl so deutlich benachbart. »No nix forciere« hieß ja seine Kunstmaxime; es ist die reifste, die sich denken läßt. Und der einzige, den der vergleichsweise milde Mörike in einem Gedicht geradewegs zur Hölle schickt, ist der Sehrmann, der Übertreiber, der Wichtigtuer; alle Schmerzensschwelgerei ist ihm ein Greuel; und wieder ist es eine ganz unscheinbare Bemerkung, die flächenblitzartig die Mörikelandschaft erhellt. In einer briefweise gegebenen Beurteilung der Gedichte Friedrich Hebbels (für die er sehr viel Sinn hatte) steht bei Hebbels Gedicht ›Erleuchtung‹, das mit der Zeile »In unermeßlich tiefen Stunden« anfängt, von Mörikes Hand: »scheint mir zu laut für den Anfang«. Nein, nicht »unermeßlich«: seine Weise hieß anders, sie hieß: »Weil er die Anmut liebet und das heil'ge Maß.«
Eine dritte Linie noch gilt es auszuziehen: Mörike paßt durchaus in eine Zeit, die dabei ist, den »Dichter vom Amt«, den

Literaturpapst zu entthronen. Mehr als einige biedermeierliche Requisiten brauchte er nicht wegzulegen, um in seiner *Spielerlust* recht zeitgemäß zu sein. Einiges von diesem spielerischen, diesem höchsten Umgang mit dem lebendigen Sprachgeist hatten einst schon die Zeitgenossen staunend erkannt. Er, Mörike – so hatte ein Freund gesagt – brauche nur eine Hand voll Erde zu nehmen, sie ein wenig zu drücken, und schon fliege ein Vögelchen davon, und Gottfried Keller meinte das gleiche, wenn er den schwäbischen Nachbarn den »Sohn des Horaz und einer feinen Schwäbin« nannte: wir denken an Mörikes Formbegabung, die mit allen Versmaßen, auch den gelehrten, klassischen, so unangestrengt und sicher umgeht wie kein anderer Dichter unsres Sprachbereichs. Freilich: die Blumenkinder unsrer Zeit werden ihre Spiele, mindestens teilweise, als Flucht verstehen, Zerrspiele der Verzweiflung, Mörike, der solche Begründung sehr wohl verstanden hätte, lebte und gestaltete für sich selbst doch ein wohl bedrohtes, aber im letzten unversehrbares *Ja*, eine gewiß nicht naive, aber doch bindende »Zustimmung zur Welt«. Man hat recht getan daran, gerade in jüngster Zeit wieder neu sich seiner ›Musterkärtchen‹ anzunehmen und ihre schöne, kunstvolle Beiläufigkeit neu zu deuten als die höchst geglückten Versuche eines in seinen Kokon Eingesponnenen, verhehlte *Liebesbriefe* zu schreiben, Liebesbriefe in all und jeder Gestalt und Adressatenschaft.

5

»Heute« ist eine gewiß nicht uninteressante, aber, wo es um die Kunst geht, doch dubiose Vokabel. Die Frage, was uns ein Kunstwerk heute – wir sagen »heute noch« – verdächtiges »noch« – bedeutet –: so recht glücklich hat mich diese Frage nie gemacht; für sich allein genommen, wollte *ich* sie nicht stellen. Das stolze Grillparzer-Wort »Ich komme aus anderen Zeiten / Und hoffe in andre zu gehen« steht jedem wirklichen

Künstler nah. »*Immer*«, die dritte Vokabel meines Titels – ist kein dubioses, sondern ein herrisch-gewaltiges Wort, ein Wort wie die Cheopspyramide oder die Mosaiken von Ravenna. Zögernd treten wir unsren dritten Gang an: eines Dichters Unsterblichkeit, was ist das? Was ist das: immerwährendes Leben?

Unsre Denkmäler aus Stein und Erz stehen ja, man kann's nicht beschönigen, recht verloren auf den Märkten unsrer Unruhe, und die saffianlederne Luxusausgabe der ›Sämtlichen Werke‹ ist noch kein *Lebens*zeichen für sich selbst. Und wie ist es mit den Museumsbeständen? Kein Archivar kann's verhindern, daß vieles darin dem wunderlichen Strandgut gleicht – Quallen, schwarzer Tang und Muschelwerk –, das uns die Flutwelle zurückläßt. Und auch alles, was wir »gesellschaftliche Relevanz« heißen mögen, oder auch gesellschaftsverändernde Kraft – also: »der Dichter als Seismograph« oder »der Dichter als Hammerwerfer«, auch das ist's nicht, was uns zum Wort ›*immer*‹ überreden könnte.

Das »Immer« hat eine andere Voraussetzung. Sie ist bescheidener und unbescheidener zugleich.

Es gibt einige Urgegebenheiten, die in der Welt sind, wie das schlafende Erz, wie der schweigende Smaragd, und die *Wort* werden wollen. Ich denke an die Urbeziehung von »Ich und Du«. An den großen Monolog des Daseins, den ein Mensch auf seinem Weg einmal und mehr als einmal führen muß, da sich »Ich und ich« begegnen; das verzagte und das getroste Ich, das Ich der Angst und das Ich des Vertrauens. Und schließlich will die Erfahrung, wie »das Fremde« mit mir redet, ihren Ausdruck finden, das Fremde, das mehr als einen Namen hat: es kann »Gefahr« heißen oder »Schuld« oder »Tod«.

›*Mörike, immer*‹: ich will sagen, daß er diesen Urgegebenheiten begegnet ist und daß er ihnen Ausdruck verliehen hat; er hat sie so ins Wort gerufen, daß sie in diesem Wort dauern.

Ich und du. Da ist der Urlaut der Frau auf Lesbos, jener Sappho, von der fast nur einige Fragmente auf uns gekommen sind, aber darunter die Zeile: »Ich aber schlafe alleine«, und da ist der Reiter auf der Nachtstraße zwischen Straßburg und Sesenheim, und sein »Ganz war mein Herz an deiner Seite / Und jeder Atemzug für dich«. Bei Mörike, der so wenig die Liebe und verhalten fast nur auch die Freundschaft leben konnte, muß uns die Wahl schwerfallen. Geben wir die ›Soldatenbraut‹ und das ›Verlassene Mägdlein‹ Silcher und seinem Jahrhundert, das wilde und kecke ›Erste Liebeslied eines Mädchens‹ bleibt im Netz der engsten Wahl; und dort sind auch die todesbangen Peregrinalieder und das fröstelnde Schattengebilde: ›Früh im Wagen‹. Aber Mörike war es gegeben, wie es Mozart und Shakespeare gegeben war, vom Ernstesten *auch* heiter zu reden, von dem, was doch schwer ist, von der Liebe, leicht zu reden, die Tiefe an der Oberfläche verbergend, und also ein Stelldichein an einer Bauerngartenhecke – wie sagen wir – zu »verewigen«.

Nimmersatte Liebe

So ist die Lieb! So ist die Lieb!
Mit Küssen nicht zu stillen:
Wer ist der Tor und will ein Sieb
Mit eitel Wasser füllen?
Und schöpfst du an die tausend Jahr'
Und küssest ewig, ewig gar,
Du tust ihr nie zu Willen.

Die Lieb', die Lieb' hat alle Stund'
Neu wunderlich Gelüsten;
Wir bissen uns die Lippen wund,
Da wir uns heute küßten.
Das Mädchen hielt in guter Ruh'
Wie's Lämmlein unterm Messer;
Ihr Auge bat: »Nur immer zu!
Je weher, desto besser!«

So ist die Lieb! und war auch so,
Wie lang' es Liebe gibt,
Und anders war Herr Salomo,
Der Weise, nicht verliebt.

Zehn Jahre später hat er sein Urwort zu der großen Zweieinheit »Ich und Ich« ausgesprochen, das Zwiegespräch des Mannes mit sich selbst, streng, wahrhaftig und nüchtern, herrisch fast mit sich handelnd, ein Langundbreites, das Resignation oder Bitterkeit heißen könnte, in sich bergend. Derlei schreibt sich nicht aus einer *Stimmung* heraus; was einer so halblaut vor sich hinspricht, spricht er mit der *Stimme*, die sich im Gang der Jahre festigt, und diesmal, anders als bei dem Liebesgedicht, das nicht mit Goethes großem Jugendton verwechselt werden kann, ist sehr wohl der Nachhall der Stimme des Mannes mitzuhören, den er einmal »unsren Dichtervater« genannt hat, Goethes Stimme.
Bei Mörike heißt es:

Wie sich Schwert und Schild erkennen,
Schild und Schwert einander lieben,
Solch ein Paar, wer scheidet es?

und bei Goethe steht:

Doch er stehet männlich an dem Steuer,
Mit dem Schiffe spielen Wind und Wellen,
Wind und Wellen nicht mit seinem Herzen . . .

Hören wir Mörikes ›Trost‹. Dieses helldunkle Wort. Helldunkel, das will sagen: Licht, das die Nacht kennt und doch den Tag glaubt. Mörikes Lebensstunde – so mag man es ausdrücken – ist die Stunde der frühesten Frühe; Lichtstrahl nach langer Nachtwache, eine Zuversicht, aber eine gramkundige Zuversicht.

Trost

Ja, mein Glück, das lang gewohnte,
Endlich hat es mich verlassen!
– Ja, die liebsten Freunde seh' ich
Achselzuckend von mir weichen,
Und die gnadenreichen Götter,
Die am besten Hülfe wüßten,
Kehren höhnisch mir den Rücken.
Was beginnen? werd ich etwa,
Meinen Lebenstag verwünschend,
Rasch nach Gift und Messer greifen?
Das sei ferne! vielmehr muß man
Stille sich im Herzen fassen.

Und ich sprach zu meinem Herzen:
»Laß uns fest zusammenhalten!
Denn wir kennen uns einander,
Wie ihr Nest die Schwalbe kennet,
Wie die Zither kennt den Sänger,
Wie sich Schwert und Schild erkennen,
Schild und Schwert einander lieben.
Solch ein Paar, wer scheidet es?«

Als ich dieses Wort gesprochen,
Hüpfte mir das Herz im Busen,
Das noch erst geweinet hatte.

Kurz nach 1850, zu einer Zeit, da die sehr früh so vollmächtig ins Leben gekommene Dichterstimme schon fast – zum Glück nur fast – verstummt war, schrieb er das dritte Gedicht, das wir hier hören, das »Ich und das Andere, das Fremde« heißt, »Ich und der Tod«. Er hatte früh erfahren, was Abschied ist; nun spät, schreibt er den Urlaut auf ein Blättchen, das man, mit stockendem Herzschlag, in Marbach betrachten kann. ›Grabgedanken‹ heißt es in der ersten Fassung, und es erscheint als Seitenfüllsel in einer ›Frauenzeitung für Hauswesen‹, und als es dann seine endgültige Gestalt gefunden hatte, da wird es als »Böhmisches Volkslied« am Schluß der großen Mozartnovelle wie heimlich eingeführt ... Es ist, als dürfe man derlei Wundergebilde nur par distance gewahr werden.

Denk es, o Seele

Ein Tännlein grünet wo,
Wer weiß, im Walde,
Ein Rosenstrauch, wer sagt,
In welchem Garten?
Sie sind erlesen schon
Denk' es, o Seele!
Auf deinem Grab zu wurzeln
Und zu wachsen.

Zwei schwarze Rößlein weiden
Auf der Wiese,
Sie kehren heim zur Stadt
In muntern Sprüngen.
Sie werden schrittweis gehn
Mit deiner Leiche;
Vielleicht, vielleicht noch eh
An ihren Hufen
Das Eisen los wird,
Das ich blitzen sehe!

6

Habe es hiermit sein Bewenden. Wir haben drei Gedichte hörbar gemacht und hätten an dreißig vollkommene Stücke rüh-

ren können. Wie aus der Vogelschau nahmen wir drei Berggipfel wahr, aber zwischen ihnen ist die ganze Mörikelandschaft; nicht unübersehbar; übersehbar vielmehr, aber groß und viellinig. Es gälte, an die Balladen zu denken, an den ›Feuerreiter‹ und an die ›Geister am Mummelsee‹, aber auch an den ›Präzeptor Ziborius‹ oder an den ›Sicheren Mann‹. An den ›Maler Nolten‹, an die ›Märchen‹, das ›Hutzelmännlein‹ vor allem, und an das Lied von der Vergänglichkeit des Schönen, die große ›Mozart‹-Novelle; und wer kann, solange Dichtung währt, den Namen Mörike aussprechen und dazu nicht den ›Alten Turmhahn‹ herrufen: »Zu Cleversulzbach im Unterland / Hundert und dreizehn Jahr ich stand«?
Musik hatte ihm sein Todesjahr angekündigt, es war ein Zeichen, das ihm gesetzt wurde; ganz zuletzt, beim Todestag selbst, sind wir noch einmal ein, zwei Schritte weit im Bereich des Okkulten, in dem Mörike zuzeiten ein wenig hospitiert hatte. Einst, am Anfang des Weges, hatte ein somnambules Wesen, jene Peregrina, ihm ein *Schattenreich* geöffnet; nun zuletzt soll es, geisterhaft hergeweht, *Lebensatem* sein. »Wenn ich sterbe, so werde ich euch, wenn es irgendmöglich ist, ein Zeichen geben«, hatte der Todkranke zu den Altersfreunden Walther gesagt. Und nun folgt der Bericht, den der Sohn der Scherenschnittmeisterin Luise Walther erstattet hat: »Am frühen Vormittag des 4. Juni 1875 war meine Mutter allein zu Haus, mein Vater war damals schwer krank. Auf einmal verbreitete sich im Zimmer ein auffallender Wohlgeruch, ein würziger Rosenduft, wie ihn Mörike besonders liebte, und alsbald sagte die Mutter mit Bestimmtheit: ›Das ist das Zeichen, jetzt ist Mörike gestorben.‹ Es war so: Eduard Mörike hatte zu derselben Zeit seine Augen geschlossen.« Luise Walther nahm, was sie immer zur Hand hatte, ihre Schere und ihr schwarzes Papier, ging zur Moserstraße und schnitt am Totenbett, was auf uns gekommen ist, den Kopf des Verewigten, »zwei Stunden nach seinem Tode«.
Okkultes als Ideologie – lassen Sie es mich zuletzt so sagen –:

damit wüßte ich nichts anzufangen. Aber: »Ein Rosenstrauch / wer sagt, in welchem Garten?« – ein Zeichen nur, leicht, schüchtern gegeben –, noch ein letztes Mal dem »no nix forciere« getreu – Lebenszeichen, Geistzeichen –, das zählt. Es ist in der Welt, und es ist an uns, ihm zu begegnen, mit allen Sinnen, und mit dem, was noch darüber ist, mit unsres Herzens innerstem Sinn.

Menschenlos im Wartestand
Eine Predigt

Lastwort über die Dumpfe: Zu mir ruft's von Sse'i'r her: Wächter / Wieviel von der Nacht noch? / Wächter / Wieviel von der Nacht? / Spricht der Wächter: / Morgen zieht herauf, / aber auch Nacht noch –, / Wollt ihr's ermühen / Mögt ihr euch mühen. / Einst sollt ihr kehren / Einst herwärts ziehen.
Jesaja 21, 11 und 12 in der Übersetzung von Martin Buber

Es ist ein Glück für mich – lasset mich mit diesem Geständnis beginnen –, daß ich, der vor 67 Jahren drüben, im nachbarlichen Langenbeutingen, im Pfarrhaus dort, zur Welt kam, heute hier die Predigt halten darf. Als ich zuerst von Cleversulzbach hörte, da war's in Verbindung mit Pfarrer Wiesner, der um 1910 euer Pfarrer hier war, genauer: in Verbindung mit dem vorzüglichen Honig, den er zu ernten wußte, und das ist ja für ein Schleckermäulchen eine sehr angenehme Erinnerung. Daß Cleversulzbach ein Ort ist, der bei den lesekundigen Leuten in aller Welt hoch in Ansehen steht, wußte ich damals noch nicht; und auch ein Abbild des berühmten Turmhahns habe ich erst etwas später zu Gesicht bekommen. Dann freilich *habe* ich alles, den Turmhahn und die Buche und die Gräber, an die wir nachher gehen werden, genau kennengelernt und habe viel nachgedacht über den Mann, der euer Dorf so in allen fünf Erdteilen bekannt gemacht hat.

Nun schickt sich die Welt, wahrhaftig: die Welt an, seinen hundertsten Todestag zu begehen, und wir mögen in dieser Morgenstunde auch hier uns erinnern an den »einfachen Mann«, der vor hundertvierzig Jahren Cleversulzbacher Pfarrer war; es können noch ein paar alte Leute im Dorf leben, die in ihrer Kindheit von ihren Großeltern dies und das von diesem besonderen Pfarrer gehört haben, und vielleicht nicht nur Lobendes. Er habe zwar, so heißt es, den Kindern sehr schön und anschaulich die biblische Geschichte erzählt und treulich die kranken und alten Leute im Dorf besucht, auch für jedermann ein gutes Wort gehabt und im Dorfgericht, dem Kirchenkonvent, ein kluges und mildes Urteil gesprochen ... Mit dem Predigen freilich sei's ein eigen Ding gewesen; oft genug habe ein Vikar an seiner Statt die Kanzel bestiegen, und ein fürwitziger Bürger und Bauersmann habe unterdes den Herrn Pfarrer im Grasgarten entdeckt, der blaue Rauch der Pfeife habe ihn verraten oder das vorlaute Gebell von Joli, dem Seidenspitz. Die Schwester Klara, eine junge, muntere und resolute Person, und die Mutter, die kluge Frau Oberamtsarzt, waren um ihn, um sein Hauswesen in Gang zu halten. Ein »freundlicher, lieber Herr« sei er gewesen, so weiß es die Chronik, und freilich auch ein Schalk, der es faustdick hinter den Ohren hatte, und früh schon konnte man in den Gedichten auch die ›Pastoralerfahrung‹ lesen, die er mit seinen Cleversulzbachern gemacht hatte – und die lautet so: »Meine guten Bauern freuen mich sehr; / Eine ›scharfe Predigt‹ ist ihr Begehr, / Und wenn man mir es nicht verdenkt, / Sag ich, wie das zusammenhängt. / Sonnabend, wohl nach elfe spat, / Im Garten stehlen sie mir den Salat; / In der Morgenkirch mit guter Ruh / Erwarten sie den Essig dazu; / Der Predigt Schluß fein linde sei: / Sie wollen gern auch Öl dabei.«

Es ist schön, einmal hier auch im Gottesdienst so vergnügte Dinge rechtens erzählen und den Mann in den wenigen fröhlich-aufgeräumten Zeiten seines schweren Lebens sehen und denken zu dürfen, zwischen Verrenberg und Vogeltrost. Wir vergessen aber darüber nicht, daß dieser Mörike, der einer der großen Dichter des Vaterlands war, das »Tiefste gedacht« und

»das Lebendigste geliebt« hat, er hat – davon wird in diesen Tagen und Wochen viel zu lesen und zu hören sein – in den Gedichten und den Erzählungen alle Reiche der Elemente, den Schöpfungstag, das Erdenjahr, die Lebensläufe des Herzens, die Welt der Bilder und der Gebilde aufgenommen, angenommen, gestaltet, umgestaltet. Er hat sich mitgeteilt, seine Freude, seine Angst, seine Einsamkeit, sein Grundvertrauen. Er hat auch im Gedicht von ewigen Dingen gesprochen; selten – eine eigene Scheu hielt ihn zurück, es häufiger zu tun; aber wo er es dann gewagt hat, ist ihm ein so vollkommener Seufzer des Herzens geglückt wie das Gebet: »Herr, schicke, was du willt. / Ein Liebes oder Leides. / Ich bin vergnügt, daß beides / Aus deinen Händen quillt.« Es versteht sich, daß die Bibel im Hause Mörike nicht im Spind versteckt war; aber nur sehr selten erscheint ein Bibelwort in einem Mörikegedicht. Einmal geschieht es dann doch recht ausdrücklich, in dem Gedicht des Dreiundzwanzigjährigen, das er ›Wo find ich Trost?‹ genannt hat. Er hatte einige von den Grunderfahrungen, die einem jungen Menschen auf dem Weg zur Lebensreife zukommen, sehr schmerzhaft zu bestehen: eine, die innersten Bezirke seines Wesens verzehrende Liebesbegegnung, dazu die Arbeit, sich in dem Amt zurechtzufinden, das doch so recht nicht mit seinen Neigungen und Vorsätzen harmonisieren wollte. Die sieben Jahre ältere Schwester Luise, die ihm in diesen Entwicklungsnöten sehr zur Seite gestanden hatte, ein kluges, zartes Wesen, fest wurzelnd im Glauben eben der Kirche, in der er zögernd, tastend seine ersten Schritte tat, war zu der Zeit, da dieses Gedicht geschrieben wurde, todkrank oder vielleicht schon gestorben. Den Zwiespalt zwischen dem Geborgenheitsglück dieser Schwester und den Geburtsschmerzen im eigenen Werdegang empfand er bedrängend. ›Wo find ich Trost?‹: Das war wohl zu fragen, und die Antwort gab er sich, sehr persönlich; schutzloser, als er sonst mit sich sprach:

Eine Liebe kenn ich, die ist treu,
War getreu, solang ich sie gefunden,
Hat mit tiefem Seufzen immer neu,
Stets versöhnlich, sich mit mir verbunden.

Welcher einst mit himmlischem Gedulden
Bitter bittern Todestropfen trank,
Hing am Kreuz und büßte mein Verschulden,
Bis es in ein Meer von Gnade sank.

Und was ist's nun, daß ich traurig bin,
Daß ich angstvoll mich am Boden winde?
Frage: »Hüter, ist die Nacht bald hin?«
Und: »Was rettet mich von Tod und Sünde?«

Arges Herze! ja gesteh es nur,
Du hast wieder böse Lust empfangen;
Frommer Liebe, frommer Treue Spur,
Ach, das ist auf lange nun vergangen.

Ja, das ist's auch, daß ich traurig bin,
Daß ich angstvoll mich am Boden winde!
Hüter, Hüter, ist die Nacht bald hin?
Und was rettet mich von Tod und Sünde?

Hinter dem unruhig-flatternden Gedicht tat sich's mächtig auf, das Wort der heiligen Schrift, das wir hörten, das »Lastwort über der Dumpfen«, das vom *Menschenlos im Wartestand* spricht. Es ist vielschichtig, wie es das Wort »warten« immer ist.

»Wartestand«, das ist – wir denken an das Beamtenrecht – eine etwas unfroh stimmende Vokabel. Aber es ist auch ein Wort, das Zukunft verheißt – nach dem Satz eines Dichters eine verhüllte Zukunft: »Den Wartenden geschieht immer etwas; sie haben ein ganz besonderes Los.«

Diese Jesajatexte tun sich auf, wie Kathedralen sich vor uns öffnen. Ich lese diesen Spruch, und ich sehe einen dunklen Vorraum, und sein Zeichen heißt: Das *Warten in Ungeduld.* Es geht weiter in eine große, ernste Säulenhalle, die versinnbildlicht das *Warten in Geduld.* Aber noch endet es nicht. Der Weg führt in den hellen Chorraum des Heiligtums, der heißt: Das *Warten in Zuversicht.*

Wirklich, im dunklen Vorraum scheint's geflüstert, das Gedicht: ›Wo find ich Trost?‹ Dieser sehr junge Mensch, der da so fast peinlich genau seine Gedanken verrät, was treibt ihn um? »Arges Herze, ja gesteh es nur / du hast wieder böse Lust empfangen?« Böse Lust? Das durstige Leben als Geschlecht? Das angefochtene Leben, das nach ein wenig Bestätigung, Ehre, Anerkennung verlangt und sich wundern muß, wenn rings um ihn her unschuldig-einfältiges Volk Erfolg um Erfolg einheimst? Wir fragen nicht. Es ist unschicklich, solchen Fragen nachzuhängen. Genug, daß einer da die Türe auftut und im Vorraum leidend erfährt, was »*Warten in Ungeduld*« heißt. Wir sind da, jeder auf seine Weise, Mitpatient im Spital. Wir denken an eine Entscheidung, die andre über uns fällen: an eine Prüfung, eine Operation. Wir wollen wissen, jetzt, jetzt gleich, ob wir bestanden haben; ob wir bestehen können. Und wie sehr zählt hier auch die Ungeduld eines erschrockenen, zarten, eines vielleicht skrupulösen, überempfindlichen Gewissens. Es kann wohl sein, daß auf den hundert Wegen einer solchen Gewissensforschung viel Kraft sich verzehrt. Aber wenn die Welt nicht in einer grobkörnigen Gleichgültigkeit, in einem dumpfen Ungefähr versinken will, so *muß* es immer wieder *die* Menschen geben, die auf ihrem Weg des Wartens in Ungeduld jene pfingstliche Paul-Gerhardt-Strophe wagen: »Entsünd'ge meinen Sinn, / Daß ich mit reinem Geiste / dir Ehr und Dienste leiste, / die ich dir schuldig bin.«

Wir wissen, woher in unser Warten die Ungeduld so unwiderstehlich eindringt: Es ist der Gedanke an den *Tod,* an die Unumkehrbarkeit dieses Ereignisses. Was nicht geschehen ist, eh er uns hinwegrafft, ist *nicht* geschehen und geschieht nicht mehr. Ich habe nicht mehr viel Zeit, der zu werden, der ich sein soll: mit diesem Gedanken wandert der junge Dichter in seinem Möhringer oder Köngener Vikarszimmer auf und ab. Und das Wort, das ihn wieder und wieder festhält, ein Begleitwort zu unsrer Jesaja-Stelle, ist aus Römer 8, in griechischem Urtext einem Mörikegedicht vorangestellt: »Das ängstliche Harren der Kreatur wartet auf die Offenbarung der Kinder Gottes!« ›Die Elemente‹ heißt dieses andere Mörikegedicht. Die Seele, die mit dem Aufruhr der Elemente sich verflochten weiß, muß ja lange Nachtstunden hindurch fragen: bin ich unwiderruflich so, wie ich bin? Lieg ich mit mir alleine wach: »Hüter, Hüter ist die Nacht bald hin?«

Aber es geht weiter. Es ist ihm, dem Wanderer im Vorraum, nicht verwehrt, in die große, ernste Halle einzutreten und die hohen Säulen zu sehen, die den Raum tragen. Sie sprechen vom »*Warten in Geduld*«. »Wenn es gleich Morgen wird, ist es doch Nacht noch«, sagt der Wächter; und wer das Wort recht aufnimmt, der beginnt, in der Nacht den Morgen zu glauben, den, der sich nur erst von ferne ankündigt und der uns doch ermächtigt, in der Zwiesprache des Herzens mit sich selbst das Wort des Trostes und der Geduld zu beginnen. Wer Mörike damals in Cleversulzbach gesehen hätte – die Freunde, die ihn besuchten, die Gemeindeglieder, die ihn befragten –, der hätte keinen Ruhlos-Erregten getroffen, sondern einen stillen, fast gelassenen Mann. Er hätte sich nicht in die Karten und nicht ins Herz sehen lassen, hätte viel, hätte fast alles verschwiegen; aber: *daß* man an der Türe gen Ewigkeit nicht umsonst klopft, am Fenster gen Ewigkeit nicht umsonst betet, *das* hätte er gewiß bezeugt. Nicht durch Worte, sondern einfach durch sein Dasein, ein Dasein, das man mit einer abgenützten und doch nicht wertlosen Vokabel »fromm« nennen dürfte. Der Ton der Morgenglocke, die der Cleversulzbacher Mesner um sechs Uhr früh läutete, das war für ihn kein rational erklärbares Ereignis, sondern ein Stück von der Antwort, die ihn verpflichtete zum »Warten in Geduld«. Hundert Jahre nach Mörikes Tod zählen wir nicht die Zahl der Menschen, die Mörikes Gedicht ›In der Frühe‹ als *ihr* Gedicht verstehen gelernt haben; da waren sie mit drin, sie mit den heißen Augen der Übermüdung, mit der Schlaflosigkeit, der Ratlosigkeit, aber dann auch mit dem Glück der erfahrenen Antwort: »Kein Schlaf noch kühlt das Auge mir, / Dort gehet schon der Tag herfür / An meinem Kammerfenster. / Es wühlet mein verstörter Sinn / Noch zwischen Zweifeln her und hin / Und schaffet Nachtgespenster. / – Ängste, quäle / Dich nicht länger, meine Seele! / Freu dich! schon sind da und dorten / Morgenglocken wach geworden.« Nicht allein im Wartestand des Menschen, sondern in der ganzen Geschichte des Reiches Gottes hat das Wort »Geduld« seine große Bedeutung, heute wie in den Tagen, da der Wächter die Rätsellast über ›die Dumpfe‹ legt. »Morgen zieht herauf, aber auch Nacht noch. Wollt ihr's ermühen, mögt ihr euch mühen.« Das will sagen: Nicht wie im Bühnenbild der ›Zauberflöte‹, da sich's im Augenblick verwandelt, »Die Strahlen der Sonne vertreiben die Nacht«, sondern langsam geschieht's, und die die Gaben des Lichts, ihre Frucht ersehnen – Klarheit der Kontur, Gewißheit, Wärme, Freude, Ruhe –, die müssen sich auf den Atem der Geduld einrichten. »No nix forciere«, dieses Wort hat uns gestern abend in Neuenstadt beschäftigt als Mörikes Leitsatz in der Kunst, es war wohl auch ein wichtiger Satz in seinem Leben. Er schloß die Einsicht ein, daß es in all den verordneten Mühen viel Umsonst gibt. Gemessenen Schrittes geht man ja durch eine solche Halle, deren Säulen nicht an einem Tag erbaut sind; und man weiß, daß zwischen Wunsch und Wunscherfüllung mehr liegt als eine Spanne Zeit; auch daß unser Zögern, das nicht gerne verstörend eingreift, den Blick einübt auf das »himmlische Gedulden«, von dem in Mörikes Gedicht gesprochen wird.

»Einst sollt ihr kehren, einst herwärts ziehen«: Das Schlußwort deutet sich so: es geht nicht im Kreis herum, es gibt eine Richtung, ein Ziel. Wenn Christenheit »Wartestand« sagt und Menschenlos im Wartestand bedenkt, so tut sie's zuletzt unter dem Vorzeichen *der Zuversicht*, die weiß, daß Weihnacht Weihnacht ist, Karfreitag Karfreitag und – Ostern Ostern. Das heißt: daß das geschehene Geschehnis im Weltgefüge ist und daß der Bürge unsrer Zuversicht vor und für uns *da ist:* »Eine Liebe kenn ich, die ist treu.«
In die Zeile dringen, das ist, denk ich, unüberhörbar und gewiß, die Gespräche ein, von denen man weiß, Glaubensgespräche, welche die sterbende Schwester mit ihrem Bruder geführt hat. Sie hätte wohl gewollt, daß Eduard auf die Frage nach dem »einigen Trost im Leben und im Sterben« antworte, wie's der Heidelberger Katechismus lehrt: »daß ich in beiden, im Leben und im Sterben, nicht mein, sondern meines Herrn Christus Eigentum bin.« Der Bruder hat aus Redlichkeit gezögert, *so* zu antworten. Aber das Christuszeugnis ist doch in sein Wort eingebunden. »Ich höre bald der Hirtenflöte Klänge / wie um die Krippe jener Wundernacht«. Das ist nicht eine schöne Wendung, sondern ein Anhauch der Gegenwart dessen, der den Mächtigen widerstreitet und dem Gejagten und Getroffenen das Herz festigt, weil es keine Entfernung, keine Sonderung gibt, auch keine »Angst am Boden«, in die nicht der Herr eintritt. Weil das erhellte Heiligtum da ist, der lichte Chorraum, in dem auf das »und was rettet mich von Tod und Sünde?« die Stimmen des Christtagsglaubens antworten: »Was kann euch tun die Sünd und Tod? / Ihr habt mit euch den wahren Gott. / Laßt zürnen Teufel und die Höll, / Gotts Sohn ist worden eur Gesell.«

Wir haben Mörike nicht aus den Augen verloren, während wir insgemein das Menschenlos im Wartestand bedachten; wir haben nur uns ihm zugesellt und ihn unsrem Weg genähert.

Nicht um ein »was gestern war« geht es im Gottesdienst, sondern um ein »was heute ist und was immer ist«.
Heute ist unser Weg, dieser Weg der Sorge, der Ungeduld, der Geduld, der Zuversicht. Und immer ist's, daß wir, umweht von dem Geist, der »unsrer Schwachheit aufhilft«, erfahren, wie es mit uns gemeint ist und wohin es zwischen Nacht und Morgen, im Befragen des Wächters und im Horchen auf das Wächterwort, mit uns hinauswill. Wir bitten, daß du, Geist, heiliger Geist, Wohnung bei uns machst, daß du einnehmest unser ganzes Leben, daß du selbst uns zurichtest, ausrichtest, richtest – »allzeit nach deinem Sinn«.

Koboldgeschichte

Zum ›Stuttgarter Hutzelmännlein‹

An einen kritischen Freund,
der unzufrieden war, da der Verfasser
neue Märchen schreiben wollte

Die Märchen sind halt Nürnberger War',
Wenn der Mond nachts in die Butiken scheint:
Drum nicht so strenge, lieber Freund,
Weihnachten ist nur einmal im Jahr.

Mörike

»Weihnachten ist nur einmal im Jahr«: das klingt wie eine Entschuldigung, und wirklich: er mußte bei seinen Freunden, den »strengen Lehrern«, um Pardon bitten, weil es ihn ankam, Märchen schreiben zu wollen. Sie, die Freunde, hätten ihn, den Dichter Eduard Mörike, immer wieder einmal gerne woanders gesehen als dort, wo er sich selber sah; aber er, der briefweise einbekennen mochte, daß er »dem unglaublich verzärtelten Gang seines *Wesens*« nur »in kleinen, bedächtigen Schritten« folgen könne, war, was die Beziehung zu seinem *Werk* angeht, ganz unbestechlich und – zu unsrem Heil – völlig unnachgiebig. 1852, eben im Begriff, in Stuttgart im eigenen Hausstand heimisch zu werden, schrieb er als eine Art Einstandsgeschenk an die Stadt, in der er schon zwei wichtige Jugendjahre verlebt hatte und nun – mit einigen Unterbrechungen – das letzte Drittel seines Lebens zubringen sollte, das ›Stuttgarter Hutzelmännlein‹, die Geschichte vom Seppe und dem Vronele, vom Pechschwitzer und von der schönen Lau. »Ein Kobold gut bin ich genannt«, heißt es im Vorspruch, und wahrhaftig, es ist dies *die* Koboldgeschichte seines Lebens, ein wunderlich-keckes Gebild, aus Pfiffigkeit und Treuherzigkeit wohlgewoben. Wie einer, der beim Bachüberqueren von Stein zu Stein hüpft, so hüpft er hier von Schabernack zu Schabernack, und der Berliner Fontanekenner, der mich – das ist nun schon vierzig Jahre her – strafend fast anging: »Komposition und Strenge, das ist nun wirklich nicht die Sache Ihres Mörike gewesen, zumindest hier nicht, er kommt vom Hundertsten ins Tausendste« – er hatte recht; aber ich hatte *auch* recht, wenn ich ihm zurückgab: »Aber seien Sie doch froh, *daß* er ins Tausendste kommt.«

Thomas Mann, am Ende seiner Arbeit am ›Doktor Faustus‹, gerät, seinem Tagebuch zufolge, an Mörikes Prosa. Bei ihm heißt es: »Besonders imponierten mir und erregten meinen Neid die ›Heinzelmännchen von Stuttgart‹ durch die natürliche und scheinbar ganz unstudierte Handhabung des älteren Deutsch.« Die kleine »Fehlleistung« in dieser Notiz ist charmant: was Heinzelmännchen sind, weiß man von Kopischs Gedicht und weiß es überhaupt, Hutzeln dagegen sind dem Lübecker in Kalifornien – der sein heimisches Marzipan gewiß nicht vergessen hatte – nicht recht geläufig. Und so könnte es auch jetzt wohl Nichtschwaben und Halbschwaben geben, die einige Mühe haben, alle Dialektanklänge, wie sie zum Zauber der Geschichte gehören (und wie sie gerade jüngst in Peter Härtlings Roman ›Das Familienfest‹ eindringlich wiederkehren), aufs erste zu verstehen. Ihnen zulieb' ist der kleine erklärende Anhang mitgedruckt. Und auch das Kleinod der Erzählung, das Gedicht ›Lieb in den Tod‹, das *eine* schwäbische Dialekt-Gedicht, das große Dichtung heißen mag – alle, die sich hier auskennen, von Sebastian Sailer bis Sebastian Blau, werden diesen sechs Strophen neidlos den Kranz reichen –, bleibt in seinem abgründigen Spielernst doch nur wie durch einen Schleier zugänglich, wenn man's nicht von der Mutter her nachsprechen kann: »Frei luegt mers ins Gsicht, / Aber a'rüehrt mes net.«

Allen aber frei zugänglich ist noch genug und übergenug: die große Schilderung vom Mummenschanz auf dem Markt, bei dem sich die zwei mit dem Glücks- und dem Unglücksschuh treffen; der Dank an das Land zwischen Neuffen und Teck: »Er hielt dafür, in allen deutschen Landen möchte wohl Herrlicheres nicht zu finden sein als dies Gebirg zur Sommerszeit«, oder der Gruß an das erschrockene Herz seines Helden: »In seinem Innern aber, so arg es auch darin noch durcheinanderging, daß ihm das Heulen näher als das Pfeifen lag, so gab er sich doch selbst schon kühnlicheren Zuspruch mit Vernunft, nahm sein versehrtes Herz, drückte es, gleichwie die Hausfrauen pflegen mit einem zertretenen Hühnlein zu tun, in sanften Händen wieder zurecht« – oder auch nur ein Satz wie dieser: »Auch die Musik ging stiller, wie auf Zehen, ihren Schritt.«

Es ist noch nicht das große Meisterwerk, die Mozart-Novelle, aber es ist auf dem Weg zu ihr. Er, der seit Jugendtagen konnte, was ein wirklicher Dichter können muß: denken, differenzieren und spielen, und der ein Leben lang sein Instrumentarium gehütet hatte, wie einer eine goldene Flöte hütet, er war nun in dem Stand, daß ihm recht eigentlich nichts mehr mißglücken *konnte*. Da schreibt er mit seiner schönen Handschrift, die ein Stück von einer Gelehrtenschrift ist und von einer Malerschrift ein Stück, Seite um Seite, unterbricht sich wohl einmal, zeichnet einen Schnörkel, eine Kirchturmspitze, Bempflingen vielleicht oder Bernhausen oder die Zwiebel, welche die Kammerzofe in der Blautopftiefe an das Bleilot gebunden hatte. In Frau Gretchens Reinschrift, die an den Verlag Schweizerbart ging, ist von dergleichen Quisquilien nichts mehr zu sehen, aber die Illustratoren haben – von Moritz von Schwind bis zum heutigen Tag – in der Geschichte eine Fundgrube für ihre eigenen Künste entdeckt. Fast hundertzwanzig Jahre ist das ›Hutzelmännlein‹ nun auf der Welt, und bei jedem Nachdruck sagt man lachend: man kann sich nichts Unzeitgemäßeres denken. Nicht lachend aber, sondern ganz im Ernst wiederholt man sich die Worte, die Mörike über ein Bündel Jugend- und Liebesbriefe geschrieben hat und die er gut und gern auch hier hätte sprechen dürfen: »Es ist auch nicht *ein* falscher Hauch darin.«

Mörike oder die Zwiesprache

1

Im Zustand einer liebenswerten Unaufmerksamkeit und Ungeduld sehe ich Sie hier versammelt. Sie sind gekommen zur Eröffnung der Mörike-Ausstellung, die unsre Marbacher Archivare in monatelanger Arbeit vorbereitet haben: was hält uns – so mögen Sie fragen – der Deuter auf, da das Unmittelbar-Wirkliche – Blatt, Handschrift, Bild und Gerät – bedeutend ist in sich selbst, bedeutender als alle Deutung? Zwar sagt man uns nach, wir würden uns, wenn zur Rechten der Eintritt ins Paradies freistünde, zur Linken aber ein Vortrag über das Paradies offeriert wird, dem Vortrag zuwenden. Nun, ich würde mich *nicht* zur Linken, sondern sogleich zur Rechten wenden. Aber freilich: da nun das Wort »Paradies« gefallen ist, legt sich die Frage nah: ist das, was auf uns wartet, denn ein Paradies? Das ist es nicht. Was wir wahrnehmen werden, ist ein Menschenweg und kein leichter Menschenweg, der Weg von einem, über den sie sagten: »so arm von außen und so reich von innen«; eines Künstlers Weg, der mit dem schweren Künstlerweg Mozarts nicht wenig Verwandtschaft hat, in starker Spannung bestimmt durch – ich leihe mir eine Formulierung Adolf Becks – »den Drang des Geistes empor zum Tag und den Sog der Seele hinab in die Nacht«: Mörikes Künstlerweg.
Wir wissen ja so ungefähr, was uns erwartet, »Ungefähr«: das gilt für die fränkisch-schwäbisch-brandenburgischen Herkünfte. Am Schnürchen aber haben wir Mörikes Stationen: Ludwigsburg, Stuttgart, Urach, Tübingen, Plattenhardt und Ochsenwang, Cleversulzbach, Hall und Mergentheim, wieder

Stuttgart und Lorch und ein paar Augenblicke von unterwegs. Wir sagen's auf: Vater, Mutter, Schwestern, Brüder; Amandus Bauer und Waiblinger, Hartlaub und Lohbauer, Vischer, Strauß und Kerner, Storm und Moritz von Schwind; Klärchen Neuffer, Luise Rau, Margarete Speeth und die eine Peregrina, die kein Bild zeigt und die bildlos so gegenwärtig ist und auf geheime Weise zu allen Stationen des Weges gehört. Und in jedem Raum werden wir ihm selbst ins Gesicht sehen. Uns erwartet die Schreinersche Zeichnung, die den Zwanzigjährigen zeigt, dieses ebenso wunderbare wie versehrbare Jünglingsantlitz; die Lithographie von 1851, und dann schon Bilder eines alten Mannes; ein Familienbild, das idyllisch anmutet und keine Idylle offenbart; schließlich Luise Walthers Pastellbild aus der letzten Zeit, das so vieles ausspricht und mehr noch verschweigt. Nicht verschweigt, was auch die frühen Bilder schon aussprechen, daß der Grundzug, der wesenbestimmende, Einsamkeit heißt, wobei wir freilich guttun, dem Wort alles Sentiment und auch das Nietzsche-Pathos der »Siebenten Einsamkeit« zu nehmen und sie sogleich in Mörikes eigenem Sinn und nur in ihm zu deuten. »Eine gewisse Einsamkeit scheint dem Gedeihen der höheren Sinne notwendig«, steht in einem Brief des Siebzehnjährigen, und im ›Maler Nolten‹ heißt es von der »hohen Einsamkeit«, daß der, der »die Kunst meint«, sich darein versenken muß. »Ich habe der Welt entsagt, das heißt: sie darf mir *mehr* nicht angehören, als mir die Wolke angehört, deren Anblick mir eine alte Sehnsucht immer neu erzeugt.« *Verborgenheit* ist der Titel eines Schlüsselgedichts: »Laß, o Welt, o laß mich sein«, ist der Cantus firmus. Trotzdem habe ich meinen Versuch unter die Überschrift *Mörike oder die Zwiesprache* gestellt, um andeutungsweise zu zeigen, wie – recht verschieden von den erhabenen Monologen Hölderlins oder den Evokationen Schillers – dieses Leben und dieses Lebenswerk sich – mehr insgeheim als offenbar – als Zwiesprache verstehen läßt.

Zwiesprache ist nicht schon Zwiegespräch, nicht gleich wohlartikulierte Rede und Gegenrede; sie ist weniger und mehr. Sie ist das, was der eigentlichen Mörikestunde, der frühesten Morgenfrühe, zugehört, der halblauten, halbwachen Begegnung mit dem Kommenden, ein der Musik verwandter und doch ruhig von ihr geschiedener Aggregatzustand, in dem das *Wort* zentral steht, in dem aber auch Ton- und Zeichensprache ihr Recht haben: »hört man der Erdenkräfte flüsterndes Gedränge, / das aufwärts in die zärtlichen Gesänge / der reingestimmten Lüfte summt.«

Zwiesprache also mit der Umwelt: mit denen, die in den Kammern nebenan schlafen: Eltern, Geschwister, Freunde, oder näher noch: Liebend-Geliebte. Zwiesprache mit den Dingen, die so große Bedeutung in Mörikes Werk und Dasein gewannen. Zwiesprache mit den Kunstwerken, den eigenen, den fremden. Mit Gestalten und Traumbildern, Agnes, Lucie Gelmeroth und Mozart, Ziborius und dem Prior in der Kartause, mit Anakreon und Theokrit und den Bildern des Moritz von Schwind. Zwiesprache auch mit der Zeit, und mit ihr mehr doch, als man gemeinhin weiß. Zwiesprache vor allem immer neu mit sich selbst, geführt in einer überraschenden Festigkeit und Tapferkeit, einer Nüchternheit, die sich die Schmerzensschwelgerei verbietet: »Und ich sprach zu meinem Herzen: / laß uns fest zusammenhalten, / denn wir kennen uns einander.« ... Zwiesprache endlich auch mit dem Ewigen; scheu, selten ganz ins Wort dringend, aber: wenn ins Wort dringend, dann in dem unverwechselbaren Jesajaton des »Hüter, Hüter, ist die Nacht bald hin?«, und im strenggehorsamen: »Herr, schicke, was du willt.«

2

Gehen wirs an. Es gehört der Figur zu, daß uns die *Herkünfte* – intensiver als etwa bei Hölderlin – beschäftigen müssen. Wir sehen den Vater: Arzt, Theologe, philosophisch-naturwissenschaftlich reich gebildet, ein Mann, der sich früh verzehrte und der starb, ehe der Sohn so recht wissen konnte, was man an einem Vater haben kann; die Mutter, der der Sohn das Zeugnis ausstellt, daß sie Briefe schreibe »wie ein Professor«; die Schwester Luise, deren Brieftagebücher ein besonderer Schatz des Marbacher Archivs sind. Man vereinfacht ungerecht, wenn man die Fürsorge dieser früh vom Tod gezeichneten älteren Schwester als eine durch pietistische Neigungen bestimmte Betulichkeit abwertet. Was zutage tritt, möchte ich eher eine – durch eben diesen Pietismus mitgeprägte, zugleich von erstaunlicher Weltbildung geformte »Seelensichtigkeit« heißen. Gewiß, sie prüft jeden, der in Eduards Lebenskreis eintritt, sorglich; sie warnt vor Waiblingers »verderblichem Kometenfeuer« und vor Lohbauers Ruhlosigkeit; aber zugleich übernimmt sie einen Satz Lohbauers und macht ihn sich kühnhin zu eigen: »Es sind sieben Seelen in mir, aber wie Heringe aufeinandergepackt, ich will ihnen Luft machen.« Und als das Peregrina-Erlebnis den Bruder zu zerstören droht, geht sie den Verflechtungen mit einer ebenso zarten wie unbefangenen Klugheit nach. Dann: der Bruder August, dessen plötzlicher Tod Eduards Jugend heftig bedrängt hat, wie denn überhaupt der Tod in Mörikes Werk und Wesen eine bestimmende Macht ausübt, und die älteren Sorgenbrüder, deren politische und private Umtriebe ihm viel Mühe gemacht haben. Zuletzt: Schwester Klärchen, in den Peregrinazeiten noch ein Kind, später aber recht eigentlich die »Lebensgefährtin«; sie war 18 Jahre alt, als sie – anfangs noch mit dem Rückhalt an der lebensfesten Mutter – in Cleversulzbach in die Aufgaben einer Vizepfarrfrau eintrat. Man muß sich ein Gedicht aus den 30er Jahren wie die Konstanze Hartlaub zugeschriebene ›Ländliche Kurzweil‹ vergegenwärtigen, es sind Gespräche der Mohnkolben öffnenden Freundinnen mit dem »Bruder Pfarrer«, bei denen es am Schluß heißt: »Daß mein teuerster Bruder / bei dem allerbesten Willen / zum Kapitalisten eben / einmal nicht geboren ist«: was uns entgegenklingt, ist das Unaustauschbare einer ältesten und ersten Zwiesprache, die Blutsvertrautheit, gegen die nicht aufzukommen ist: die ganze spätere Ehemühsal ist in diesem so grundvergnügten Gedicht schon vorgezeichnet.

3

Sprechen wir von den *Freunden.* »Daß noch bestehe Freundeslieb und Treu«, heißt es in dem Gedicht ›An Wilhelm Hartlaub‹, und dies ist, ungeachtet aller letzten Unzugänglichkeit in Mörikes Wesen, ein Grundakkord. Er muß – die Schreinersche Zeichnung gibt davon einen Begriff – eine faszinierende Jünglingserscheinung gewesen sein. »Knabe, was machst du aus mir?« fragt sich Lohbauer, und bei Ludwig Bauer heißt es: »Ich klebe noch im Staube, aber wenn ich an dich denke, ist mir, wie wenn ich im Shakespeare gelesen hätte«, und der hochbegabte, frühreife Waiblinger, der – eine Art »Loris« – siebzehnjährig einen Roman ›Phaethon‹ veröffentlichen konnte, merkte sogleich, wie der eine in der Uracher Promotion hieß, um den es sich für ihn lohnte, dort zu verkehren. Durch Waiblinger lernt er Shakespeare kennen, und Shakespeare ist für Mörikes Werdegang von eminenter Bedeutung, das *Orplid*-Zwischenspiel aus dem ›Maler Nolten‹ ist ohne den ›Sommernachtstraum‹ nicht wohl denkbar. Und ebenso stark trifft ihn in dieser empfänglichsten Lebensfrühe der Briefwechsel zwischen Goethe und Schiller, und zwar ausdrücklich als eine Art Urtext der Zwiesprache im Geist; auch hier ist Waiblinger ein erster Vermittler. Einundzwanzigjährig, um in der Geschichte fortzufahren, schreibt Mörike, von der Schwester Luise gedrängt, einen Abschiedsbrief an den in allerlei Lebens- und Liebeshändel verstrickten Waiblinger, ein schlechthin beängstigendes Dokument seelenkundlicher Früherkenntnis, aber er schickt den Brief nicht ab; es genügt ihm, sich selbst die Grenze zu setzen, die er nicht überschreiten darf, ohne den Genius in sich zu versehren.

Und was damals begann, bestimmte in der Folge Mörikes Lebensgang: dieses wache, zart differenzierende Abwägen und Entscheiden, ebenso aber auch dieses zuweilen dumpf anmutende Zögern und Verzichten, die leisen, oft lautlosen Nein, die meist schüchtern, mitunter auch störrisch geäußert werden. Die berühmten wortbegabten Freunde der späteren Lebensjahre, Vischer und Strauß, auch Hermann Kurz, wußten ein Lied davon zu singen, und sie sangen es nicht immer als Freundes- und Liebeslied. Vischer, ein hochbefähigter Literat, aber doch wohl kein Dichter, hatte in seinen ›Kritischen Gängen‹ ganz Vorzügliches zu Mörikes Gedichten gesagt, aber zugleich wunderliche Ansinnen an Mörikes Dichtertum gestellt und ihn im Fazit ein »großes, aber stehengebliebenes Talent« genannt; was uns, die Nachfahren, zu der Frage bringt, wieso einer, der mit dreiundzwanzig das ›Mitternachts‹-Lied und wenig später den ›Gesang Weylas‹ geschrieben hat, der also, vergleichsweise, den Matterhorn-Gipfel erklommen hatte, dort nicht stehenbleiben soll? Und Strauß, der von sich selbst in wahrem Kunstverstand einbekannte: »Ein Gedicht wußt ich zu machen, / doch ein Dichter war ich nicht«, hatte zum ›Märchen vom sichern Mann‹, zu dieser großen Suckelborst-Lolegrin-Zauberei nichts Gescheiteres zu sagen als: »So muß man sich doch für den Mann schämen, der nach fünfzehn Jahren noch an diesen Kinderschlozern nagt.« Mörike, verwundert und einige Male wohl auch verwundet, wenngleich gerade diesen Freunden gegenüber nie auf die Länge verstimmt, ließ sich durch die »strengen Lehrer« nicht beirren und schrieb unter der Überschrift ›An einen kritischen Freund, der unzufrieden war, da der Verfasser neue Märchen schreiben wollte‹, einen Vierzeiler, der lautet: »Die Märchen sind halt Nürnberger War' / wenn der Mond nachts in die Butiken scheint: / drum nicht so strenge, lieber Freund, / Weihnachten ist nur einmal im Jahr.« Die Freunde ihrerseits haben spät, halb beschämt, statt der bedingten die unbedingte Reverenz erwiesen, Strauß 1862 in der Versicherung: daß wir durch Mörike wissen, was Dichtung vermag und was Rhetorik *nicht* vermag, Vischer in der herzlich-bewegten Rede am Grab.

Die anderen Freunde. Wir nennen Hartlaub, den »Urfreund«, der nur Mörikes Bräutigams- und Eheweg nicht mitgehen konnte und so – vorübergehend – sich fernhalten mußte; dann Storm, der, ganz Verehrung, in Stuttgart 1855 die erste Vorlesung der ›Mozart‹-Novelle miterlebt hatte, der aber doch so recht nicht zu Mörikes Herzen fand, schließlich Paul Heyse und Justinus Kerner. Zuletzt gab es – ein Stück ungetrübtes Altersglück – die Begegnung mit dem lebenstüchtigen Moritz von Schwind, ihm mochte er, in einem seiner letzten Gedichte, die »alte Grille« eingestehen, die Klage: »Daß ich nicht Maler werden durfte, Maler, ja!«

Mörike ist siebzig Jahre und neun Monate alt geworden; die Zwiesprache der Freundschaft, die sein scheues Leben als eine Art Golfstrom umschlossen hatte, war schon vorher fast zu Ende gegangen; der eine Hartlaub nur war in den letzten Leidensmonaten noch zugegen; die meisten, die sonst zu nennen waren, sind Mörike im Tod vorausgegangen. Er hatte viel Kapital des Herzens investiert in diese Freundesbeziehungen, wobei – der Vorgang ist psychologisch wohl begründbar – die Entfernteren zuweilen das glücklichere Wort erreicht hat. Ein Zug des Aristokratischen in allen Linienführungen – wie er so entschieden auch zu Mozart gehört hat – ist unübersehbar. Keiner von den Partnern war so wenig Biedermann wie er. Was »subaltern« heißt, wußte er nicht. Er war – bei aller echten Bescheidenheit – ein Herr.

4

Die Vorzeichen bleiben fast die gleichen, wenn wir des Dichters Zwiesprache mit den *Frauen* bedenken; daß wir die Frauen den Freunden nachordnen, ist Mörike gemäß. Eine Primaner- und Studentenliebe zu der Base Klärchen Neuffer braucht uns nur deshalb in den Sinn zu kommen, weil eines der ersten wirklichen Mörike-Gedichte die *Erinnerung* daran festgehalten hat, beginnend: »Jenes war zum letzten Male, / daß ich mit dir ging, o Klärchen.« Vor allem aber deshalb, weil Mörike das Gedicht erst, hoch zu Jahren gekommen, veröffentlicht hat, und zwar mit einigen kostbaren Korrekturen. Der Spielzauber, der da waltet, wäre eine eigene Untersuchung wert, hier ist nicht der Platz dafür. Aber es führt tief in das Geheimnis von Mörikes Dichtertum – einmal poeta, immer poeta! – wahrzunehmen, wie vollkommen der alte Träumer in ein Gedicht seiner Jugend hineinschlüpfen, ein Bild hinzufügen und zwei Worte wegnehmen konnte, ohne daß die Zäsur, die ein langes, schweres Leben gesetzt hat, im mindesten fühlbar wird: »Keine Seele hats gesehen / und du selber sahst es nicht.«

In die kleine Jünglingstraurigkeit, die ein erstes Mal Abschied dieser Art zu lernen hat, brach dann das Peregrina-Erlebnis ein, von dem wir hier nur genauso sparsam handeln dürfen, wie Mörike selbst es wünschen würde: die Dokumente, die uns Aufschluß geben könnten, sind fast alle vernichtet. Die völlige Verzauberung durch das schöne, mignonhafte Schenkmädchen Maria Meyer, ein Schweizer Kind unbekannter Herkunft, von der es in einer Notiz – nicht von Mörikes Hand – heißt: »Du mein Gott, was ist das für ein Geschöpf! Seinem Schöpfer gleicht es von außen, inwendig ein Chaos!« –, die Verzauberung brachte Mörike im Auf und Nieder an die gefährlichsten Grenzen. »Von holdem, energischen Wahnsinn umwickelt«, steht im ›Maler Nolten‹. So gut wie jede nach außen dringende Explosion blieb aus, gerade darum war die innere Verstörung so nachhaltig. Mörike fügt sich, wie zuvor bei der Waiblinger-Beziehung, in einen Verzicht und verschließt alle Erfahrung im strengsten Noli me tangere. In einem an die Angehörigen gerichteten Brief heißt es, jedes Gespräch von vornherein abwehrend: »Die Betrachtung, daß ein mir sonst teurer Trümmer, das Geheimnis einer schönen Vergangenheit, nun wie eine lebende Leiche in meiner Nähe umgehen wird, dieses darf *mich allein* kränken.« So können wir zuletzt nur einer tiefverschlüsselten *Peregrina*-Strophe Raum geben; sie – nur in der Handschrift überliefert – sagt in genauer Andeutung, was zu sagen ist:

Einst ließ ein Traum von wunderbarem Leben
Mich sprießend Gold in tiefer Erde sehn,
Geheime Lebens-Kräfte, die da weben,
In dunkeln Schachten ahnungsvoll verstehn;
Mich drangs hinab, nicht konnt ich widerstreben,
Und unten, wie verzweifelt, blieb ich stehn –
Die goldnen Adern konnt ich nirgend schauen,
Und um mich schüttert sehnsuchtsvolles Grauen.

Was nun folgt, ist – wunderlich, es so zu formulieren, da wir einen wenig mehr als Zwanzigjährigen vor Augen haben – fast nur Epilog. Er hat, man weiß es, sich fünfundzwanzigjährig mit Luise Rau, dem Pfarrerstöchterchen in Plattenhardt, verlobt und hat ihr über vier Jahre hin die mit Recht berühmt gewordenen Brautbriefe geschrieben, von denen er später selbst sagen mochte: »Es ist auch nicht *ein* falscher Hauch darin.« Wir werden es nicht besser wissen wollen als Mörike, können freilich, Kinder des – soll ich sagen: abgefeimten? – 20. Jahrhunderts, die Frage nicht unterdrücken: kam dieser Bräutigam nicht eigentlich noch einmal wie zu Klärchen Neuffer als eine Art Vetter ins Haus, als einer, der das »liebe Kind« – so heißt es zuweilen – entzückend unterhält, klug und liebevoll belehrt, und was nicht gar? Hat er vielleicht mehr die Liebe geliebt als die Geliebte, mehr das imaginäre als das reale Gegenüber? Mehr eine *Nolten*-Figur, um ihr entgegenzuschreiben: »Ich höre aus der Gottheit nächt'ger Ferne / die Quellen des Geschicks melodisch rauschen« . . . Und hatte die Mutter Rau, die nur halbfroh dem Liebeshandel zusah, nicht recht mit ihrer Vermutung, es werde aus dem Dichter des ›Maler Nolten‹

schwerlich der werden, den sie sich für ihre Tochter wünschte, ein Pfarrherr comme il faut?
Eine Beziehung zu Friederike Faber in den vierziger Jahren ist kaum mehr als eine, wahrscheinlich wünschenswerte, Wunschvorstellung der Schwester Klara geblieben. Über Margarete Speeth aber, Freundin der Mergentheimer Jahre und danach mehr als zwanzig Jahre in allem Ernst Mörikes Frau, tappen wir trotz aller Dokumente im dunkeln und tun klug daran, nur eben in Fragesätzen zu reden. Wir sehen die zwei fast gleichaltrigen Mädchen, Schwester Klara und Gretchen Speeth, die da in der Mergentheimer Hausgemeinschaft sich begegnen, und dazwischen den vierzigjährigen Eduard, Pfarrer im vorzeitigen Ruhestand, kränklich, früh gealtert, froh, einem nicht recht geliebten Amt halb in Gnaden entronnen zu sein – das Amtssigill habe »bei drei Zentnern« gewogen, sagte er zu seiner kleinen Freundin Agnes Hartlaub –: was spinnt sich da an, und wie geht das, was sich da anspann, weiter? Zuerst heißt die Freundschaft Klärchen–Gretchen; dann tritt der Dritte dazu und schreibt zuweilen in einem Brief von unterwegs: »Geliebte Schwestern beide –«. Hieß die Beziehung dann »Eduard–Gretchen«? Und hieß vielleicht nicht ganz aufrichtig so, nicht ganz aufrichtig Klärchen gegenüber, der man verschwieg, daß es schon ziemlich früh etwas wie ein Eheversprechen von seiten Eduards gegeben hatte? Und: was ist's mit dieser Neigung zu der schönen, wohl etwas reizbar-scharfen und – dieser Charakterzug tritt hervor –, doch recht selbstgerechten Margarete: sind die Hartlaubs drüben in Wermutshausen, die so gar nicht gut zu der Geschichte sehen, hellblickende Leute oder sind es eifersüchtige, vielleicht auch die Konfessionsverschiedenheit über Gebühr akzentuierende Freunde? Sind beim Gedanken an eine Lebensbindung – das Mergentheimer Haushaltbüchlein offenbart eine große Armutei – finanzielle Erwägungen mit im Spiel? Oder heißt man Mörikes Verfassung einfach Torschlußpanik? Oder – noch einmal oder: offenbart der Mann ein Stück seines Innersten, wenn er dem in diesen Jahren geborenen Pa-

tensohn Eduard Hartlaub seinen eigenen alten Ludwigsburger Kinder-Husarensäbel schenkt und dabei vor dem »Vater seines Patchens« räsonniert: »Wem laß ich nun die Waffe? Billig spart ich sie / Dem eignen Sohn; er bleibt nur gar zu lange aus! / Am Ende, fürcht ich ernstlich, kommt er nimmermehr; / Sah ich doch selbst die Mutter bis zur Stunde nicht!« Das ist verräterisch. Geht es um eines alternden Mannes ernste Sehnsucht, die Sehnsucht nach Vaterschaft? Oder hat er doch, ahnungsweise, wie Hartlaub, einige Komplikationen, die zu dieser – wie sagt man? – »Dreiecksbeziehung« gehören, kommen sehen und in den Verstrickungen undeutlicher Lebenszwiesprache sich treiben lassen, halbgebunden durch ein früh gegebenes Versprechen, halb auch hoffend, es werde gelingen, das Beste aus dieser heiklen Doppelbindung zu machen? Fragen, keine Antwort.

Nicht der Sohn, aber zwei Töchter kommen zur Welt. Fanny zuerst, ein Mutterkind, das bei der Trennung der »auf Schrauben gestellten« Lebensbeziehung, zwanzig Jahre später, zur Mutter hält, und Marie, ein besonders schönes Kind, das, seinen Vater nur um ein Jahr überlebend, schon neunzehnjährig stirbt. Und mit diesen Töchtern kam viel Vaterglück zu Mörike: er wird ein Spielzeugschnitzer, ein Puppenspieler, Scherzeichner, Kindergeschichtenerzähler, das Leben hat seinen Sorgensohn noch einmal herzlich lieb.

Ausgesprochen gerne nenne ich zuletzt in diesem, alles erwogen, unfrohen Kapitel den Namen der Luise Walther, der wir die vielen glaubwürdigen Scherenschnitte verdanken: der liebebedürftige und liebesfähige Mann hat selten so geredet wie in dem ihr zugedachten Hochzeitscarmen: »Als ob sie gar nichts wollte oder wüßte, / nur, daß sie jedermann zur Freude da sein müßte –!«

Meine Hörer, ich kann dieses Kapitel nicht damit schließen, daß ich Ihnen die zeitgemäßen Vokabeln zuwerfe, das Wort von der Frustration, die durch Sublimierung produktiv wurde, sie kommen, ich gebe es zu, der Wahrheit nahe. Mir scheint es

besser, einen Augenblick lang innehaltend, mit Ihnen darüber nachzudenken, wie wunderlich vieles zusammenkommt, wenn die himmlischen Mächte sich anschicken, einen großen Dichter zur Welt zu bringen.
Es scheint nichts entbehrlich: die Ursprungslauge, reiches Vater- und Muttererbe aus Natur und Geist; eine freundliche Kindheit; Lernzeit, ruhige, unangestrengte oder wenigstens unhektische Zeit. Eine gründliche Bildung, die nun eben doch keinen »Bildungsphilister« zeitigt, sondern einen, der gleicherweise denken, differenzieren und spielen kann; große Erschütterungen bei großer Erschütterungsfähigkeit; zugleich aber, wie es Iphigenie für Orest erbittet: »einen ruhigen Freund« ... Wache, hellsichtige Augen, ein Ohr, das das Gras wachsen hört, und das im unmittelbaren und übertragenen Sinn; ein Stück Gesundheit, die jenes »no nix forciere« zur Maxime der Kunst erheben kann; zugleich die Fähigkeit, mit der Krankheit auf du und du zu sein; einen Türspalt ins Unwegsame, hier wäre an Mörikes okkulte Neigungen zu denken, und dann doch auch eine Tür in den Raum, in dem das offenbare Geheimnis west und webt: »Veni, creator spiritus!«

5

Zwiesprache mit den *Dingen*. Das ist ein freundliches, kleines Zwischenkapitel, das aber gewiß nicht fehlen darf. Der Schweizer Literarhistoriker Ernst Alker sprach von Mörikes »krankhafter Liebe zu den Dingen«. Ich möchte zurückfragen: wieso eigentlich krankhaft? Natürlich: man könnte in Nippes ersticken, und im Sammler aus Passion kann das Skurrile so überhandnehmen, daß die Person sich auflöst. Ich habe, das ist jetzt sechsunddreißig Jahre her, noch jemanden gesprochen, der als junger Mensch Mörike besucht hatte, es war die damals sechsundachtzigjährige Isolde Kurz. Ich fragte sie nach ihren Erinnerungen an jene Besuche; ich sehe es noch, die Augen reisten hurtig siebzig Jahre zurück, und dann sprach sie wahrhaftig von den »Dingen«. »Von Zeit zu Zeit«, sagte sie, »ging er aus dem Zimmer und brachte irgend etwas Hübsches mit, eine aparte Tonvase, eine Gemme, eine Münze, ein Blatt; er hatte beim Erklären so ein hübsches, etwas wehmütiges Lachen, auch viel Selbstironie.« Es waren die Dinge, die sich ihm zuwandten und die um der Liebe willen, die er ihnen entgegentrug, wesentlich wurden. Also ein Anakreonskopf, eine Vogelfeder, Versteinerungen, die Herzmuschel, Adumbratula genannt, die schöne Lampe, und was nicht noch. Und zur Zwiesprache mit den Dingen gehört nun freilich auch das große Selbstgespräch des Turmhahns, und sagen wir »Turmhahn«, so lassen wir in seinem Gefolge gleich die Mörike-Tiere Revue passieren: Joli, den Seidenspitz, Katze, Star und Igel. Ich wüßte nicht, was an dieser »Andacht zum Unbedeutenden« krankhaft sein sollte; ihr Urwort jedenfalls hat er nicht unbedeutend, sondern sehr bedeutend im Gedicht ›Auf eine Lampe‹ geschrieben: »Was aber schön ist, selig scheint es in ihm selbst.«

6

Schön. Ich habe mir das Wort bis zu diesem Augenblick aufgespart und nenne es jetzt in der Vorstellung, es sei dieses der Lampe dort zugeschriebene Wort dem Werk insgesamt zugehörig. Mancher wird in diesen Monaten wieder neu die zwei, drei Bände Mörike vom Regal holen, und der und jener unter Ihnen wird sich freuen, wenn ich hier von einem Leser-Votum Fontanes berichte: der hatte für eine Zeitschrift eine Art Lese-Katalog aufzustellen. An die fünfzig Autoren nannte er, und, sorgsam erwägend, danach wenige Titel, die bei dem strengen Kritiker, der er war, uneingeschränkt Gnade fanden. Mitten in der Liste findet sich der Name »Mörike« und dahinter, wo man die Titel erwartet, ein lapidares »Alles«.

Nun – alles? Das Leben ist kurz, und der hohenlohisch-fränkische Erdenstaub deckt leichthin auch manch Schönes zu, wenn hundert Jahre ins Land gehen. Für das Allegretto des ›Hutzelmännlein‹ oder für die Märchen sind wir nicht allezeit aufgelegt; aber freilich: wenn *wir* für sie bereit sind, sind *sie* für uns siebenfach bereit. Die letzten zehn Seiten der ›Mozart‹-Novelle jedoch und dreißig Gedichte bleiben auch noch im engmaschigsten Sieb. Denn wenn jetzt einer anfangen wollte, an den Fingern seiner rechten Hand aufzuzählen: ›An einem Wintermorgen‹, »Gelassen stieg –«, »Kein Schlaf noch kühlt –«, »Ein Tännlein grünet wo«, ›Erinna an Sappho‹, so hebt der andere die Linke und fährt fort: ›An eine Äolsharfe‹, ›Der Gärtner‹, ›Früh im Wagen‹, ›Citronenfalter im April‹, ›Der alte Turmhahn‹; und der Dritte fragt: Und wo bleibt die ›Nimmersatte Liebe‹, das »Laß, o Welt –«, die ›Storchenbotschaft‹, ›Auf eine Christblume‹ und das ›Märchen vom sichern Mann‹? Ein Vierter aber sagt: ihr könnt ja meinetwegen Goethes Gelegenheitsgedichte vergessen, aber doch nicht Mörikes Musterkärtchen. Wieder einer erprobt auf der Zunge ein paar Mörikische Hexameter und sagt lachend: da haben sie ihm »mittelmäßig« ins Schulzeugnis geschrieben, in Urach einst; aber als er dann ans antike Versmaß kam in seiner Dichterei, da hat er's schwereloser gehandhabt als jeder andere Dichter, Goethe *nicht* ausgenommen . . . Noch einer sucht die unvergänglichen Komposita zusammen: »flaumenleicht« und »goldengrün« und »windebang« und »Schmerzensglück«, die »Goldglockentöne« und den »Sternenlüfteschwall«. Und ein letzter: das Beste habt ihr noch nicht gesagt. Das ist: daß man da auf einem Weg laufen kann, auf dem alles vorkommt, was in Jahr und Tag, Höhe und Tiefe, Lachen und Weinen in einem Menschenleben Platz hat, und – man geht drei Schritt weit hinein in den Cleversulzbacher Garten und liest sich diese Gedichte auf, wie Luiken und Goldparmänen, makellos alle, Frucht bei Frucht. Und man braucht keine Einstimmung und Zurüstung. Sie sind ganz einfach da. Man muß nichts wegpusten oder wegdenken: kein Pathos, kein Sentiment, kein Parfüm; sie sind – in völliger Unschuld – nur eines, und dieses eine ganz: sie sind schön. Zwiesprache in diesem *Werk*. Ich könnte die Nachtbeschwörung des *Don Juan* in der ›Mozart‹-Novelle, die »silbernen Posaunen« herbeirufen oder die todesnahen ›Erinna‹-Gespräche oder das bange ›Denk es, o Seele‹; manchem wird sogleich der ›Gesang zu zweien in der Nacht‹ einfallen, dessen Zweistimmigkeit mir freilich nie so ganz einleuchten wollte; ich möchte hier zwei andere und, wie ich finde, besonders überzeugende Pianissimo-Stellen des Werkes anführen. Ich meine die Begegnung von Angst und Trost in dem aus schlafloser Nacht hervorgegangenen ›In der Frühe‹. Zuerst dies: »Es wühlet mein verstörter Sinn / noch zwischen Zweifeln her und hin / und schaffet Nachtgespenster –«, und dann die Antwort: »Ängste, quäle / dich nicht länger, meine Seele«. Und dann denke ich an das in Mörikes Werk einsam dastehende Dialekt-Gedicht. Das ›Lieb-in-den-Tod‹-Thema hat ihn viele Jahre lang immer wieder beschäftigt. Ganz früh hieß es: ›Die traurig' Herberg‹, später einmal ›Zwei Kameraden‹, zuletzt ›Lieb in den Tod‹. In den *Zwei Kameraden* ist es noch ein Zwiegespräch, ein Du und du, und endet: »Gar still isch mei Hochzig, / Mer halte kein Tanz / Aber du gehst zur Kirch mit. / Du flichschd mer de Kranz«; in der letzten Fassung ist es lautere Zwiesprache, nur im Geistgegenüber gesprochen: »Fei still isch mei Hochzig, / mr halte kei Tanz. / Wer goht mit zur Kirchen? / Wer flicht mr de Kranz?«

7

Denken wir noch einen Augenblick an die Zwiesprache mit der *Zeit*. Es hat zu keiner Zeit an Tadlern gefehlt, die Mörike hier, zum Teil recht unfreundlich, die ›Fehlanzeige‹ attestiert haben. Die kluge amerikanische Doktorin Dagmar Barnouw zitiert aus einer Schrift des Kritikers Kurt Hiller, 1913, ›Die Weisheit der

Langeweile‹ folgenden Satz über den – ich zitiere – »Stifter-Mörike-Droste-Schwindel«: »Mag sein, daß das Zeitlos-Menschliche es ist, was die Seelen am wildesten packt; aber ich schwöre, daß sie sich nur packen lassen, wenn es realisiert ist an Zeitlichem.« Nun, ich würde es nicht zum Schwur kommen lassen wollen.

Mörike hatte durch den vermeintlich politisch aktiven Bruder Karl zu Zeiten nicht wenig öffentliche Unbill zu ertragen; er hat freundliche und gleichgültige Fürsten erlebt und hat mit beiderlei Art in einer verblüffend unbefangenen, ich möchte sagen: herrenhaften Weise korrespondiert. Zuweilen ist man geneigt, eine gewisse politische Zurückhaltung Mörikes zu begründen nach Art der Antwort, die Brechts Herr B. auf die Frage nach den Vaterländern gab: »Ich kann überall hungern«, und wenn es bei Mörike konkret nicht ums Hungern ging, um die Dürftigkeit ging es ein Leben lang. Aber daß er sich die Zeit nichts angehen ließ, ist nicht wahr. Er hat das Jahr 1848 in Mergentheim im Gedankenaustausch mit Hartlaub nicht ohne Leidenschaft mitbedacht, hatte auch zu politischem Poetentum wie dem Freiligraths eine Beziehung; und nur 1871 hat er dann, allerlei patriotische Tonfälle zur Seite schiebend, ›Im Gedenken an unsre deutschen Krieger‹ sich so vernehmen lassen: »Bei euren Taten, euren Siegen / wortlos, beschämt hat mein Gesang geschwiegen. / Und manche, die mich darum schalten, / hätten auch besser den Mund gehalten.«

8

Merkwürdig, daß wir auch über die Zwiesprache mit dem *Ewigen* nur ein *kleines* Kapitel zuwege bringen. Wir kennen die Gedichte, die hier genannt werden müssen. Das Neujahrslied, die beiden Gebete – es sind zwei, nur Hugo Wolf hat sie als eines komponiert –, die ›Göttliche Reminiszenz‹, den Anruf jener ›Neuen Liebe‹, die zu dauern vermag: »Sollt ich mit Gott nicht können sein / so wie ich möchte, Mein und Dein.« Zwei, drei weitere noch, und wenn es in einer frühen Fassung der ›Karwoche‹, die im ›Maler Nolten‹ steht, seltsam ungelenk diesmal, heißt: »und sehnsuchtsvoll in süße Liebes-Massen / den Himmel und die Welt zusammenfassen«, so ist eine Grundhaltung gemeint, die man »Weltfrömmigkeit« nennen könnte. Sag ich: ein Credo, das wohl nicht vor Mörikes Stuttgarter Confrater Ludwig Hofacker so recht hätte bestehen können, das aber gewiß nicht den Spuren des David Friedrich Strauß folgte. Ruhige, nicht eigentlich vom Zweifel versehrte Zwiesprache wurde geführt. Und das Pfarramt, in dem er, mit kleinen Unterbrechungen, doch immerhin siebzehn Jahre – ich sage gewiß nicht: »daheim war«, aber – doch »hospitiert hat«, brachte ihm, nehmt alles in allem, manchen verquälten Tag, aber doch keine unentwirrbaren Knoten ins Lebensgeflecht. Von Amts wegen von diesem Credo zu sprechen, sei's in der Predigt, sei's in der theologischen Disputation – das konnte seine Sache nicht sein. Er war ein veritabler »Stiftskopf« und konnte denken, aber er dachte nicht theologisch, sondern mörikisch. Die biblischen Geschichten jedoch hat er in der »Kinderlehre« gern und, wie man weiß, gut erzählt, und seine »himmlische Güte zu den Armen, Niedrigen und Verachteten« hat ihm Freund Hartlaub, der Cleversulzbacher Pfarrersjahre gedenkend, in einem späteren Brief ausdrücklich bestätigt.

9

Schließlich gilt es noch, *die* Zwiesprache zu bedenken, die einem Dichter – soll ich sagen: kraft Amtes – lebenslang auferlegt ist, die Zwiesprache mit sich selbst. Ich möchte davor warnen, aus Sätzen wie etwa dem Selbstgeständnis über den »unglaublich verzärtelten Gang meines Wesens« oder dem von Freunden geprägten, er sei ein »Muttersöhnchen der Muse« gewesen, falsch-eilige Schlüsse zu ziehen. Es ist in dem Mann, der so herzlich lachen und so ausdrücklich auch über sich lachen konnte, für den der Wichtigtuer, der »Sehrmann« ein Greuel war, im Grunde nichts Wehleidiges. Selbstgeständnis und höchsten Lebenswunsch zugleich, also die Essenz einer Zwiesprache mit sich selbst, hat er in einem Satz gebündelt, der sich an verborgener Stelle in der ›Mozart‹-Novelle findet und dort, versteht sich, auf Mozart gemünzt ist. Hier spricht er, hör ich recht, heimlich-schutzlos von sich, von dem, was er ist, und von dem, was er sich wünscht: »Gram aller Art und Farbe, das Gefühl der Reue nicht ausgenommen, war er als eine herbe Würze jeder Lust auf seinen Teil gewöhnt. Doch wissen wir, auch diese Schmerzen rannen abgeklärt und rein in jenem tiefen Quell zusammen, der aus hundert goldenen Röhren springend, im Wechsel seiner Melodien unerschöpflich, alle Qual und alle Seligkeit der Menschenbrust ausströmt.« Auch die Zeile: »Was ich leide, weiß ich nicht«, deutet sich nicht als Traumspiel der Hysterie; vielmehr gehört sie in den Bezirk der verschweigerischen Künstlerlist, die wir von Goethe her gut kennen und von der bei Mörike in einem an Schwind gerichteten Altersbrief die Rede ist: »Durch Klagen rührt man nur den Grund der Klage auf, den man sich immer gern verbirgt, um noch erträglich fortzuexistieren.« Nicht nur die Eule, der Vogel, der im Dunkeln sieht, ist ein Wappentier der Künstler, sondern auch der Vogel Strauß, der sich vor sich selbst verbirgt, und auch er ist kein unedles Signet. Auch warne ich vor der kurzschlüssigen Vorstellung, Mörike hätte in dem letzten Lebensjahrzehnt nur eben dumpf und unproduktiv vor sich hingelebt. Einmal im Ernst Dichter, immer Dichter, das will heißen: die Inspiration bleibt dem von ihr Erwählten treu, und schriebe er nicht mehr als ein paar Freundesbriefe. »Große Dichtung« – so läßt Wilder in den *Iden des März* seinen Cäsar fragen –, »ist sie nur die höchste Leistung menschlichen Vermögens oder ist sie eine Stimme von jenseits des Menschen?« Ich denke, sie sei dergleichen, sie lebe von der unverfügbaren Kraft der *Liebe,* und wenn sie sich dabei der Verkleidung, der

Verkleinerung, der Ironie, des Witzes, der Puck- und Calibanmaske bedient – und Mörike liebte alle Arten des Mummenschanzes von den frühesten bis zu den spätesten Tagen –, so gilt es, sie gerade dort zu entdecken. Darum hat man recht daran getan, mehr als auf manches ihm abverlangte Festpoem auf Mörikes ›Musterkärtchen‹ zu achten. Er hat in ihnen spontan alle Kraft des Schauens, Schmeckens und Fühlens zusammengefaßt, und in einem weiten Sinn sollte man Mörikes Zwiesprache mit der Welt, wie er sie in sich vorfindet, einen kontinuierlichen *Liebesbrief* heißen, freilich einen, dem es am Salz nicht mangelt, und auch Pfeffer und Essig haben in seinem Haushalt ihren Platz. Eros, der große Gott, der Mörike nicht alle Erfüllungen gewährt hat –: einige *hat* er ihm gewährt, und das Spielgedicht von der ›Losen Ware‹ läßt uns jenen alten Satz neu verstehen: daß die wahre Freude eine strenge Sache ist.

»Tinte! Tinte, wer braucht? Schön schwarze Tinte verkauf ich«,
Rief ein Bübchen gar hell Straßen hinauf und hinab.
Lachend traf sein feuriger Blick mich oben am Fenster,
Eh ich michs irgend versah, huscht er ins Zimmer herein.
»Knabe, dich rief niemand!« »Herr, meine Ware versucht nur!«
Und sein Fäßchen behend schwang er vom Rücken herum.
Da verschob sich das halb zerrissene Jäckchen ein wenig
An der Schulter, und hell schimmert ein Flügel hervor.
»Ei, laß sehen, mein Sohn, du führst auch Federn im Handel?
Amor, verkleideter Schelm! soll ich dich rupfen sogleich?«
Und er lächelt, entlarvt, und legt auf die Lippen den Finger:
»Stille! sie sind nicht verzollt – stört die Geschäfte mir nicht!
Gebt das Gefäß, ich füll es umsonst, und bleiben wir Freunde!«
Dies gesagt und getan, schlüpft er zur Türe hinaus.
Angeführt hat er mich doch: denn will ich was Nützliches schreiben,
Gleich wird ein Liebesbrief, gleich ein Erotikon draus.

10

Lassen wir das Stichwort »Zwiesprache« in einem letzten Kapitel stehen, in dem wir an die *Resonanz* denken, die nun in den letzten hundert Jahren Mörike zuteil geworden ist. Das Wort ›Zwiesprache‹ ist am Platz, denn sie alle, die hier sprachen, sprachen im Fall Mörike auf eine Weise persönlich, wie man eben nur in der Zwiesprache spricht.

Einen »Sohn des Horaz und einer feinen Schwäbin« hat ihn Gottfried Keller genannt, und der große Jacob Burckhardt in Basel hat ihn als einen »wundersamen Menschen« zu den »tröstlichsten Erscheinungen« gezählt. Liliencron schrieb ein grimmiges Distichon, das die Zeit charakterisiert und das in der Folgezeit dann doch widerlegt wurde: »Weil du ein wirklicher Dichter warst, so hast du den Vorzug, / daß dich der Deutsche nicht kennt. Grüße dein Volk aus der Gruft!« Und das Wunder des Perchtolsdorfer Frühlings von 1888, in dem Hugo Wolf dreiundfünfzig Mörike-Lieder vertont hat – und *wie* vertont hat! –, ist allen Musikfreunden bekannt.

Um aber noch einen Augenblick – im Abschied von den Erfahrungen des 19. Jahrhunderts – zurückzudenken: es ist ein Zufall, freilich einer, für den man Gründe finden kann, daß Goethe, der doch Cottas ›Morgenblatt‹ las, dem ›Mitternachts‹-Lied, das dort stand, nicht begegnet sein wird; und es ist schmerzlich, daß der zweite extraordinäre Sprachgeist des Jahrhunderts, daß Nietzsche, Mörike lesend, nicht lesen, nicht verstehen konnte. Ich zitiere sein Verdikt nicht; es hat Mörike verfehlt und macht dem Mann, der es schrieb, keine Ehre.

Um ins 20. Jahrhundert einzutreten: bei wem würden Sie, meine Hörer, einen Briefsatz wie den folgenden suchen? »Dort begann die Nacht, es war Spätherbst, und gar keine Beleuchtung in der Zelle, schon um 5 bis 6 Uhr. Es blieb mir in der 11 cbm großen Zelle nichts übrig, als mich auf die Pritsche hinzustrecken und in die Höllenmusik der fortwährend vorbeidonnernden Stadtbahnzüge, von denen die Zelle erbebte, meinen Mörike halblaut zu deklamieren.« »Meinen Mörike«: das ist die Zwiesprache der Liebe. Die – aus anderem Grund vielumstrittene – Briefschreiberin von 1917 hieß Rosa Luxemburg. Wir nennen stellvertretend für viele Deuter- und Gelehrtennamen für den deutschen Bereich den Namen von Gerhard Storz, für den japanischen Kenzô Miyashita, für Amerika Dagmar Barnouw; denken eigens an Romano Guardini, der, von Pascal, Augustinus, Dostojewski herkommend, zuletzt ausdrücklich bei Mörike verweilte; und geistweise hören wir die Mörike-Vertonungen von Distler und Othmar Schoeck. Die Liebe kommt uns in den Sinn, mit der Reinhold Maier, einst hier Landesvater, die Strophe vom ›Schönen Gemüt‹ zitiert hat: »Ob dem dunkelen Quell, der geheimnisvoll in dem Abgrund / schauert und rauscht, wie hold lächelt die Rose mich an.«

Mir wollen Sie erlauben, noch drei persönliche Erfahrungen zu nennen. Ich nenne das Antwortglück aus einem Brief Thomas Manns, 1950 geschrieben: »Sie konnten mir keine größere Ehre erweisen, als meine Sphäre der holden, reinen Mörikes in behutsamem Vergleich nahe zu bringen.« Und ganz gegenwärtig ist mir der helle Blick von Martin und Paula Buber, als wir am Teetisch auf die Novelle über Mozarts Reise zu sprechen kamen: sogleich hatten beide, jeder für sich, eine geliebte Einzelheit präsent. Und schließlich denke ich an die Morgenstunde hier in Marbach, als ein Freund, ein alter, hoher jüdischer Richter aus Berlin, seit dreißig Jahren in Cambridge lebend, mit mir nach Mörike fahndete. Er war in den großen Archiven der Welt daheim, las mühelos *Maimonides* in Kairo und den *Codex Sinaiticus* im Britischen Museum. Nun kam ihm der ›Turmhahn‹ vor Augen, und die Augen wurden ihm feucht. Es war der ›Turmhahn‹; aber der stand ihm gut für die Verläßlichkeit des inneren Reiches, für den Bestand, der dem Zerbrechlichsten gegeben ist, für die Gewalt, die dem Leisesten eignet.

11

Leise, wie es seine Art war, aber mit unüberhörbarer Bewegung – lassen Sie mich das zuletzt noch erzählen – berichtet Mörike, daß im Jahre 1838, in dem die erste Ausgabe seiner Gedichte erschienen war, die Kronprinzessin von Württemberg eines Tages den Prälaten Grüneisen empfangen habe. Auf einem Tisch lag, blau geheftet, das Buch; die Prinzessin, so heißt es, habe es ergriffen und dem Besucher hingehalten mit den Worten: »Kennen Sie diesen Mann?«

Die Frage von 1838 kann noch immer gefragt werden: kennen Sie diesen Mann? Wir – wie werden wir antworten? »Ja, wir kennen ihn ein wenig«, und – und mit diesem Zeugnis lassen Sie mich schließen – »wir sind glücklich, ihn zu kennen.«

Herbstkräftig

Zum ›Septembermorgen‹

Septembermorgen

Im Nebel ruhet noch die Welt,
Noch träumen Wald und Wiesen.
Bald siehst du, wenn der Schleier fällt,
Den blauen Himmel unverstellt,
Herbstkräftig die gedämpfte Welt
In warmem Golde fließen.

Das erste, was wir sogleich wahrnehmen, ist der wunderbare Summton der fünf »W«: Welt, Wald, Wiesen, Welt, warm. Hat Mörike das gewußt? Antwort: ja, gewiß hat er das gewußt. Freilich: *wie* Intuition und Kunstverstand ineinander übergehen, Wachheit und Traum – das wird keiner ergründen. Nur: daß wir uns diesen Mann in allem, was in der Ars poetica das Handwerk ausmacht, als einen höchst differenzierten Kenner, als Experten vorstellen müssen. Es gibt bei ihm gewiß auch die Züge eines naiven Mannes oder die eines schüchternen Professors; aber sowie die Sache selbst ins Blickfeld rückt, gehört er zu Goethe, zu Heine, zu Platen – also in die höchste Rangklasse. Die hier im Lande in seiner Nähe waren, die Kurz und Vischer, die Lenau und Kerner bleiben in ihren respektablen, aber doch niedereren Rängen. Hermann Kurz konnte ihn geschickt edieren, Vischer gescheit rezensieren, aber die sechs Zeilen des ›Septembermorgen‹ sind *seine* Zeilen und keines anderen Mannes Zeilen sonst.

Wie sehr ihr Autor ein Dichter, ein Mann des produktiven Lebens ist, erhellt aus einer hübschen Einzelheit. Zehn Jahre nach der Entstehung des Gedichts – es ist das Gedicht eines

Dreiundzwanzigjährigen – kam es Mörike an, die Strophe an den Anfang eines Briefes an Freund Hartlaub zu setzen, und in der Niederschrift dort sind zwei Worte verändert. Nicht vom »blauen Himmel« liest man da, sondern vom »klaren Himmel«, auch heißt es diesmal nicht »in warmem Golde«, sondern »in braunem Golde«. Hat er – so kann man fragen – sein Gedicht einfach nicht mehr genau im Kopf gehabt oder wandelte ihn die Lust an, den eigenen Text freihin zu variieren?

Sechs Zeilen nur – und so gar nichts scheint sich in ihnen zu ereignen. Nichts anderes scheinen sie zu sein als ein glücklicher Halbsiebenuhr-Augenblick, ein heiter-hoffnungsvoller Atemzug des Morgenwanderers in schwäbischer Landschaft, also etwa in der Nähe von Köngen am Neckar. Aber der Schein trügt. In Wirklichkeit geschieht nicht weniges, und es gilt, die Klimax in diesem Gedicht zu erspüren. Sie ist zart und inständig zugleich.

»Im Nebel ruhet noch die Welt«: die Zeile lebt von dem dunklen »u« in der Mitte, es ist das »u« aus Goethes Nachtlied, aus jenem »ruhest du auch«, und sie lebt von den beiden zögernden »N« in »Nebel« und »noch«. Wir sind im Reich des Ursprungs, der Genesis: konturlos und allgemein ist, was da ruht: »die Welt«.

Aber schon in der zweiten Zeile, in der das »noch« wiederholt wird, entwickelt sich etwas. Träumen ist nicht ruhen. Der Träumer ist dem Erwachen nah, und das Traumgesicht nimmt wahr: nicht mehr das große Ungegrenzt der »Welt«, sondern Umrisse, Namenhaftes: Wald und Wiesen.

»Bald siehst du, wenn der Schleier fällt«. Dieses »bald«: ist es – mit dem hellen Vokal »a« – wie ein erster Sonnenstrahl? Ist es wie ein gedämpftes Tambourin, das angeschlagen wird und den Tag verkündet?

»– wenn der Schleier fällt«: wir sind nicht im November mit des Novembers lastender Undurchdringlichkeit, der tagedurchtränkenden Feuchtigkeit; die Schleier fallen leicht, der

Morgentau verdampft im Nu, und nun ist auch der Mensch auf dem Plan, der Betrachter, und er redet. Wem gilt dieses »siehst du«? Mit wem redet er? Mit sich doch wohl. Aber auch mit dem, den er an der Hand nimmt auf seinem Erkundungsgang – nicht anders als wie auf Caspar David Friedrichs Bild, da die Männer den Mond betrachten.
»Den blauen Himmel unverstellt«. Woher kommt dieses »unverstellt«? Aus der Theatersprache – die Szene ohne Requisit? Oder aus der Sprache der Seelenkunde: das Antlitz, das sich nicht verstellen kann und will? Ist es einfach der Glücksgriff nach einem gar nicht feierlichen, gar nicht im eigentlichen Sinn »schönen«, poetischen, besonderen Wort, durch den es nun vor unseren Augen ersteht: die wolkenlose Himmelsbläue, der strahlende Azur, das reinste Morgenlicht.
Und dann kommt das Zauberwort des Gedichts, das Wort »herbstkräftig«: die Chiffre, das, was humanistische Gelehrsamkeit ein »hapax legomenon« nennt, das Einmal-Wort, die Neuschöpfung, die, wenn sie da ist, nicht mehr wiederholt werden kann, von niemandem, auch von Mörike nicht. Er hat sich an seinem Fund gefreut, der junge Dichter, er hat die Silben in der Handschrift durch einen Bindestrich getrennt »herbst=kräftig«; und der laut Lesende vernimmt ja sogleich, wie das Wort nach der Atempause, zu der das »unverstellt« zwingt, auf der ersten Silbe betont in die Strophe hineinspringt, gleichsam mit beiden Beinen zugleich. »Herbst-kräftig«: das ist die Goldparmäne im Pfarrgarten, Nuß und Quitte. Es ist die Gesundheit, die Fülle, die Heiterkeit, das Lächeln. Es ist der Mörike-eigene Verzicht auf jegliches Sentiment, eine Nüchternheit, fast sage ich: Trockenheit, die es erwirkte, daß unsere Bilderstürmer, wenn sie die Großelternpoesie des neunzehnten Jahrhunderts verschmähten, an den einen Mörike nicht zu tasten wagten.
Und nun birgt diese fünfte Zeile noch ein zweites Wunder: es ist »die gedämpfte Welt«. Ich möchte es das Mozartglück in dieser Strophe nennen. Man kennt die tiefe Liebe, die Mörike

von frühesten Tagen her für Mozart im Herzen trug. Wie das, was wir Vita, Gesundheit, Fülle nennen mochten, sich sogleich zurücknimmt – nicht auslöscht, aber – nun eben: dämpft. Die beiden Worte »herbstkräftig« und »gedämpft« haben eine geheime Verwandtschaft, sie haben in gleicher Folge ihre beiden Vokale »e« und »ä«. Im Schlußsatz der Mozartschen Sinfonia concertante für Violine und Viola – übrigens auch Werk eines Dreiundzwanzigjährigen – wird eine strahlende Melodie zuerst von der Violine gespielt und dann sogleich tongenau von der Viola wiederholt: das ist die »gedämpfte Welt«. Es ist Septembermorgen durchaus; kein heißer Augusttag kündigt sich an, die silbernen Altweibersommerfäden sind in der Luft und werden nicht übersehen.

Die gedämpfte Welt: das ist recht eigentlich das Wort für Mörikes Spannungsbogen. Gesundheit im Innersten, aber nun eben: zarte Gesundheit. Vergnügtsein durchaus; auch »Scherz, Satire, Ironie« – aber zuletzt doch mehr dem Lächeln als dem Lachen anheimgegeben. Es ist Mörikes Lebensstunde: er war mit dreiundzwanzig nicht zu jung, um diese abgeklärte, diese seltsam alterslose Strophe zu schreiben, und er war auch in späten, bekümmerten Tagen nie zu alt, um das Glück dieses Gedichts nicht noch einmal – und noch einmal ganz – nachempfinden zu können.

Zwei hauchzarten Einwänden ist hier zu begegnen. Man hat lächelnd vermerkt, wie hurtig der Dichter vom »herbstkräftig« zum »gedämpft« hinüberwechselt, gleichsam ohne Atem zu holen. Wie – gilt nicht: entweder »herbstkräftig« oder »gedämpft«? Aber der Einwand sticht nicht: das unvermittelt Übergangslose ist die Abschiedswahrheit des Septembertags, und noch einmal mögen wir eine Erinnerung an Mozart herbeirufen. Er konnte in ein und demselben Takt ein »forte, piano, forte, piano« notieren, und nicht wenige Hörer haben das sublime Konzertsaalglück in ihrem Bewußtsein, wenn Wilhelm Kempff derlei Wagnisse meisterte: genau der Anweisung

folgend, doch ohne im mindesten den winzigen Hiatus zu versehren.
Und: man hat moniert, daß die Vokabel »Welt«, die in der ersten Zeile verschenkt wurde, in der fünften Zeile als Reimwort wiederkehrt. Es mag sein, daß der strenge Platen sich solche Sorglosigkeit nicht gestattet hätte. Der unbefangenere Mörike läßt sie zu, so wie sein »Vater Goethe« sie zugelassen hätte. Zudem ist die Wiederkehr des Wortes »Welt« von Bedeutung im Blick auf die Schlußzeile. Noch einmal ist das Ganze gemeint, aber nun nicht mehr als in der Genesis-Dämmerung, sondern: ganz im Licht.
»In warmem Golde fließen«: der Schlußreim hat lang auf sich warten lassen. Nun aber kommt er – und kommt mit Pracht, die Klimax bricht nicht ab. »Fließen«: das ist ein Wasserwort, aber hier gehört es allen Elementen zu. »In warmem Golde«: das ist Wasser, Luft, Erde und Feuer gleicherweise verbunden. Es lebt in den Blättern, den Früchten, im Widerschein des Lichts auf einem Stein im Weinberg, in der Wärme auf der Haut, im Blinken zwischen den Fingern einer Hand. »Der Sonne goldner Kuß« und die »Wonnegeister« der »goldnen Traube« treten später in Mörikes Gedicht ein; aber insgeheim sind sie schon hier zur Stelle.

Hugo Wolf – man kann sich darüber besinnen –, Hugo Wolf, der ja einen unvergleichlichen Wünschelrutensinn für Mörike gehabt hat: den ›Septembermorgen‹ hat er *nicht* vertont. War ihm vielleicht – das ist nur ein Vielleicht – das stille Gebilde *zu* still? So, daß er nicht wagte, es durch Musik zu erwecken? Das leise, das lautlose Gedicht: man denke, nur für die Dauer eines Augenblicks, an den kleinen Lärm aus einem recht berühmt gewordenen Lesebuchgedicht Theodor Storms, wo es heißt: »Wir wollen uns den grauen Tag / vergolden, ja vergolden.« Kehrt man von diesen Vergolderwünschen zu Mörikes »warmem Golde« zurück, so wird man gewahr, wie weit es von Husum nach Cleversulzbach sein kann, wie weit von all den rechtschaffenen Poeten zu diesem Mörike.

Wohl: auch in Mörikes Rangklasse, wenn man so sagen mag, ist dieser ›Septembermorgen‹ ein Stück sui generis, ein Carmen rarum vel rarissimum: in sechs Zeilen ein Ganzes, ein Tonscherben der Unvergänglichkeit, wenig meßbar, eine Handbreit nur – und unerschöpflich gewiß.

Um Mitternacht

Begleitwort zu einem Faksimile

Damit diß Blatt nicht leer bleibt
sez ich noch 2 (zum Erstaunen getreuübersezte)
Verse aus Shakespeare's Venus und Adonis.

Gelassen stieg die Nacht ans Land
Hängt träumend an der Berge Wand;
Ihr Auge sieht die goldne Wage nun
Der Zeit in gleichen Schaalen stille-ruhn
Und kecker rauschen die Quellen hervor,
Sie singen der Nacht, der Mutter, ins Ohr
Vom Tage
Vom heute geweßenen Tage!

Das uralt alte Schlummerlied
Sie achtets nicht, sie ist es müd,
Ihr klingt des Himmels Bläue süßer noch,
Der flüchtgen Stunden gleichgeschwungnes Joch.
Doch immer behalten die Quellen das Wort
Es sprechen die Wasser im Schlafe noch fort
Vom Tage
Vom heute geweßenen Tage!

In dem blaukartonierten Buch ›Gedichte von Eduard Mörike‹, das im Sommer 1838 bei Cotta erschienen war, stand das Gedicht ›Um Mitternacht‹ ganz am Schluß. Der Herausgeber der Sammlung – es war Hermann Kurz – mochte denken: dahinter kann nichts mehr kommen, darüber geht nichts mehr; es ist ein wahres *non plus ultra* – und wir denken das mit ihm; und denken zugleich: wie gut, daß dann doch noch etwas kam, nicht etwas; vieles, von Mörike selbst: ›Die schöne Buche‹, ›Früh im Wagen‹, das »Tännlein«-Gedicht und ›Erinna an Sappho‹. Und denken weiter: wie gut, daß der *Creator spiritus*, der zuweilen einem großen Gedicht zur Welt hilft, sich nicht zur Ruhe gesetzt hat.

Die Briefhandschrift, in der Johannes Mährlen hier von seinem Freund das Gedicht bekam, stammt vom 3. Oktober 1827; der Absender war damals Vikar in Köngen. Ein paar Wochen später erhielt auch Ernst Friedrich Kauffmann die beiden Strophen, gleichfalls in einem Brief. Im Mai 1828 standen sie dann in Cottas ›Morgenblatt‹ auf Seite 3 der Literaturbeilage in grandioser Unscheinbarkeit, und da hätten sie nun eigentlich dem illustren ›Morgenblatt‹-Leser in Weimar, dem Herrn von Goethe, unter die Augen kommen müssen; und er, der in seinem eigenen Mitternachtslied »Klein, kleiner Knabe« gedichtet hat, bei dem es die »goldengoldnen Rollen« gibt und das »Die Nacht scheint tiefer tief hereinzudringen«, er hätte eine Chiffre wie »das uralt alte Schlummerlied« nicht überlesen; aber es gibt keine Äußerung von ihm zu diesem wahren Wunderwerk der Weltmusik, gedichtet von einem dreiundzwanzigjährigen Mann in Schwaben.

Weltmusik: die Bereiche vermischen sich nicht, wo Mörike am Werk ist: Musik bleibt Musik, und Wort bleibt Wort; aber man weiß, daß Mörike Musik so differenzierend-genau hören konnte, daß man – um ein Beispiel zu geben – in dem Gedicht ›An Wilhelm Hartlaub‹ dem Text folgend die Mozartsche C-moll-Fantasie erkennen kann; und so mochte er dieses Gedicht – nicht vorsätzlich, wohl aber, als es geschrieben war – sich in Musikgestalt deuten: in beiden Strophen sind jeweils die ersten vier Zeilen ein Andante, dann folgen zwei Zeilen Allegro, zuletzt die zweizeilige Coda – und in diesem Gefüge ist die Doppelvision des Gedichts aufgehoben. Da ist die Nacht, schweigendträumende Riesin, Mutter des Lebens, umschlossen vom

Geheimnis des erfüllten Augenblicks, da der Perpendikel stillzustehen scheint; und da sind die Wasser der Zeit, die im Daktylus-Metrum hüpfenden Quellen, flüchtig und keck, doch auch sie insgeheim im Gleichgewicht gehalten; und da ist die Verschwisterung der Sphären zuletzt, und sie lebt in einem einzigen Laut, in dem hellklingenden »a«: »vom Tage«. Wer sich dem Gedicht anvertraut, wird seinen Sinn schon beim ersten Lesen glücklich erahnen und wird doch das Gebild auch beim siebenten Lesen nicht völlig begreifen: es ist ein wahres Labyrinth-Gedicht. Alle Sinne werden gefordert und beschenkt und verwirrt; es gilt, Sichtbares zu hören und Hörbares zu sehen; Strenggefügtes versteht sich als Schwerelos-Schwebendes, Gedankenspiel wird Gedankenernst, und alles Zögerliche ist dem Weiterdrängenden wunderlich nahe.

Ihn selbst aber, den mutigen Leisetreter, den Sphärenbeschwörer, wo siedeln wir ihn an? Für einen Augenblick finden wir ihn eindeutig hierzuland, am Fuß der Schwäbischen Alb, wo man richtig hört, wenn einer den Reim von »müd« auf »Lied« wagt; aber dann ist er doch einer vom Land Überall, der in die Übergangstakte vom Andante zum Allegro den »u«-Anklang einbringt (»nun-ruhn-und«) und den Innenreim von »doch« auf »Joch«, und der zuletzt die große dreifache »a«-Steigerung findet: »Wasser-Schlafe-Tage«.

Das feuer-flüssige Gebilde erstarrte bei seinem Dichter nicht; und so müssen auch uns die Varianten, die überliefert sind, ernstlich beschäftigen.

Da ist die Entscheidung über das erste Wort. Hier, im Brief an Mährlen, und im ›Morgenblatt‹ steht »gelassen«; in der Buchausgabe erster Hand finden wir »bedächtig«, und dieses »bedächtig« kehrt wieder in Mörikes lateinischer Schönschrift, da er 1844 dem König von Preußen eine Sammlung seiner Gedichte dedizierte. Als aber Freund Kauffmann, dem Text der Buchausgabe folgend, in einer späten Liedkomposition »bedächtig« schreibt, korrigiert Mörike selbst; er radiert das Anfangswort aus und setzt im Kauffmannschen Duktus »gelas-

sen« ein: so viel lag ihm an diesem Mystikerwort, diesem Goetheschen Wort; »bedächtig« war ihm nun *zu* bedächtig.
In der zweiten Zeile steht hier »hängt«; später heißt es »lehnt«. Mörike gehört noch nicht in unser Jahrhundert, in dem man die Vokabel »hängt«, sofern eine Gestalt im Spiel ist – von Golgatha abgesehen –, nicht mehr erträgt; aber auch er mochte finden, daß das mildere »lehnt« (das hundert Jahre nach Mörike in Benns ›Astern‹-Gedicht so bedeutend wiederkehrt: »der Sommer stand und lehnte / und sah den Schwalben zu«) nicht weniger plastisch ist.
»Sie singen der Nacht, der Mutter, ins Ohr«; später heißt es: »Sie singen der Mutter, der Nacht, ins Ohr«. Mörike war kein schüchterner Korrektor; er konnte souverän entscheiden, ob er für diese Zeile in der rhythmisch herberen oder in der leisermelodischen Fassung sein Glück finden wollte.
Endlich: »Es sprechen die Wasser«. In den späteren Ausgaben steht »Es singen die Wasser«. Stünde die zweite Strophe für sich, so hätte Mörike wohl diesem »sprechen« den Vorzug gelassen: »sprechen« ist sprechender. Aber dann entschied, so denke ich, die Rücksicht auf die erste Strophe: zwei verschiedene Wendungen hätten den Einklang gestört.
Aber nun, da er in diesem Herbstnachtbrief mit seinem Freund Zukunftsgedanken entwickelt und sich wohl gleich eingangs vorgenommen hatte, ihm das Gedicht zu schenken, treibt es ihn, wie um vorweg den feierlichen Ernst ein wenig zu lockern, dem Schalk, der lebenslang auch in ihm war, ein wenig Zucker zu geben, und in unschuldiger List erfindet er diesen Vorspann, der die Strophen als »zum Erstaunen getreuübersezte Verse aus Shakespeare's Venus und Adonis« offeriert. Soll sich Mährlen die dreißig Shakespeare-Dramen im Geist repetieren – vergeblich? Will er den Freund in der Ulmer Stadtbibliothek nach jenem Zweihundert-Strophen-Gedicht Shakespeares, das wirklich ›Venus und Adonis‹ heißt, fahnden lassen – ein Gedicht, von dem man zu Shakespeares Zeiten schrieb: »Es gibt in ganz London keine Frau von Bildung, die nicht ›Venus und

Adonis‹ besäße« –, das um 1820 freilich schon ziemlich vergessen war, wie es auch heute recht unbekannt ist? Ging es ihm um die Mystifikation? Oder wollte er doch diese alten Verse von Liebe und Verzicht sich nahe wissen, im Anklang nur, ja, selbst die Vision der Venus Anadyomene – als Andeutung nur? Wer sieht dem Orplid-Erfinder wirklich ins Herz? Zehn Jahre später mochte er in einem Brief an Hartlaub das Gedicht von den ›Zwei Schwestern‹ als ein Cleversulzbacher Mädchenlied ausgeben, dem Freund – das sind seine Worte – »einen Bären aufbindend«. »Ich wollte nur, daß du es unbefangen lesen solltest und mir dann schreiben, ob es den Eindruck eines Volksliedes auf dich machte oder nur halb oder gar nicht«. Und spät im Leben führt er mit großem Kunstverstand das ›Tännlein‹-Gedicht als »böhmisches Volkslied« ein. Hier, bei ›Um Mitternacht‹ muß es uns sehr gefallen, daß er sich für sein Alibi den *Summus poeta* wählt, so wenigstens im geheimen andeutend, daß er diesmal doch wußte: »was da wert sei sein Gedicht«.

»Große Dichtung: ist sie nur die höchste Leistung menschlichen Vermögens oder ist sie eine Stimme von jenseits des Menschen?« läßt Thornton Wilder in den ›Iden des März‹ seinen Cäsar fragen. In gleicher Richtung könnten wir fragen, ob es so etwas wie Urworte, Urrhythmen gibt, die allein durch ihr Dasein das große Gedicht erwecken, und wir könnten auch einen, der sich nie und nirgends bei Vorgängern »angelehnt« hat, auch bei Goethe nicht, auf so geheimer Fährte finden und hinter dem Vikar von Köngen den Seminaristen von Urach sehen, der im Griechisch-Unterricht notwendigerweise an das unsterbliche Sappho-Fragment geriet, in dem man die zwei Kardinalworte ὕδωρ und κῶμα liest, »Wasser« und »Schlaf«, und dazwischen die Daktylus-Wendung der zitternden Blätter: αἰθύσσομενων δὲ φύλλων κῶμα κατέρρει (»aithýssomenón de phýllon kóma katérrei / von zitternden Blättern rieselt tiefer Schlaf«).

Mörike, der auch damals schon, sowie es um Verse ging, das Gras wachsen hörte, mußte es heftig empfinden: das Glück, daß so etwas auf der Welt ist, und den Jammer, daß man so etwas nicht in unsre Sprache holen kann. Man muß es wohl aufschieben. Man schiebt es auf; aber dann kommt der Tag, an dem man es zurückholt. Und da heißt es dann: »Es sprechen die Wasser im Schlafe noch fort«.

Was für ein Blatt! Das Weltgedicht, Zeile um Zeile humanistenschön geschrieben; darüber diese zärtliche Spielschnörkelei der Freundschaft, ein »Leicht und Schwer« also in vollkommenem Gleichgewicht: ins Gesicht springen die triumphierenden Ausrufungszeichen am Ende beider Strophen (und die fehlen dann in der Königshandschrift von 1844). Dergleichen Fracht, so mag man denken, hat die königlich-württembergische Post, samt ihren Nachfahren, in den letzten hundertfünfzig Jahren nicht oft von Plochingen nach Ulm befördert. Wie sagen wir? Im Hölderlinschen Zeitalter ging man mit dem Wort »heilig« ein wenig anders um als in unsren Tagen. »Doch ist mir einst das Heil'ge, das am / Herzen mir liegt, das Gedicht gelungen«, heißt es dort. Einer, der dem nachgeht, möchte diese Mörike-Briefseite von 1827 ein »heiliges Blatt« heißen. Ich möchte es auch.

Der Stiftler

Rede im Tübinger Stift

Wir sind beisammen, um an Mörike zu denken. Es geht nicht um seine Heiligsprechung, um das, was in der Kirchensprache »Die Erhebung zur Ehre der Altäre« hieße; wohl aber um die Erhebung »zur Ehre der Altane«; die illustren Vorgänger, Hegel und Hölderlin zuletzt, warten auf ihn, und sie wissen geistweise, auf wen sie warten. Er selbst wäre ein wenig verwundert über die feierlichen Umstände bei seiner Rückkehr nach dem Auszug vor 160 Jahren, und sehr verwundert würde er mir zuhören, wenn ich ihm von einem Gespräch mit einem japanischen Gelehrten berichten wollte, der eine Peregrina-Strophe minutiös interpretiert ... aber so ganz fremd wäre ihm das doch wieder nicht, denn im Innersten hatte er, auch er, geglaubt, was sein »alter Dichtervater«, was Goethe am Anfang des »Divan« glaubt und ausspricht, Mörike kannte die Verse: »Wisset nur, daß Dichterworte / um des Paradieses Pforte / immer leise klopfend schweben, / sich erbittend ewges Leben.«

Der Stiftsephorus Jäger freilich, nach besonderen Stiftlern in den Promotionen um 1824 befragt – besonders im Guten oder weniger Guten –, hätte diesen Mörike vielleicht gar nicht erwähnt. Er hätte von Waiblinger gesprochen, dem Genie, dem über seine Jahre hinaus entwickelten Unruhgeist, von Louis Bauer, von Matthias Schneckenburger, einem Promotionsprimus comme il faut. Wohl hätte der Ephorus wahrgenommen, daß der Stipendiat Mörike ausdrücklich in der Nähe dieser besonderen Stiftler zu sehen war; auch wußte man, daß er im Ruf stand, ein Dichter zu sein; aber von sich reden machte er nicht; es sei denn, der Famulus hätte zu melden, daß der Herr Mörike wieder einmal – wie schon oft – zu spät gekommen sei. Er,

Ephorus, hätte wohl im Zeugnisbogen gelesen: Griechisch: gut, Lateinisch: gut, Hebräisch: mittelmäßig, Deutsch: ausgezeichnet; dann vielleicht noch: fehlt häufig wegen Krankheit, oder auch: anmutiges Zeichentalent; differenzierter Sinn für Musik, keinerlei Sinn für philosophische Deduktion und Diskussion. Und unbeachtet gewiß blieb auf dem Schreibtisch, in einer ganz wundervollen, völlig fertigen Humanistenschrift geschrieben, dies: »O flaumenleichte Zeit der dunklen Frühe, / welch' neue Welt bewegest du in mir.«

Sehr erschrocken freilich hätte ein Betrachter sein müssen, wenn er auf diesem Schreibtisch, dem Gedicht nah, eine Briefseite des Zwanzigjährigen entdeckt hätte, an eben diesen Waiblinger geschrieben:

»Es ist überhaupt in meinem wirklichen Zustand ein besonders peinlicher Zug, daß alles, auch das Kleinste, Unbedeutendste, was von außen Neues an mich kommt, – irgend eine mir nur einigermaßen fremde Person, wenn sie sich mir auch nur flüchtig nähert, mich in das entsetzlichste, bangste Unbehagen versetzt und ängstigt, weswegen ich entweder allein oder unter den Meinigen bleibe, wo mich nichts verletzt, mich nichts aus dem unglaublich verzärtelten Gang meines inneren Wesens herausstört.«

Schreiner, Johann Georg Schreiner hat uns diesen »Noli me tangere« in einer mit Recht berühmt gewordenen Lithographie vor Augen gestellt, ein vollkommenes Jugendbildnis, die lautere Castitas in der Mixtur von Anmut und Schwermut; Peter Härtling, der in einer Erzählung auf dieses Bild zu sprechen kommt, nennt ihn – und hier stimme ich ganz zu – »jung und alt in einem«; ich weiß freilich nicht, ob Härtling recht hat, wenn er hinter der Sanftmut schon »den Greisenkopf entdeckt, argwöhnisch und verschlossen«.

Die Vokabel »verschlossen« freilich wird man annehmen müssen; einen »Virtuosen des Sich-Verbergens« möchte auch ich ihn nennen, und wenn wir jetzt auch durch die sechzig Mörike-Briefe der großen Stuttgarter Ausgabe und durch die vorzüglichen Kommentare Bernhard Zellers nicht wenig von den Zusammenhängen wissen: wie er wirklich war, wissen wir nur sehr fragmentarisch.

Die Freunde, die liebenden Freunde der Stiftsjahre, schienen es zu wissen. »Wenn ich an Dich denke« – schrieb einer von ihnen –, »so ist mirs, als ob ich im Shakespeare gelesen hätte«; und »Du bist mir so heilig wie ein Gestorbener«. Ein Freund also, sehr geliebt – vielleicht mehr geliebt als liebend –, so umgeben und begleitet von diesen Bauer, Hartlaub, Mährlen, Flad und Blumhardt.

Als er, acht Jahre nach dem Auszug aus dem Stift, aus Anlaß seiner Investitur in Cleversulzbach in einem Lebenslauf auf seine Stiftszeit zu sprechen kommt, da gerät ihm die Rechenschaft recht steifleinen und irreal; er nennt, scholaren-artig, fünf Namen der »verehrten Professoren«, deren Collegien er, beim Licht betrachtet, mehr geschwänzt als frequentiert hatte.

Wir, die Nachfahren, werden in gedrängter Kürze von fünf Erfahrungen ein Wort zu sagen haben, die in jenen Jahren für ihn – wie man sagen mag – »Epoche gemacht« haben; nur eine von ihnen fand Aufnahme in den Rechenschaftsbericht des jungen Pfarrers. Ich nenne sie: Orplid, Peregrina, Don Giovanni, den Tod des Bruders August, die Absage an Waiblinger.

Mit Louis Bauer erfand er Orplid, die Stadt der Vorzeit, das Reich der Verborgenheit, Phantasmagorie, durchwirkt von Fäden aus Shakespeares ›Sommernachtstraum‹, Heiligtum der Freundschaft auch: »Du bist Orplid, mein Land, das ferne leuchtet – –!«

(Seltsam oder nicht seltsam: daß wir – ganz unabhängig von Mörike bei einem älteren Halbbruder – Deo et musis sacer –, bei Johann Peter Hebel in seinem Kult der »uralten Wasser« des Belchen verwandten Sehnsüchten begegnen, die das Credo des Lebens umspielen: vielleicht – so mag man sich sagen –

braucht die Seele ein – soll ich sagen: heidnisches? – Refugium im Uralten; vielleicht braucht sie Götterberge?)

Noch in das erste Stiftsjahr fiel die Begegnung mit Maria Meyer in Ludwigsburg, mit dem geheimnisumwitterten Schenkmädchen, das unter dem Namen Peregrina in die Lebensgeschichte eingegangen ist, und sie bedeutete für den Zwanzigjährigen die völlige Verzauberung. Es war eine ebenso ereignislose wie folgenmächtige Begegnung; freilich, nichts, was in der »Bild«-Zeitung jener Jahre hätte Schlagzeilen machen können: »Seltsamer Theologe und schöne Schweizerin«.
Man könnte, mit unserem Jahrhundert beschäftigt, sehr wohl den kargen Bericht Adrian Leverkühns (aus dem ›Doktor Faustus‹) beiziehen, der in der Schlupfbude zu Leipzig jener »hetaera esmeralda« begegnet. Hier freilich bei Mörike gab es wohl keine körperliche Intimität und gewiß keine syphilitische Ansteckung, wohl aber eine schwere Versehrung. Es gab die Mutterbindung des vaterlosen Eduard, der in das neue schöne Gegenüber nun projiziert, was nur halb erfüllt in ihm lebt. Wir, Kinder von Freuds Jahrhundert, haben die Vokabel »frustriert« gründlich gelernt und bemerken, daß es den schweren Fall einer »Frustration auf Lebenszeit« geben kann. So hier. Alles, was in Mörikes Leben an Liebesbegegnung noch möglich wird – die schüchterne Verlobung mit Luise Rau, Augenblicke in Cleversulzbach, spät im Leben die mühsame Ehe mit Margarete Speeth –, ist durch das Vorzeichen »Peregrina« zur Disharmonie verurteilt.
Wir müssen das so stehenlassen. Wir können uns nicht auf die Konjunktive einlassen: was wäre geschehen, wenn . . . wenn er die starken Wünsche seiner Schwester Luise, die Bitten der Mutter in den Wind geschlagen hätte –, um dann auf eine andere Weise unglücklich zu werden? Habe es sein Bewenden damit, daß wir die fünf Peregrinagedichte, die Sie hören wer-

den, bewahren, und einigen Zeilen eines Dichters aus unserem Jahrhundert recht geben: »Das, was geschieht, hat einen solchen Vorsprung / vor unsrem Meinen, daß wirs niemals einhol'n / und nie erfahren, wie es wirklich aussah.«

Am 15. August 1824 hörte er, begleitet von einigen Freunden und seinem jüngeren Bruder August, im Stuttgarter Hoftheater den ›Don Giovanni‹. Gut vorbereitet gewiß; die musikalischen Freunde, Hartlaub vor allem, hatten den Klavierauszug – auch mit ihm – gründlich studiert; – wie denn (dies in Klammer anzumerken) die Kunst-Szene im Stift jener Jahre für diese Elite-Knaben kräftig belebt war; von Shakespeare sprachen wir schon; Jean Paul, Novalis waren präsent; Goethe fast schon etwas wie das täglich Brot. Mitten in einem Brief aus Stiftstagen findet man dies »Dir zu eröffnen mein Herz verlangt mich«; eine sehr verborgene Stelle aus Goethes ›Divan‹, die höchstens seit einem Jahr einem genauen Tübinger Büchersucher zugänglich sein konnte.

Nun also: Mozart; Mozart nicht zum erstenmal. ›Entführung‹, ›Figaro‹, ›Zauberflöte‹ und ›Titus‹ waren – vom Klavierauszug her – schon bekannt; aber nun denn ›Don Giovanni‹ in Bild und Ton; und dies empfangen von einem, der die Peregrina-Erfahrung in sich trug, der wußte, was »Eros, deinos theos« heißt. Nun also in einen Theaterabend eingebunden das Mozartsche Grundgefühl: der namenlose Ernst und die schwerelose Seligkeit. Und schon erwuchs die Mörikische Maxime seines eigenen Künstler-Daseins: »No nix forciere«.

Dreißig Jahre nach dem Augustabend von 1824 antwortet er, definitiv und unvergleichlich in der Novelle ›Mozart auf der Reise nach Prag‹: »Wie von entlegenen Sternenkreisen fallen die Töne aus silbernen Posaunen, eiskalt Mark und Seele durchschneidend, herunter durch die blaue Nacht.«

Es ist gewiß, daß ihm diese Grunderfahrung so unverrückbar in der Seele mit dem ›Don Giovanni‹ verbunden blieb, weil ein Lebensereignis hinzukam; drei Tage nach diesem Abend wurde ihm der Bruder August, ein Teilnehmer jenes Stuttgarter Jugendfestes, Apothekerlehrling in Ludwigsburg, jäh durch den Tod entrissen.

»Nervenschlag« lautet die ärztliche Diagnose, die im Sterberegister steht. Peter Härtling spricht in einer Erzählung von einem Tod durch eigene Hand; er denkt an das Gift, das sich ein angehender Apotheker beschaffen konnte. Dafür gibt es freilich keinerlei Anhaltspunkte; und ich glaube es nicht; in dem ordo Dei, der im Umfeld Mörike galt, halte ich es für unwahrscheinlich und füge nur hinzu: daß bei einem Siebzehnjährigen aus so erregbarer Sphäre dann doch nichts unmöglich genannt werden darf.

Der Tod dieses kleinen Bruders – er wird in der Investitur-Rede erwähnt –: »Ein jüngerer Bruder, herrlich blühend an Leib und Seele, mit ungemeinen Gaben ausgestattet«, heißt es dort, und dann: »den Bruder tötete die Überfülle der Gesundheit ohne irgend einen Vorboten der Gefahr.«

Und in einem Brief, zwei Tage nach des Bruders Tod, lesen wir: »Jetzt kommt mir vor, als wär ich nur um seinetwillen auf diese Welt gekommen und müßte fort mit ihm. Gar gar nichts mehr weiß ich, was mich ferner freuen könnte. Morgens ganz heiter klagte er flüchtig über eine Dumpfheit in seinem Kopf, ging dann ans Geschäft im Keller. Nach 1 ½ Minuten sah ein Knecht das Licht unten und erhielt keine Antwort mehr auf sein Rufen, wer drunten sei. Darauf fand man ihn sogleich rückwärts gelegt am Boden liegen. Der Arzt war zufällig im Haus – man versuchte alles Erdenkbare mit unglaublichem Eifer – vergeblich.«

Schließlich muß noch für einen Augenblick von dem Brief an Waiblinger die Rede sein, einem auf uns gekommenen Brief

vom April 1825, der seinen Adressaten nicht erreicht hat: Mörike war es genug, ihn geschrieben zu haben.
Waiblinger, durch allerlei Liebeshändel stifts-unmöglich geworden, war schon in der Ferne.
In Mörikes Brief steht:
»Daß wir uns begnügen müssen, uns einmal erkannt zu haben, und an die Liebe, die jeder vom anderen behalten wird. Sieh, ich wäre dir, du wärest mir ein Hindernis, ein Aufenthalt unseres Laufes, den jeder für sich nehmen muß.«
Als man wenige Jahre danach die Nachricht vom elenden Sterben Waiblingers in Italien erfuhr und diese Nachricht hier ungut kommentierte, da beteiligte sich Mörike durchaus nicht an diesen Schmähungen. Ihm mußte es genug sein, sich selbst eine Grenzlinie gezogen zu haben, sich selbst treu geblieben zu sein.

Im Oktober 1826 kam das Examen; und es ist bezeichnend, daß wir so gut wie gar nichts darüber erfahren. Schon vorher hatte es im Briefkopf des Herrn Kandidaten lakonisch geheißen: »Theolog. Hörsaal, Messianische Weissagungen. Sonnenschein außen. Schulschatten innen. Gestank, Gekritzel.« Das Examen selbst wurde glanzlos bestanden. Aber es wurde bestanden.

Genug der Einführung. Es ist nur dies noch wichtig, daß Sie ihn selbst hören, in den Gedichten jener Jahre, im Lied. Ich selbst gebe kein Resümee.
Sie können sagen: kein typischer Stiftler. Nun, der Autor des ›Feuerreiter‹ konnte doch wohl in nichts »typisch« sein.
Oder Sie sagen: kein exemplarischer Stiftler, will sagen: kein vorzeigbarer. Gewiß nicht. Aber exemplarische Stiftler gab und gibt es genug.
Aber: ein Stiftler ganz und gar. Die Mixtur aus Schüchternheit

und Kühnheit gehört in dieses Haus. Und einer, der – wie der, der heute zu ihnen sprach – seit sechzig Jahren in dieses Haus gehört, bringt, der Charakterisierung zu helfen, die Vokabel »hehlinge« ins Spiel; die schwäbischen Kommilitonen müssen es den nichtschwäbischen übersetzen: »Hehlinge gscheit, hehlinge fromm, hehlinge witzig« . . .

Und nun hören wir, was uns versprochen wurde, und gehen auf die Altane, und Bildmeister Gerhard Halbritter wird uns die Plakette enthüllen. Sie kommt nicht zu früh, werden wir sagen. Und: sie kommt zu Recht.

In Ochsenwang

Der Briefträger von Owen, der von 1832, hatte Ochsenwang als Filial, und seit Eduard Mörike dort Pfarrverweser war, hatte er mehr Post als sonst die Stiege hinaufzutragen, hinauf und hinab. Die Handschriften kannte er schon; Mörike war zwei Jahre zuvor Vikar in Owen gewesen, und schon damals hieß ein wichtiger Absender, eine wichtige Empfängerin: Jungfer Luise Rau in Grötzingen. Immer noch wie damals schaute der Herr Pfarrverweser unruhig, gleich beim Empfang des Briefconvoluts, ob die Mädchenhandschrift dabei ist, unruhig und – vielleicht etwas ängstlich? Respektable Absender gab es, Briefschaften, Drucksachen die Menge; und die Briefe, die er von da oben hinunternahm, waren keine kleinen Zettel; was so Herren alles zu schreiben wissen!
Ich habe den Landbriefträger erfunden; aber ich habe ihn, so denk' ich, nach der Wahrheit erfunden. Denn wir kennen die Briefe, um die es hier geht, kennen sie zumindest zum Teil, die großen Bräutigamsbriefe und die fast ebenso umfangreichen Schreiben an die Herren Vischer, Bauer, Mährlen, an den Verleger Schweizerbart, an das Königlich Württembergische Konsistorium auch. Was da geschrieben und was da empfangen wurde, wissen wir ... lückenhaft freilich, denn was die Jungfer Luise Rau aus Grötzingen nach Ochsenwang schrieb, wissen wir durchaus nicht, kaum eine Zeile ist erhalten von jenen Briefen, von denen es heißen konnte: »einst mit heißestem Verlangen / so erwartet, wie empfangen«: sie sind beim Abschied von Ochsenwang im Herbst 1833 an die Absenderin zurückgegeben worden, und die Absenderin hat sie wohl nicht aufbewahrt, und wenn wir das so berichten, sind wir schon mitten in der Mörike-Geschichte jener zweiundzwanzig Ochsen-

wanger Monate – Januar 1832 bis Oktober 1833 –, es waren höchst erregende Monate.

Es hatte so gut angefangen; alles hatte dem seit Jahren zur Wanderschaft verurteilten Vikar hier oben gefallen, die Landschaft, das Dorf, das »Habichtsnest«, der nahe Breitenstein, der spitzige Fels, die Schulkinder, die »prompten und frischen Antworten«, die er in der Kinderlehre von ihnen bekam; die Kirche, »reinlich und rührend klein, wie von Kinderhänden aufgestutzt«. Er ist zunächst allein; ein dienstbarer Geist, von dem wir Näheres nicht erfahren, wird für ihn sorgen – an die Mutter ergeht Bericht:

»Es ist gegenwärtig morgens nach sechs Uhr, und seit fünf Uhr ist das äußere und innere Stübchen warm. Ich trinke meinen Kaffee von gestern, bis der heutige kommt. Es ist nicht das erste Mal, daß ich den Kaffee zu trinken vergaß, er siedet in der Ofenkachel dann bis auf wenige kostbar süße Tropfen, von einer spröden Haut überzogen, ein, und ich glaube, kein Kaiser hat ein delikateres Frühstück.«

Eine Idylle? Keine Idylle. Die Ochsenwanger Zeit ist – betrachtet man es aus der Rückschau auf Mörikes ganzes Dasein – eine große Mörike-Zeit. Ich wage die Formulierung: es ist in seiner ganzen Lebensbewegung, in der Gespanntheit, in Glücksempfinden und Unglücksahnen, in Wunscherfüllung und Nichterfüllung der Höhepunkt seines Lebens. Es kam ja noch einiges, es kamen die berühmten neun Cleversulzbacher Jahre, es kamen Hall, Mergentheim und lange Altersjahre in Stuttgart; zuweilen aber wird man dies alles, auch das bescheidene Cleversulzbacher Pfarrersglück, wie einen Nachklang empfinden, im Abstieg schon empfangen.

Hierher hatte er seinen großen kühnen Jugendversuch, seine ›Novelle in zwei Teilen‹, den ›Maler Nolten‹, dreiviertelsfertig heraufgebracht; hier wurden die Druckfahnen gelesen, von Ochsenwang aus gingen die ersten Exemplare in die Welt; in Ochsenwang empfing er die ersten Antworten darauf, die gescheit-kritischen Vorbehalte Friedrich Theodor Vischers, aber auch die wunderbare Beschreibung von Ludwig Amandus Bauer, in der es heißt: – »›Nolten‹ ist ein Meisterstück, ausgezeichnet durch Wahrheit und psychologische Tiefe ...« Und dann: »Unheilverkündend ist der ganze Horizont, der Noltens Leben umfängt, selbst die Farbe der Gegenden, der Flug der Vögel ist wie vor dem Ausbruch eines Gewitters. – Es ist nicht möglich, etwas zu hoffen, und allmählich geht das düstere Vorgefühl in ein Grauen über, wie es nur die Mitternacht oder Shakespeare in mir wecken konnte, ein Grauen, das überhaupt nur dann in uns entsteht, wenn wir auf echt künstlerische oder rein menschliche Weise eben bis an den Saum eines Jenseits gehoben werden, ohne dabei das Diesseits zu verlieren ...«

»Die Mitternacht oder Shakespeare«: das sind große Aspekte, aber Mörike, der Achtundzwanzig-, Neunundzwanzigjährige, war damals durchaus der Mann, in solchen Maßen zu denken; es ist etwas Herrenhaft-Souveränes in all seinen Äußerungen aus dieser Zeit. Gerade auch die Briefe sind mit einer stupenden Sicherheit geschrieben, bis in Einzelheiten hinein mit hoher, kritisch wachsamer Differenzierkunst. Was den ›Nolten‹ betrifft, so meine ich, daß er nicht nur das auszukosten hatte, was er als des Dichters Eigentum weiß: »Die süße Ungeduld und Angst der Produktion, die er in jedem Moment mit der ganzen Ruhe seines Kunstgefühls zu balancieren hat«, ich meine, daß er, bei aller Freude an Gelungenem, die kompositorische Anfechtbarkeit des Ganzen miterkannt hat.

Er kannte die geheimen Nahtstellen, wo persönliche Erfahrungen fast ungeschützt in den Ereignisgang der Novelle eingebunden waren, so daß Tagebuch und Dichtung sich verschwistern; man höre dies: »Wenn uns ganz unerwartet im ausgelassensten Jammer ein beschämender Vorwurf aus geliebtem Munde trifft, so ist dies immerhin die grausamste Abkühlung, die wir erfahren können. Es wird auf einmal totenstill in dir, du siehst dann deinen eigenen Schmerz, dem Raubvogel gleich, den in der kühnsten Höhe ein Blitz berührt hat, langsam aus der Luft herunterfallen und halbtot zu deinen Füßen zuk-

ken ...« Die zahlreichen Gedichte freilich, die so kühn in das Buch eingefügt sind, »Frühling läßt sein blaues Band« oder »Hier lieg ich auf dem Frühlingshügel« oder auch ›Das verlassene Mägdlein‹: das schreibt ihm – ich glaube, das hat er gewußt – zwischen Friedrichshafen und Mergentheim, ja, weiter hinaus den Bogen gespannt, keiner nach.
In Ochsenwang auch erreichte ihn die Nachricht von Goethes Tod, und »buchenswert« ist sein Satz: »Ja wohl hat unsres alten Dichtervaters Tod auch mich erschüttert, auch mich in langes Nachdenken versenkt.«
Nein, keine Idylle. Wohl: äußere Sorgen fechten ihn nicht an; er bleibt nicht allein, die Mutter, die Frau Oberamtsarzt, kommt und hält ihm Haus, und es kommt eine Zeitlang auch der Sorgenbruder Karl Mörike, geradewegs aus dem Gefängnis; er hatte, zuvor, in politische Händel verstrickt, auf dem Hohenasperg sein Jahr abgesessen; nun ist er ein Weilchen beim Bruder und ist ihm, wir werden sehen wie, recht nütze. Aber seine eigene Gesundheit ist nicht, wie er sie sich wünscht, die rauhe Albluft ist ihm unzuträglich, und mit der Seelengesundheit steht es erst recht nicht zum besten. »Kann man nicht noch einmal den Kirchenmantel fahren lassen?« so fragt er sich. Oder dann: kann man nicht wenigstens eine Reise machen – etwa nach München? Muß man hier bleiben? »Muß ich Geduld haben und fein bleiben und mich vielleicht darüber ruinieren?« So denkt er wohl halblaut vor sich hin und weiß, daß er laut so nicht denken darf. »Das nehmen die Herren unten« – er meint die Konsistorialräte – »dann doch übel und machen gewaltig schiefe Gesichter. Auch ist die Sache bedenklich, wie ich wohl selbst fühle, und lieb Luischen mit.« »Und lieb Luischen mit.« Ja, lieb Luischen, seit vier Jahren nun Eduards Braut, schreibt sorglich-fragende Briefe ... kommt wohl auch einmal herauf ins Habichtsnest und findet alles schön; kommt aber dann wieder nicht, und Eduard ist eine Membran, die wohl spürt, daß man in Grötzingen, im Bereich der Mutter Rau, so recht Fiduz zu dieser Brautschaft nicht mehr hat. »Ich bin« – so

heißt es im Januar 1833 in einem Eduard-Brief: »Ich bin, meine teuerste Luise, in hohem Grad überrascht und bekümmert durch dein letztes Schreiben ... du hast mir bitteres Unrecht getan.«

Wir haben die Briefe der Jungfer Rau nicht, wir müssen raten und kombinieren und uns zuletzt an die Ergebnisse halten: im Oktober 1833 löste Luise die Verlobung. Gab es Gefühle erschrockener Erleichterung auf beiden Seiten? Das könnte wohl sein. Wie sehr freilich Mörike getroffen war, entnehmen wir einem Brief an Vischer, in einer ganz goethisch-verschweigerischen Kraft geschrieben, steht dort: »Es hat sich eine für mein ganzes Leben wichtige Katastrophe eingeleitet, deren schmerzhafte Entwicklung alles übrige bei mir verschlang.«

Halten wir uns, da die Vita uns nur ungenaue Konjekturen erlaubt, an das Werk.

»Laß, o Welt, o, laß mich sein« ist ein Gedicht dieses Jahres, und auch das Gebet »Herr, schicke, was du willt« ... Es muß einen Menschen, der mit dem Gedicht auf irgendeine Weise zu tun hat, im Grund der Seele bewegen, wenn er Dorf Ochsenwang betritt: hier sind die beiden Urlaute des Herzens zuerst Wort geworden.

Und nun haben wir ja ausdrücklich noch von einem dritten Gedicht zu handeln. Vor hundertfünfzig Jahren wurden in der Kirche von Ochsenwang erstmals die beiden Strophen gesungen, die ›Zum Neuen Jahre‹ heißen, sie sind für alle Reiche, in denen unsere Sprache verstanden wird, das *eine* Neujahrslied der Weltliteratur geworden, einzig Paul Gerhardts ›Nun laßt uns gehn und treten‹ kann mit ihm in einem Atem genannt werden.

So muß man sich's denken: der Bruder Karl, der bei einer ›Nolten‹-Komposition schon hilfreich zur Stelle gewesen war, hatte in des Bruders Kinderlehre zuweilen als Musiker assistiert, hatte einen Kinderchor geleitet. »Höre, Eduard, du solltest fürs Neujahrsfest ein Lied dichten, ich üb' dir's dann mit den Kin-

dern ein. Ich hab dir eine Melodie, sie ist von Salieri aus einer Oper ›Axur‹, für ein Lied dort ›Wie dort auf den Auen‹; gib acht, ich spiel dir's vor.«
Sie haben beim Schulmeister unten im Haus ein Klavier, Karl spielt, Eduard hört zu, einmal, zweimal. Mit der Melodie zusammen fällt ihm das Versschema zu; wie Versschemata aussehen, daß wußte er kraft »Natur und Gnade« im zweiten Augenblick ... Nun käme es nur noch auf eine gute Stunde an, an einem dieser Dezembertage ... Einmal, vor sieben Jahren, da war so eine besondere Stunde gewesen. »An einem Wintermorgen, vor Sonnenaufgang«, hatte es damals geheißen, und dann: »flaumenleichte Zeit der dunklen Frühe ...« Das ist nun vergeben; man wiederholt sich nicht. Aber »flaumenleicht« müßte es wohl wieder sein, diesmal nicht als Kunstgebild; das hier ist ein Volkston beinah, und was sich da schwebend bilden soll, muß gewichtlos sein – und doch Gewicht vom »großen Weltgewichte«.
Wir wissen es nicht, aber ich könnte mir denken, daß der Blick auf ein unberührtes Schneefeld in der Albhöhenfrühe ihm die erste Strophe leichthin eingegeben hat ... nicht »*vor* Sonnenaufgang« diesmal, sondern *mit* dem rötlich auf dem Schnee schimmernden Sonnenaufgangslicht zugleich dies denn:

Wie heimlicherweise
Ein Engelein leise
Mit rosigen Füßen
Die Erde betritt,
So nahte der Morgen ...

Da ist noch kein Menschenlaut, Menschenatem, Menschenlos. Aber nun soll dies ja ein Gruß zum neuen Jahre werden, nun gehören seine Sonntagsleute dazu, sie sind angeredet, und sie antworten selbst:

Jauchzt ihm, ihr Frommen,
ein heilig Willkommen.

Und dann erst will auch er, der Morgenrufer, mit dabeisein. Sie sind einfältige Leute und haben ihr Leben und ihren einfältigen Neujahrswunsch. Er, der Herr Pfarrverweser, der Dichter des ›Maler Nolten‹, Luises Bräutigam, Noch-Bräutigam, ist kein einfältiger Mann, er ist ein schwieriger Mann; aber seine Sonntagsleute lassen ihn nicht allein: er muß sich einbeziehen lassen, und er bezieht sich ein:

Ein heilig Willkommen,
Herz, jauchze du mit!

Aber nun, da es weitergeht, da diese dreihundertfünfundsechzig Erdentage ins Bewußtsein treten, nun, da sich der irdische Globus dreht, Länder und Lose allerorten, nun wird der Ton strenger, schwerer. Erdenjahr, Menschenjahr. Gottesjahr »Anno Domini« schreiben sie in ihre Kalender, und so denn: »In ihm sei's begonnen.«
Aber der Erdenglobus dreht sich nicht gottverlassen um sich selbst: Ochsenwang, Württemberg, Europa, die Erde. Man sieht ja ins Große und Freie hier auf der Albhöhe. Man soll nicht umsonst geschrieben haben, dies sei ein Ort, den »die Muse selbst nicht besser hätte auswählen können«, man sieht die großen Himmel bei Tag und die großen Himmel bei Nacht.

In ihm sei's begonnen,
Der Monde und Sonnen
An blauen Gezelten
Des Himmels bewegt.

Die Monde und Sonnen haben kein Wort ... Einen Laut hatte sie wohl, die Sonne, beim »alten Dichtervater« hatte sie einen

Ton. »Die Sonne tönt nach alter Weise / In Brudersphären Wettgesang.«
Aber das Wort ist Menschenwort; und ist Rede, Anrede, *Gebet*.
»Du Vater, du rate.« Unter dem Schutzmantel dieser dunklen »u« birgt sich das Menschenleben in dieser Stunde. Die Kinder, die das singen, seine Kinderlehrkinder, haben's gelernt, im Katechismussprechen beim »Unser Vater in dem Himmel ...«, da hatte er zu fragen: »Was ist das?«, und sie antworteten im Chor, ein wenig unverständig – oder wie: ein wenig verständig? –: »Gott will uns damit locken, daß wir glauben sollen, er sei unser rechter Vater und wir seine rechten Kinder ...«:
»Du, Vater, du rate« – und so könnte es nun hinausgehen, dem Rhythmus der ersten Strophe folgend: »Du Vater, du rate, du lenke und wende ...« Aber da korrigiert der Schreibstift. Er macht nur ein einziges Häkchen in der Zeile und stellt die beiden ersten Worte um, und nun heißt es »Lenke du und wende«, und an dieser Korrektur ist alles gelegen, im Poetischen und darüber hinaus ... Wenn Gott lenkt, dann geht es zuweilen dem Menschenplan, der Menschenkunst entgegen; ein Gegenwind ist da, aber ein Aufwind auch, und es gibt Ausblicke, die zuvor keiner sah:

Lenke du und wende.
Herr, dir in die Hände
Sei Anfang und Ende
Sei alles gelegt.

Man muß ja, ob man will oder nicht, in der Tagesfrühe auf seine eigenen Hände schauen. Meine Schreiberhände ... meine Sohneshände, Brudershände, Freundeshände, Liebeshände. Was wollen sie halten? Was können sie halten? Was entgleitet ihnen? Wie: der Ring am Finger vielleicht?
Aber da sind die anderen Hände, und in dem Buch da vorn auf

dem Altar steht von ihnen geschrieben: »Meine Zeit stehet in deinen Händen.«
Mit dem guten dunklen »u« soll es nicht zu Ende gehen, und der schöne Dreiklang der »e« und »ä« ist nicht hell genug, um erschrockenen Leuten Zuversicht zu geben; zuletzt muß es der fröhlichste Vokal, muß es ein »a« sein, und der fröhlichste Vokal soll Erd- und Jahrkreis erhellen, und er hat ja ein gutes Wort dafür: »Alles« ist ein sehr kühnes, ein sehr gutes Wort:

Herr, dir in die Hände
Sei Anfang und Ende
Sei alles gelegt.

Mozart

Mozart, der Gast

Es ist der letzte Septembertag des Jahres 1777. Der Ort ist Schloß Nymphenburg in München. Im Vorzimmer, dort, wo der Kurfürst vorbeikommen muß, er kommt von der Morgenmesse und geht zur Audienz oder wer weiß wohin, dort also steht ein junger Mensch, einundzwanzigjährig, vorzüglich nach der Mode gekleidet, es ist ihm darum zu tun, und er versteht sich darauf; nun wartet er auf den Kurfürsten, in aller Höflichkeit, doch ohne sonderliche Devotion: er war jemand, und er wußte, daß er jemand war. Eben erst hatte er, noch in Salzburg, jenes Es-dur-Klavierkonzert komponiert, das nach der Pianistin, die es zuerst zu spielen hatte, das Jeune-homme-Konzert genannt wird und von dem man zuweilen denken mag, es sei das vollkommenste von allen, die er geschrieben hat. Nun, es kam ihm an auf dieses Gespräch. Er war abgereist aus Salzburg, er hatte den erzbischöflichen Dienst quittiert und befand sich auf der Suche nach einer neuen Stellung. Da kommt der Kurfürst, Mozart nennt rasch, die großen Herren sind eilig, seine Verdienste und bietet seine Dienste an, der Kurfürst ist freundlich, er fragt nach den neuerlichen Lebensumständen des Bittstellers, die früheren sind ihm ein wenig bekannt, schließlich aber lautet der Bescheid: »Es ist keine Vakatur da.« Und ganz zuletzt noch einmal: »Das nutzt alles nichts, es ist keine Vakatur da.«

Und dann: zwölf Jahre später. Ein Frühlingsabend in Leipzig, im Hause des Thomaskantors Doles, des Schülers von Johann Sebastian Bach; es ist der letzte Abend von Mozarts Besuch, und man bittet den Herrn Kapellmeister um ein Blättchen von seiner Hand, zum Abschied und Angedenken. Mozart will nicht so recht, aber schließlich sagt er: »Nun, Papa, so geben

Sie denn ein Blatt«, geht für ein paar Minuten zur Seite und schreibt, reißt dann das Blättchen in zwei Hälften: auf die eine Seite ist ein dreistimmiger Kanon geschrieben, auf die andere noch einer. Und man singt jeden für sich und singt sie zusammen, und sie fügen sich ineinander. »Nun die Worte«, sagt Mozart und schreibt unter den einen Kanon »Lebet wohl, wir sehn uns wieder«, unter den anderen: »Heult wohl gar wie alte Weiber!« Und dann singen sie von neuem.

In diese zwei Szenen läßt es sich fassen: Mozart und die Welt, die Welt und Mozart. »Es ist keine Vakatur da«, keine freie Stelle, kein Platz. Platz war für Bachs Söhne, für Gluck, für Dittersdorf, für Salieri, für das schöne geistliche Kantorenhandwerk, für den Belcanto und für alle höfische Rokokozärtlichkeit. Vor den Toren aber steht Beethoven, der dann Platz schaffen wird für das Pathos ganz anderer Töne: nur für ihn selbst, für Mozart, ist kein Platz. Für ihn ist nur – darum »Mozart, der Gast« – der Augenblick, das Weiter-und-Weiter; das Glück im Augenblick, das »Bravo, Mozart!«, das man in Paris und in Wien und in Prag und an anderen Orten denn ja doch zuweilen gerufen hat. Er hört es wohl, und er freut sich, ein Kind des Augenblicks – *auch* des Augenblicks. Aber dann sinnt er dem kommenden Werk entgegen, unablässig und bis zuletzt: dem kommenden, und wenn einer ihm gegenüber im Gefühl der Sorge verharren möchte, so mag's ihm geschehen, daß der Gast einen Scherz parat hat, und lieber einen Scherz als einen Wehmutston: »Heult wohl gar wie alte Weiber!«

Es sind nur zwei kleine Rundfenster, aber sie erlauben einen ersten Blick in das großmächtige Weltgebäude Mozart, dieses ungeheure Zusammen und Zugleich, das die Welt – nun also wirklich: die Welt! – sich anschickt, neu zu rühmen, dessen gedenkend, daß vor zweihundert Jahren, am 27. Januar 1756, in einem Haus in der Getreidegasse zu Salzburg Johannes Chrysostomus Wolfgang Gottlieb Mozart zur Welt geboren worden ist. Aus »Gottlieb« wurde, latinisierenderweise, »Amadeus«; der Vorname »Chrysostomus«, das ist »Goldmund«, fiel fort. Fiel fort? Ach nein: Chrystostomus blieb immer da.

Wolfgang Amadeus Mozart: wir nennen den Namen und lassen den Vorstellungen, die sich sogleich einfinden, fürs erste alle Freiheit; wir geben den weitgeschwungenen Spannungsbögen recht. Sie reichen von den ›Kleinen Nichtigkeiten‹, ›Les petits riens‹, bis zum Klarinettenkonzert, von der Cavatine des Bärbchens im ›Figaro‹ bis zur Arie der Pamina »So wird Ruh im Tode sein« mit dem Orchesternachspiel ohnegleichen, vom A-dur-Violinkonzert bis zur c-moll-Messe und bis zum Streichquintett in g-moll, von den Osmin-Lustbarkeiten bis zum »Höllenbrand« des ›Don Giovanni‹, und weiter bis in die hellgoldene Helligkeit hinein: »Bald prangt, den Morgen zu verkünden – –«

Man muß die Gunst des Augenblicks rühmen, die es einem vergönnt, einer durch Jahr und Jahrzehnt empfangenen Wohltat zu danken. Und weiß sich als Stimme des Dankes eingeschlossen in einen großen Chor. Da mag es einen denn locken, sich in diesem durch sechs Menschenalter hin zum Glück nie verstummten, auch nie eigentlich leiser gewordenen Chor ein wenig umzuhorchen.

Goethes also zu gedenken, seines größten Zeitgenossen, von dem er, Mozart, wahrscheinlich – trotz der berühmten ›Veilchen‹-Komposition – nie mit vollem Bewußtsein Notiz genommen hat. Was Goethe anging, so erinnerte sich dieser im hohen Alter, im Gespräch mit Eckermann, sehr wohl des siebenjährigen Wunderknaben, der in Frankfurt am Main konzertiert hatte, 1763; Goethe war damals vierzehn Jahre alt: anmutige Vorstellung, die beiden, sich unkund noch, im selben Saal zu denken. Goethe hat, wir wissen es, sich vor Beethoven halb gefürchtet und Schubert schmerzlicherweise übersehen; über Mozart hat er sich nicht getäuscht. Er hat ihn gleich Raffael und Shakespeare zu den Wundern des Himmels gezählt, die

sich in nichts erklären lassen; er begriff die Unerschöpflichkeit, die diesem Weltgeschenk eignete, und auch das Ungeheure darin ... so versteht sich sein Wort: »Mozart hätte den Faust komponieren müssen.« Über Mozart nachzudenken, macht uns, alles erwogen, kein leichtes Herz; aber *dieser* Fährte gehen wir fröhlich nach: zu wissen, daß die ersten Weimarer Aufführungen der ›Entführung‹, des ›Don Giovanni‹, der ›Zauberflöte‹ unter Goethes Mitverantwortlichkeit in Szene gingen. Carus, Goethes Freund, finden wir mit Mozart beschäftigt, E. T. A. Hoffmann und die Romantiker insgemein; einige von ihnen waren vielleicht ihm gegenüber zu einer Art von Mißverständnis geneigt, dem Mißverständnis, das im neunzehnten Jahrhundert im Schwange war: Mozart als den Vorläufer Beethovens zu sehen; aber sie alle haben ihn dennoch gründlich gehört, und geliebt haben sie ihn alle.
Auch wenn sie nicht gleich wie, ein Menschenalter danach, Sören Kierkegaard eine Sekte zu gründen gedachten, die »nicht bloß Mozart am höchsten verehrt, sondern überhaupt nur ihn verehrt«. Es war das Lebensselig-Lebensbedrohte des ›Don Giovanni‹, das mit Kierkegaards Schwermut dieses Bündnis ekstatischer Liebe zu schließen wußte, kraft dessen er – ich zitiere – »die ganze Geistlichkeit vom Küster bis zum Konsistorium in Bewegung setzen und zu der Anerkennung veranlassen wollte, daß unter allen großen Männern Mozart zu oberst stehe«; und nahe bei Kierkegaard finden wir eine französische Bruderstimme, Henri Stendhal; bei ihm lesen wir: »Was das Seelische anbelangt, so wird Mozart nie aufhören, alle zärtlichen und träumerischen Gemüter im Sturmwetter seines Genies mit sich fortzureißen und mit rührenden und wehmutsvollen Bildern zu erfüllen. Bisweilen ist die Kraft seiner Musik so groß, daß einem die Seele durch das Grenzenlose der heraufbeschworenen Vision urplötzlich von tiefster Schwermut ergriffen wird und sich darin verliert.«
Auf Mörike wird noch die Rede kommen müssen als auf Mozarts Bruder in mehr als einem Betracht, Grillparzer sei als die

österreichische Chorführerstimme nicht vergessen, und, in der Nähe von Mörike, David Friedrich Strauß, der es aussprach, »daß für unser Weltalter die Musik Mozarts dieselbe Stelle einnimmt wie Goethe in der Poesie, nämlich ›Das Ganze‹ zu sein, der universelle Genius«.

Bei der Salzburger Zentenarfeier von Mozarts Todestag, im Jahre 1891 also, war ein Berichterstatter eigenen Ranges anwesend, der siebzehnjährige Hofmannsthal, der, bezeichnend genug, das in Mozart erspürt, was in ihm selbst am stärksten war: das Geheimnis der Form als das, »was ihn zu Goethe und Shakespeare stellt«.

Die nachdenklichen Musiker unsrer Tage – ich nenne Bruno Walter und Edwin Fischer – haben, wie vor ihnen Richard Wagner, dem Verlangen nachgegeben, nicht nur musiziernd, sondern im Wort zu danken, die Dichter haben es getan, Hermann Hesse im ›Steppenwolf‹ und an vielen anderen Stellen. Romain Rolland, den der Ton der Briefe Mozarts sogleich im tiefsten berührte. Die Theologen, sonst weit voneinander entfernt – in Mozart sind sie einig. Sei der Kardinal Newman hier genannt und Karl Barth, der mitten in seiner großen ›Kirchlichen Dogmatik‹ immer neu den unverwechselbaren Geheimnissen gerade dieser Musik nachgegangen ist und der sich herzlich ergötzt an der Vorstellung, daß die Engel im Himmel am liebsten doch Mozartsche Musik machen werden.

Und nun könnte es einen weiter locken nachzuprüfen, ob in diesem Chor der Dankbarkeit ein gewisser Zusammenhang sich entdecken läßt, ein geheimes Merkzeichen, das nicht in gleicher Weise auch für eine Beethoven- oder eine Brahmsgemeinde Gültigkeit hätte, das also noch etwas anders sein müßte als nur eben eine ernsthafte und verständige Freude an Musik schlechthin. Wir werden am Ende unsrer Besinnung einen Augenblick lang auf diese Vermutung zurückkommen. Was uns nun freilich zuerst eindringlich bewußt wird, ist die Tatsache, daß wir – und wir schließen uns ja in dieser Stunde, und nicht in *dieser* Stunde nur, diesem Chor der Liebenden an – den Gegenstand unsrer Liebe immer nur wie durch Schleier der Ferne erkennen können. Es will uns nicht gelingen, Mozart auf eine Weise wirklich zu sehen, wie man etwa Goethe wirklich zu sehen vermag.

Gewiß, einige Bilder sind auf uns gekommen. Wir kennen den schönen Wunderknaben, der in Schönbrunn, sechsjährig, der kleinen Erzherzogin Marie Antoinette mir nichts dir nichts einen Heiratsantrag macht, das Bild des Vierzehnjährigen, der vom Klavier zu uns herblickt, den jungen Herrn dann mit dem päpstlichen Ritterorden vom goldenen Sporn, frühreif und fast überfeinert... Einer sieht uns an, dem nicht so ganz leicht auch die heftigen Cochonnerien zuzutrauen sind, die er mit dem Bäsle in Augsburg zu tauschen verstand. Berühmt geworden ist Schwager Langes Bild aus den achtziger Jahren, die Möglichkeit zur Melancholie ist unübersehbar darin, und sorgfältig betrachtet werden muß die Silberstiftzeichnung der Doris Stock, die einen so gar nicht eigentlich schönen Mozart wiedergibt: mit Zügen der Reizbarkeit, der Gefährdung, der Unzugänglichkeit. Die Totenmaske, die man abgenommen hat, ist verlorengegangen. Schade. Und doch – sie wäre das Eigentliche nicht, wie es die Lebensbilder nicht sind: Ariel ist hörbar, sichtbar ist er nicht.

So daß denn auch die Geschichte des äußeren Lebens, die wir uns wohl erzählen lassen können, wenig genug vom Geheimnis seiner Person preisgibt. Es ist ein Leben, das, beängstigend früh, ins Öffentlichkeitslicht gerückt wurde: Leopold Mozart, der hochbefähigte, ehrgeizige Vater, trachtet eifrig danach, der Welt kundzutun, »was für ein Wunder Gott in Salzburg hat geschehen lassen«, und die Welt hatte Sinn für diesen Eifer. Es gibt Wunderkind- und Triumphreisen nach Paris, nach London, nach Italien, es gibt Amt und Titel in Salzburg, wodurch er freilich kein »Salzburger« geworden ist; sowenig die anderen Städte, die sich um ihn streiten dürfen, sowenig als Bologna, Mailand, Augsburg, Mannheim, München, Prag und Wien ihn als den Ihren ansehen können. Gunst und Mißgunst, Fest und

Enttäuschung, Reise und Rückkehr, goldene Uhr und bittere Armut – dies alles gab es im Wechsel der Jahre, ein Hochhinauf bis zum Tag der ›Don-Giovanni‹-Premiere in Prag, 1787, ein Tiefhinab und mehr als *ein* Tiefhinab: ›Così fan tutte‹ fand eine dürftige Aufnahme in Wien, und von dem seligen Gesang des ›Titus‹ sagte die Kaiserin in Prag, er sei eine »deutsche Schweinerei«. Und dann ist es zu Ende, am 5. Dezember 1792 bald nach Mitternacht, und am Tag darauf gehen ein paar eilige Leute im Dunkeln durch das Schneegestöber, ein Stück Wegs folgen sie dem Sarg, vor dem letzten Kilometer aber scheuen sie zurück.

Nein, von dieser Geschichte ist hier nicht zu handeln. Sie ist, wenn man so sagen kann, Geschichte unterhalb der Geschichte. Was zählt, ist die Geschichte des Werkes, das nach dem grandiosen Register, dem berühmten Köchelverzeichnis, 626 Nummern umfaßt und einige dazu, beginnend mit einem Klavierstückchen des Fünfjährigen und endend mit dem Requiem. Es gibt Stromschnellen und Stauwehre, es gibt Tage des feurigen Dankes und Tage des kargen Echos, und Mozart war viel zu sehr Kapellmeister in Wien, um etwa *nicht* nach dem Publikum zu fragen –; eines gibt es in diesen dreißig Arbeitsjahren offenbar nicht: die Pause. Was wir gewahr werden, ist eine nirgends an ein Ende gelangende, niemals absinkende Produktivität, für die es keine Unruhe und Eile der Zeit, keine Ablenkung, keine Verwirrung zu geben scheint. Unruhe, Verwirrung, Armut, Gläubiger, Verpflichtungen, Intrigen – das ist außen; das ist die Bedrängnis jedes neuen Tages. Dem allen hat er geantwortet mit einem Werk der Ruhe, der Klarheit, der Fülle, der Heiterkeit, der Reinheit. Von dem Preis, den er für dieses Werk geben mußte, ist so gut wie nie die Rede. Erst als nach der geheimnisvollen Bestellung des Requiems (durch einen Boten des Grafen Walsegg, der keinen Namen nennen wollte) die Todesschatten über sein Lebensbewußtsein hin sich ausbreiteten, wagt er das Wort. »Ich fahre fort« – so steht es in einem an da Ponte geschriebenen Brief vom 7. September

1791 –, »weil das Komponieren mich weniger ermüdet als das Ausruhen. Übrigens habe ich nichts mehr zu fürchten. Ich fühle an meinem Zustand, daß die Stunde schlägt; ich bin im Begriff, mein Leben auszuhauchen; ich bin damit zu Ende, bevor ich mich meines Talentes habe freuen können. Und doch war das Leben so schön, die Laufbahn begann unter so glücklichen Vorzeichen, aber man kann ja sein eigenes Schicksal nicht ändern. Keiner ermißt die Dauer der eigenen Tage, man muß sich fügen, geschehen wird, was der Vorsehung gefällt. Ich schließe; da liegt mein Grabgesang, ich darf ihn nicht unvollendet lassen.«

Des weiteren könnte man sich um das mannigfache menschliche Gegenüber Mozarts bemühen und von dem Widerschein seines Daseins auf die ihm eigentümliche Ausstrahlung schließen. Sie war da, diese Ausstrahlung. »Nie werde ich«, so schreibt ein Sänger, »sein schmales, lebensprühendes Antlitz vergessen, wie es im Feuer des Genies erglühend leuchtete. Es zu beschreiben, ist so wenig möglich, als man Sonnenstrahlen malen kann.« Von den Menschen um Mozart können wir uns sehr wohl ein Bild machen, vom Vater, von der Mutter, von der Schwester, vom lustigen Bäsle und von manch anderer Frauengestalt, die an seinem Weg auftauchte ... Sie sind nicht, wie Goethes Gefährtinnen, auf die Perlenschnur gereiht, aber von Rose Cannabich bis zu Anna Gottlieb kennen wir manchen Namen und oft auch mehr als den Namen. Aloysia Weber, die Frau, die er sehr geliebt hat und die sehr schnöde mit ihm umgegangen ist, können wir uns recht deutlich vorstellen und tun es nicht gerne, und was Aloysias Schwester Konstanze, die seine Frau geworden ist, betrifft, so könnten uns die Mozartschen Briefe im Guten sowohl wie im weniger Guten und im ganz Unguten noch helfen zu sehen. Aber das alles führt uns nicht weit. Was uns weiterführt, ist die Grundeinsicht in das Gesetz dieses Lebens: das Gesetz des Gastes. In frühester Stunde hat der Genius mit ihm geredet, unnennbare Worte, Worte einer Wahrheit, die ihn zum Gast werden ließ, er wußte

es, oder er wußte es nicht. Man kennt die Geschichte von dem Knaben in Samt und Spitzen, den die Fürstinnen nach dem Spiel zu beschenken liebten, mit ihren Süßigkeiten, ihren Pretiosen, ihren Küssen ... Dann konnte der Knabe einen Schritt näher noch auf sie zugehen und leise fragen: »Hast du mich auch lieb, hast du mich auch sehr lieb?« Er fragte und gab sich die Antwort »Was verlangst du da?« wohl selbst zurück. In den großen Augen steht es zu lesen. Ich blicke durch, sagen sie, ich sehe die Täuschungsbilder der Welt, ich spiele mit und weiß, daß es ein Spiel ist: das Eigentliche ist anders, ganz anders.
Und so denn: Mozart, der Gast. Einer, der hier zu Besuch weilt, der nicht ohne Aufmerksamkeit, nicht ohne die Kraft des Erstaunens zur Stelle ist; einer, dem der dumpfe Eifer des Besetzten, des Besitzenden, des Besessenen ganz fremd bleibt; einer, der sich dem Augenblick ganz zu geben weiß, dem ganzen Augenblick. Darum – um hier noch einmal auf Mörike zu kommen – ist Mörikes herrliche Novelle ›Mozart auf der Reise nach Prag‹ – die übrigens zur Stunde gleichfalls ein Jubiläum feiert, sie erschien vor genau hundert Jahren –, mag sie im einzelnen dem Dargestellten einige Wesenszüge des Darstellers leihen (so etwa die intensive Kraft zur Wahrnehmung der Landschaft, die, wie man zu wissen glaubt, Mozarts Sache nicht gewesen ist), eine ebenbürtig-würdige Deutung: sie zeigt ihn, scherzend, parlierend, tafelnd, musizierend, in Glück und Anfechtung, im Stande des Wanderers, sie zeigt den Vorübergehenden, den Gast.

Wie bindet sich Leben, geniales Leben zumal, an diese Welt? Mit dem Band der Ehre und dem Band der Liebe.
Wo die beiden Bänder heil sind, wir denken an Goethe, entsteht das Glück. Wo es an beiden mangelt, Stifter fällt uns ein oder Heinrich von Kleist, da ist nicht zu leben. Wo nur das Band der Liebe sich knüpft, da entwickelt sich der Lebens- und Liebeszigeuner. Wo aber einer, wie Mozart, nur durch

das Band der Ehre sich mit der Welt verbunden weiß, da ist wenig Glück zu finden, wenig Wohlbehagen zumindest, wenig Heimat.

Er war stolz. Schon als Kind konnte er mitten in einer illustren Gesellschaft unbekümmert nach einem bestimmten, gerade zufällig nicht anwesenden Zuhörer rufen: »Der soll kommen, der versteht's ...« Er unterschied zwischen den liebenswürdigen Begabungen, die sich sonst in Wien und anderswo tummelten, und sich selbst; freimütig redet er von dem »superieuren Talent, welches ich mir selbst, ohne gottlos zu sein, nicht absprechen darf«. Und wie er hört, der Fürst Kaunitz habe von ihm als von einem Manne geredet, dergleichen nur alle hundert Jahre einmal auf die Welt komme, da zitiert er diese Äußerung mit ruhigem Einverständnis. »Jetzt haben Sie Mozart gehört«, sagt er zu einem Besucher, dem er spät, nach dem allgemeinen Konzert, noch privatissime vorgespielt hat – »das übrige können andere auch«. Und wenn ihn nach der ›Entführung‹ der Kaiser stellt und ihm sagt: »aber gewaltig viele Noten, lieber Mozart«, so antwortet er: »grade so viele wie nötig sind.« Über die Kollegen urteilt er streng, mit der Unerbittlichkeit des Fachmanns, vor dem dann freilich einer wie der Padre Martini aus Bologna bestehen kann und nicht anders Joseph Haydn und der große Vorausgegangene, der eine Johann Sebastian Bach.

Ist es dieser Stolz, um dessentwillen sie ihn nicht gemocht haben? Ist Neid im Spiel, Mißgunst? Man weiß es nicht, man weiß es nicht gewiß. Was man gewiß weiß und was die Betrachtung von Mozarts Leben über weite Strecken hin zu einer Arbeit der Tränen, des Zornes und der Erbitterung macht, ist dies: daß ihm von dieser Welt im Un- und Übermaß Unfreundlichkeit entgegengebracht worden ist. Man denkt, wir sprachen schon davon, nicht gern an Aloysia Weber, die sich über Mozarts roten Rock lustig macht, an Melchior Grimm in Paris, der einst den Knaben Mozart protegiert hatte und nach Jahren dann, beim Besuch des Mannes, befremdet dreinsieht, weil sich dieser Souverän nicht mehr vorführen läßt wie ein Zirkuspferd. Die Bischöfe aller Erde haben Mühe, das schlimme Bild des Erzbischofs Hieronymus Graf Colloredo in unsrem Bewußtsein zu verdecken, und wenn er nicht selbst, einmal und für alle Zeit, es anders verkündigt hätte (»In diesen heil'gen Hallen kennt man die Rache nicht«), so sänne der Geist wohl heute noch auf Rache am Grafen Arco, der den Schöpfer des ›Idomeneo‹ zur Tür hinaus befördert hatte mit jenem Fußtritt, »der an seinem Wappen haftenblieb«, um es mit dem schönempörten Wort Annette Kolbs zu sagen. Man hat Mühe, einen freundlichen Gedanken an eine Gesellschaft zu wenden, die ihr Nähkränzchen abhielt, während auf einem erbärmlichen Klavier Mozart dem Geschwätz akkompagnierte, und höchst unfreundliche Gedanken widmet man der Mutter Weber, die mit List ihre Tochter Konstanze unter die Haube zu bringen verstand. Bei den Briefen an Puchberg aber, den Bittbriefen Mozarts aus den letzten Zeiten seines Lebens, wird man sehr schweigsam: »Stellen Sie sich meine Lage vor – krank und voll Kummer und Sorge – gegenwärtig habe ich Mangel – könnten Sie mir denn nicht mit einer Kleinigkeit an die Hand gehen?« Ach, und auch an die, denen er zuweilen nahe zu sein suchte und die ihm zugetan waren, kann man doch nur mit halber Freude denken. »Nächst Gott kömmt gleich der Papa«, hatte es in frühen Tagen bei Wolfgang Mozart geheißen; aber wie schwer hat er in der Folge unter diesem Vater gelitten! Nicht nur, daß zwei Zeitalter hier sich schmerzlich begegneten in Vater und Sohn: ein Musikus kann sich anpassen, ein Genius nicht. Und Konstanze? Sie hat ihm viel Mühe gemacht mit ihrer geringen Einsicht in das, was dieser Mann, dessen Namen sie trug, in Wahrheit war, aber gewiß hat sie ihn auf ihre Weise liebgehabt, und auch er hatte sie lieb, auf seine Weise. Die Milliarden Küsse freilich, die in den Briefen an das »Liebste, beste Weibchen« herumschwirren, die übermütigen Zärtlichkeiten, das »O Stru! Stri!«, sie sind, wie die Bäslesbriefe von einst, ein Stück Schutzwall der Seele und fast schon ein Fluchtweg. Nein, die Liebeskraft, die in ihm war, die unerfüllt-unerfüllbare, sie ging an allen und allem vorüber: sie mußte »Werk« heißen dürfen, Gesang, heiteres Wort aus schwerem Herzen.

»Das Ganze« sei dieses Mozartsche Werk, hatte David Friedrich Strauß gesagt. Ein Ganzes – bestimmt wovon? »Von Liebesallgewalt, die still und einig / Im Kreis die Sonne führt und alle Sterne.« Die Danteverse drängen herzu, sie bieten sich als Antwort an, wenn man hier gefragt wird, weil sie beides erkennen lassen: den Umfang dieses Werkes und seine Mitte. Liebesallgewalt: das ist Masetto und Zerline, das Täuberichgurren, ist Papageno, Papagena und ihr Lied, Despina und Dorabella, Don Giovanni dann, Eifersucht und Verzeihung, Verführung und Verrat, und Unwiderstehlichkeit auch. Liebesallgewalt: das ist Probe und Bewährung, Feuersglut und Wassersflut, Tamino und Pamina, und das reinste C-dur des Treuverspruchs: »Ich werde allerorten an deiner Seite sein.« Und ist: Cherubin, das selige Stocken, das die ganze Welt in eine Handvoll Liebe zu verwandeln sich anschickt »im Wachen und im Träumen« . . . Und ist – ohne Zäsur, wie denn die Wahrheit des Lebens diese Zäsur nicht macht, der geistliche Jubel des ›Exsultate‹ und die innerste Zuwendung der Seele im ›Ave verum‹. Und alle Kammermusik ist eines: Liebesgespräch. Stimme von einem, der fragt, der wirbt, und die andere Stimme dann, verborgen noch, scheu sich verbergend im Wald der Stimmen, jetzt in spröder Flucht, jetzt in heimlicher Nähe, jetzt in die Lichtung tretend, winkend von ferne, jetzt zur offenen Innigkeit entschlossen . . . Dann wieder: Spiel der Gesellschaft, geheime Vertraulichkeit, Gruß der Augen, Serenade, Divertimento, Tanz.

Aber da ist dann in einem Variationensatz eine vierte, fünfte Veränderung des Themas, und ein Trio ist da, und ein Alla turca vielleicht oder ein Ausbruch mitten im zweiten Satz. Wohin führt das, was da bebt im Klavierkonzert aus d-moll, mitten in der Romanze? Gefahr der Liebe, Unerfüllbarkeit, Grenze der Liebe. Liebesallgewalt: es ist nichts in diesem Wort, was Mozart nicht gesagt hätte. Es ist alles schon da: der ›Fidelio‹ und der ›Tristan‹, der ›Rosenkavalier‹ und die ›Carmina burana‹; in alle Schluchten, Wüsteneien und Abgründe führt der Weg, nur daß die Engel über der Rückkehr wachen.

Als 1841 in Wien Mozarts Büste enthüllt wurde, schrieb Grillparzer, der Meister des Maßes, die Huldigungsstrophen.

In ihnen steht:

Nennt ihr ihn groß? Er war es durch die Grenze.
Was er getan und was er sich versagt,
Wiegt gleich schwer in der Schale seines Ruhms.
Weil nie er *mehr* gewollt als Menschen sollen,
Tönt auch ein Muß aus allem, was er schuf.

Lebensmusik, Liebesmusik. Aus dem wilden Ausbruch im Mittelsatz des d-moll-Klavierkonzerts war man zurückgekehrt in die reinmelodische Stille der Romanze. Aber im dritten Satz beginnt es von neuem: Allegro agitato ... das steht nicht da, aber das *könnte* dastehen, wie denn auch »appassionato« dastehen könnte: Unruhe des Herzens, Leidenschaft. Aber plötzlich bricht die Welle der Erregung auseinander, und eine neue Melodie tritt ein, eine ganz einfache kleine Spieluhrmelodie. Was bedeutet das? Man muß es von einem großen Pianisten gespielt hören, von einem, der wirklich Mozart spielen kann, am besten gleich von Clara Haskil, um zu begreifen, was das an dieser Stelle bedeutet. Sähe man die Gesichter der Hörer im Saal – aber man sieht sie nicht –, so spürte man wohl, wie sie um einen Schein blasser geworden sind, nun die kleine Melodie im Raume dahingeht. In den d-moll-Passagen war das Leben, furchtbar und herrlich zugleich, aber in diesem Lied – ist der Tod.

Sein g-moll, sein c-moll: bang und dunkel fährt es herein, oft genug, aber es ist der Lebenswind, der durchs Fenster kommt.

Ihm ist standzuhalten. Anders bestellt ist es mit den Dur-Seligkeiten der späten Jahre. Da ist ein Lied, vertont im Januar 1791, zur Zeit des letzten Erdengeburtstages also. Es ist ein kleines Ding aus F-dur, ein Stückchen Kindheit, wie es scheint, mit einem bescheidenen Text. Wir kennen es gut – und kennen es doch kaum; eh wir nicht das bitterste »Nur-so-Kurz« darin gehört haben: »Komm, lieber Mai, und mache die Bäume wieder grün.«

Seltsam, der Wunsch, der von ihm überliefert wird: der Wunsch, einen Toten zu sehen. Als ihm der Wunsch erfüllt wird, da ist es die Mutter, von der aus so großer Nähe Abschied zu nehmen ist. Sie hat den Sohn nach Paris begleitet und ist dort gestorben. Mozart schreibt am Totenbett der Mutter und bereitet den Vater in vorsichtigen Sätzen auf das Letzte vor. In einem zweiten Brief gesteht er den kleinen Liebesbetrug, spricht ein schönes Trostwort und kehrt dann entschlossen, im selben Brief, zum Leben zurück, und das heißt für ihn: zum Werk. Dann aber, Jahre danach, da der Vater selbst sich zur letzten Reise bereit macht, schreibt er jenes Credo der Versöhnung mit dem Tode, das er ein ganzes Leben lang komponiert hat auf all und jede Weise: »Da der Tod (genau zu nehmen) der wahre Endzweck unsres Lebens ist, so habe ich mich seit ein paar Jahren mit diesem wahren, besten Freunde des Menschen so bekannt gemacht, daß sein Bild nicht alleine nichts Schrekkendes mehr für mich hat, sondern recht viel Beruhigendes und Tröstendes. Und ich danke meinem Gott, daß er mir das Glück gegönnt hat, mir die Gelegenheit zu verschaffen, ihn als den Schlüssel zu unsrer wahren Glückseligkeit kennenzulernen. Ich lege mich nie zu Bette, ohne zu bedenken, daß ich vielleicht, so jung als ich bin, den andern Tag nicht mehr sehen werde, und es wird doch kein Mensch von allen, die mich kennen, sagen können, daß ich im Umgange mürrisch oder traurig wäre, und für diese Glückseligkeit danke ich alle Tage meinem Schöpfer und wünsche sie von Herzen jedem meiner Mitmenschen.«

Das ist *nicht* Ossian, Hölty, Werther; nicht Romantik – aber schon zögern wir, denn auch Novalis ist ja Romantik, und gehört er, Mozart, nicht so sehr mit dem Los des Frühvollendeten als mit der Weise des Peregrinus, des Gastes, nicht doch zur Gilde des Novalis? Und wie lesen wir das Schicksalslied des Clemens Brentano, des Spielträumers, der sich in den Vordergrund zu flüchten verstand und doch von den tiefsten Gründen her lebte, jene ›Jäger und Hirt‹ genannten Strophen, wenn nicht so: Mozartsche Musik im Ohr? Dies also:

Durch den Wald mit raschen Schritten
Trage ich die Laute hin.
Freude singt, was Leid gelitten,
Schweres Herz hat leichten Sinn.

Und weiter dann:

Weil ich alles Leben ehre,
Scheuen mich die Geister nicht,
Und ich spring' durch ihre Chöre
Als ein irrend Zauberlicht.

Haus' ich nächtlich in Kapellen,
Stört sich kein Gespenst an mir,
Weil sich Wand'rer gern gesellen –
Denn auch ich bin nicht von hier.

Für die Dauer eines Augenblicks könnte sich die Frage regen, was Mozarts Musik uns, den Kindern des zwölftönenden Jahrhunderts, bedeuten kann, »noch« – verstörendes »noch« – bedeuten kann, und man wird, Hofmannsthalsche Sätze aus jener Besprechung von 1891 sich herbeiholend, mit Verwunderung lesen: »Ein Zurück zu Mozart ist ebenso unmöglich wie zu den Griechen; uns fördert heute nur Lebendiges, werdend wie wir, ringend, stammelnd, wechselnd wie wir. Gewordenes können wir nicht verstehen; nur den Willen, auch einmal etwas Vollendetes zu werden, kann es uns verleihen. Bewegung ist alles. Mozarts lichte Lehre aber ist tot, tot wie der herrlich schimmernde Kristall.«

Man muß wohl soviel Leben vor sich spüren, wie ein Siebzehnjähriger vor sich spüren darf, um so unbekümmert totzusagen. Wir, ein Geschlecht, das viel Tod erfahren hat, sehr fern vom Jahre 1891, wüßten zwar nichts von »Mozarts lichter Lehre« zu sagen, denn wir meinen, er habe keine »Lehre« gehabt, aber den Zweifel, der Hofmannsthals Worte bestimmt, teilen wir nicht.

Wir meinen vielmehr, es sei wohlgetan, der Frage, was Mozarts Musik uns geben könne, entgegenzufragen, auf welche Weise wir denn dieser Musik zu antworten wissen. Wüßten wir unsre Antwort, so wäre ja auch jene erste Frage wohl beantwortet.

Wir antworten ihr mit einer unvergleichlichen – wagen wir das Wort: unvergleichlichen – Dankbarkeit der Sinne. Man beobachte die ›Menge Mensch‹ in dem Augenblick, da nach dem ersten Akt des ›Figaro‹ oder der ›Zauberflöte‹ das Licht im Saal angeht – nicht leicht sonst einmal sind sie alle, die sich da versammelt haben, die Vielbeschäftigten, die Überforderten, die Unerfüllten noch, so im Einklang: nicht eigentlich mit sich selbst – sondern mit dem, was wir »das Ganze« nannten, mit dem Kosmos, mit der Schöpfung Gottes. Und das nicht auf dem Notweg einer Flucht, nicht im dionysischen Rausch, sondern kraft einer ehrerbietigen Bereitschaft, die Gleichzeitigkeit aller Erfahrungen, das Zusammen von Schmerz und Freude, das Zugleich von Leicht und Schwer anzunehmen: »Freude singt, was Leid gelitten, schweres Herz hat leichten Sinn.«

Am festlichen Abend danken die Sinne. Aufgabe eines ganzen Lebens aber ist es, im vollen Ernst zu danken: der glückseligen Erschütterung Dauer zu verleihen und die Verzauberung des Gemüts umzuschaffen zur wahrhaftigen Leichtigkeit der

Seele. Wir schämen uns, daß wir fast zwei Jahrhunderte lang der innigen Gewalt Mozartscher Musik geantwortet haben mit der dumpfen Gewalt unsrer großen Kriege und unsres kleinen Streits. Leichtigkeit der Seele – das hieße nun wohl: offenstehen jedweder Melodie des Daseins, der wohltönenden und der dissonanten auch, es hieße: aufmerksam noch dem Ungefügten begegnen, liebend dem Unerlösten. Die Jupitersymphonie hebt an, und ich fühle weiten Raum. Nicht als ob ich hörenderweise im Götterreich wäre –: der Raum ist weit, weil die Erde angenommen ist, die Erde ganz, mit Himmelswölbung und Wolke und mit den Rinnsalen der Tiefe: »Weil ich alles Leben ehre, scheuen mich die Geister nicht.«

Endlich aber: Leichtigkeit der Seele, sie ist eine Frucht jener Heiterkeit des Herzens, die dem Credo entstammt. Heiterkeit des Herzens: heiliges Signet der Wanderschaft, Gastgeschenk an den Gast, der die Zeltpflöcke nicht allzutief einrammt. »Salva me, fons pietatis« – »Gnadenquell, laß Gnade walten –«, in den letzten Novembertagen des Jahres 1791 hat er in seinem ›Requiem‹ diese Worte vertont, »den Todesgeschmack auf der Zunge« schon. Aber auch bei Fiordiligi und Dorabella, die er, im Jahr zuvor, in ›Così fan tutte‹ ihre verwirrt-verwirrenden Arien singen ließ, hat er es nicht anders gemeint. ›Così fan tutte‹ und ›Zauberflöte‹ und ›Requiem‹: es war eines beim anderen für ihn, es war die Botschaft des Hier-und-Dort, des Weiter-und-Weiter. »Noch einmal möchte ich meine Zauberflöte hören« – die Überlieferung kennt dieses Wort als ein Wort seines letzten Lebenstages, und sie weiß, daß er dann probeweise vor sich hin gesungen habe: »Der Vogelfänger bin ich ja« ... So winkt der Gast sein Lebewohl, bang und heiter und ewigkeitsentschlossen. Winkend ruft er die Gefährten – uns vielleicht, dich, mich: »Weil sich Wandrer gern gesellen, denn auch ich bin nicht von hier.«

Der leichte Sinn

Zu ›Così fan tutte‹

›Così fan tutte, Komische Oper von Mozart‹, stand auf dem Zettel, der in der matt erleuchteten Bahnhofshalle hing, und obgleich ich die Rückfahrkarte für den Sieben-Uhr-Abendzug schon in der Hand hielt, kehrte ich schleunigst um, rief im Theater an und sicherte mir einen Platz. Es war die alte Verzauberung, die hier handelte, die Verzauberung durch den Namen Mozart. – Mozart: das bedeutete ›Figaros Hochzeit‹ und ›Zauberflöte‹, ›Klarinettenquintett‹ und ›Requiem‹; von ›Così fan tutte‹ selbst wußte ich bis zur Stunde nichts, nicht mehr als den Titel, den ich mir allenfalls zurechtübersetzen konnte, und bei ›So machen's alle‹ (gemeint sind »weibliche Wesen«) ließ ja dies und das sich denken. *Wie* alle es machen – nun, das würden mir heute abend also Fiordiligi und Dorabella kundtun; Ferrando und Guglielmo würden sekundieren, Don Alfonso nebst Despina könnten den Rest geben. Wohlan denn!

Der Vorhang geht auf, die Herren Offiziere singen, daß es eine Pracht ist, und Don Alfonso, der Philosoph in Violett mit der Voltaire-Maske, hat alle Mühe, mit seinen Zweifeln Gehör zu finden: hundert Zechinen muß er wetten gegen die beiden Ritter, die von der Treue ihrer Schönen fest überzeugt sind. »Die gerühmte Weibertreue gleicht dem Phönix aus Arabien, jeder weiß von ihm zu schwatzen, doch wo ist er –«, worauf Ferrando dazwischentönt: »Dorabella«, und Guglielmo im Echo »Fiordiligi«, Alfonso aber in wandelloser Skepsis und noch dazu staccato schließt: »Das-weiß-man-nicht, das weiß man nicht.« Vierundzwanzig Stunden Frist sind gesetzt, in denen Alfonso die Treue der beiden Frauenzimmer erschüttert haben muß, und das Ehrenwort ist gegeben, während dieser Zeit bereitwil-

lig auf alle Listen des Advocatus diaboli einzugehen: die Komödie kann beginnen.
Es kommen Fiordiligi und Dorabella, zwei Rokokodamen vom Golf von Neapel, jede mit einem Bild ihres Erkorenen in der Hand. »Betrachte die feurigen Augen, sie stecken wie Blitze die Herzen in Brand«, heißt ihr Gesang, da erscheint unversehens mit allen Zeichen des Schreckens Don Alfonso, allegro agitato, und bereitet die Mädchen darauf vor, daß ihre Ritter unverzüglich zu den Waffen gerufen sind; nur ein kurzer Abschied ist möglich, jetzt auf der Stelle. Sie folgen ihm auf dem Fuße, die Ritter, schlotternden Gebeins (»Schwankend nah' ich, die Schritte zagen«), und ein impertinentes Quintett hebt an; tiefgerührter Abschied wird genommen, und das doppelte Vergnügen, das an der Rolle und das an der offenkundigen Herzenstreue der Geliebten und der damit schon halb gewonnenen Wette, gibt der Situation die schwankendste Bewegung, und nur Don Alfonso mit seinem »Sachte, sachte, liebe Freunde, finem lauda«, bleibt unerbittlich. Schon kommt das Soldatenlied näher, der zweite Abschiedskantus wird angestimmt, von Alfonso mit einem »Ich sterbe vor Lachen« akkompagniert, während darüber die Addios schluchzend vergehen... Alle Mühe muß sich der Philosoph geben, um mit Anstand das große Wellen-Terzett der Zurückgebliebenen singen zu helfen, indes sein Geist schon auf Rezepte der Verführung sinnt.
Verkleidung – wie könnte es anders sein bei der Buffo-Oper des Rokoko – muß zu Hilfe kommen, und das Kammerkätzchen Despina wird zu allem fähig sein. Eine unglaubliche Person, diese Despina: kaum sind die Verehrer ihrer Herrschaft aus dem Hause, da empfiehlt sie ganz von sich aus die Abwechslung, die Rekrutierung; nun, da Alfonso sie noch für sein Abenteuer einspannt, ist sie Feuer und Flamme. Seht, da sind sie, die beiden Statthalter, die Liebhaber i. V., bärtige Albanier in schauderhafter Maskerade. Wer ist's? Niemand anders als Ferrando und Guglielmo, die Zuschauer wissen es schon. Nun kommen auch die Damen aus ihren Gemächern, es gibt eine

Szene ersten Ranges, die Schönen bestehen die Attacke mit Glanz, und die Offiziere müssen den Rückzug antreten, nicht ohne vorher noch in einem unbewachten Augenblick aus G-dur und aus vollem Halse gelacht zu haben: die Zechinen sind schon so gut wie gewonnen.
Aber halt! Alfonso fährt stärkeres Geschütz auf, die Abgewiesenen müssen sich von neuem nahen, nunmehr als Todeskandidaten (»Gift von schärfster Sorte ... in wenig Augenblicken wird sie der Tod befrein«): nun, für diesmal muß es nicht gleich der Tod sein, ein Doktor Mesmerscher Observanz, sprich Despina, bringt sie mit züchtiger Unterstützung der Schönen ins Leben zurück. »Ha, wer weiß, ob dies Erbarmen nicht zu Liebe werden kann.« Zu dem erbetenen Kuß (»nur als Nachkur, das befördert die Genesung«) kommt es noch nicht, aber jetzt heizt Despina gehörig ein: sie singt der Liederlichkeit einen solchen Triumphgesang, daß man es gern besser hätte: »Wünschen vielleicht Sie« – und schon in diesem Rhythmus erkennt man die Mozartsche Musik, die dazu gehört – »Wünschen vielleicht Sie / weit're Belehrung, / stehet Despina /gern zu Gebot!« Da hat denn Dorabella, die rundliche Schwester, glücklich Feuer gefangen, und beide Schwestern entschließen sich, nur so zum Spaß das Spiel zu wagen, wobei nun – eine besonders delikate Finesse – die Wahl übers Kreuz getroffen wird: der forsche Guglielmo wird von Dorabella mit Beschlag belegt, während die stolze Fiordiligi sich zu dem stilleren Ferrando finden soll, und während des abendlichen Lustwandels gibt denn auch schon Dorabella ihrem schmachtenden Scheinliebhaber nach. Wobei wir keinen Augenblick vergessen, daß wir uns im Spielbezirk der Wette befinden; die Musik aber, die nicht lügen kann, läßt die Möglichkeit offen, daß nun unversehens aus Scherz Ernst zu werden vermag. Ein Duett wird gesungen, in dem sich die Herzen tauschen (»denn wisse, ich habe mein Herz nicht mehr hier« ... »hast du's nicht mehr eigen, was pocht dann so hier?« ... »gabst du mir das deine, was klopft so bei dir?«) und dann, im graziösen Sekundenschritt – und nur

der italienische Text gibt die ganze Lustbarkeit wieder –: »perchè batte batte batte qui?« und als Echo: »che mai balza balza balza li?« Wir sind im Herzen dieser Oper, in der Welt der Buffa, in der Welt des Wechsels und der Übergänge.

Ferrando macht indessen gewaltige Anstrengungen, gleichermaßen zum Ziele zu gelangen, allein es braucht noch viel, bis auch Fiordiligi umgestimmt ist und in großen A-dur-Terzen die neue Liebe sich feiern läßt. Wer also hat das Ende zu loben? Alfonso. Er tut's, aber die Geschlagenen ergeben sich der guten Miene im bösen Spiel und singen das Leitwort als grimmig-heiteren Festgesang: »Così fan tutte.« Nun soll Hochzeit sein, freilich nach der neuen Wahl, der Notar – wer anders als Despina! – erscheint mit den Ehekontrakten, die Damen haben eben unterschrieben – da ertönt der alte Soldatengesang, gewaltig schlägt das Gewissen der Betreffenden und Betroffenen ... »misericordia«: mit der Gebärde heuchlerischer Bestürzung ruft Alfonso, der philosophische Spitzbube: »Die alten Liebsten nahen.« Schon sind sie unter der Türe, tun »als ob sie von nichts was wüßten«: es droht die Katastrophe, da folgt zur rechten Zeit die Entzauberung: Scherz, List und Rache lösen sich in Wohlgefallen auf.

Dies die Fabel. Und wenn Despina mit Alfonso in ergötzlichem Vereine singt: »Eine tollere Komödie sah man noch zu keiner Zeit«, so haben sie die Zustimmung des Hauses. Ein Stück, das an Unwahrscheinlichkeiten das Unwahrscheinlichste vollbringt. Kein Mensch kann sagen, daß während des Rollentausches die Fäden *geheimnisvoll* gezogen seien. Dieser Guglielmo zum Beispiel, der vor der Tür steht, da seine Fiordiligi in den Armen Ferrandos flötet – mitnichten hält er sich zurück, nicht in der Stimme, nicht in der rasenden Gebärde. Diese Despina kümmert sich wenig darum, ob unter dem schwarzen Doktors- oder Notarstalar die blauen Mädchenschuhe hervorblicken. Dieser Don Alfonso singt seine Pläne keineswegs nur coram publico, er singt sie ja geradezu den Schönen ins Ohr ... und da will man dann noch glaubhaft machen, die beiden Da-

men könnten im Ernst ahnungslos in diese plumpen Fallen gehen?
Aber will man das überhaupt glauben machen? Ach nein, Mozart will es ja gar nicht, Mozart will überhaupt nichts. Für ihn ist dieser ganze Text von der ›Schule der Liebe‹, der Text Da Pontes, für ihn sind diese sechs Gestalten – lauter Hauptpersonen übrigens, wodurch ein dichtes Geflecht entsteht – nur Anlässe, herrlich zu musizieren, die Fülle des Wohllautes zu schenken wie nur je einmal.
Da fahre ich mit dem Nachtzug aus der großen Stadt hinaus und gehe hernach noch eine halbe Stunde zu Fuß in mein schlafendes Dorf. Mitternacht ist vorüber, aber immer noch umspielen und betören mich Mozarts Melodien. Da ist der leichte Glanz über der Ouvertüre, das Wellen-Terzett mit seinen silbernen Terzen (»Weht leiser, ihr Winde, sanft schaukle die Welle«), Guglielmos bärtige Liebesweise ist im Ohr, und das Cantabile Ferrandos wird nun für Tage mit mir aufstehn und zu Bett gehn (»Der Odem der Liebe erfrischet die Seele«), Fiordiligis Reue-Arie mit den bedenklich schwankenden Koloraturen auf »Dein zu sein in Ewigkeit«, das Lied von Amor, dem »Schlänglein voller List«, und schließlich der dreistimmig fugierte, leuchtende Trinkspruch im zweiten Finale. Das alles gibt es also seit hundertundfünfzig Jahren auf der Welt! Höchste Zeit, daß es einem heute zu Ohren kam!
Immer will sich die Freude Gehilfen suchen. So war denn auch ich am andern Tage gleich begierig zu erfahren, was nun Mozarts Zeitgenossen und Nachfahren zu diesem Juwel einer Komischen Oper zu sagen hatten. Ich erfuhr zunächst, daß Mozart ›Così fan tutte‹ Ende 1789 und Anfang 1790 komponiert und am 26. Januar 1790 zum erstenmal in Wien aufgeführt habe, wodurch das Werk zeitlich nach ›Don Giovanni‹ und vor der ›Zauberflöte‹ rangiert; daß es keinen sonderlichen Beifall gefunden und nirgends sich lang auf den Bühnen gehalten habe. »Das deutsche Publikum hat wohl überall zu viel Schwere und zu wenig leichtfertigen Mut für diese Art des Ko-

mischen«, liest man bei Friedrich Rochlitz, der dann freilich in der Folge beweist, daß *er* weiß, was ›Così fan tutte‹ bedeutet; und bei Franz Niemtschek steht zu lesen: »Man wundert sich allgemein, wie der große Geist sich herablassen konnte, an ein so elendes Machwerk seine göttlichen Melodien zu verschwenden.« So die Zeitgenossen. Die Nachfahren aber springen mit dem Werk noch viel weniger glimpflich um, halten es überhaupt nicht mehr für bühnenfähig, finden, daß der zweite Akt ungleich schwächer sei als der erste... respektvolle Verbeugungen fehlen nicht, aber je mehr ich in den Zeugnissen las, desto mehr wurde ich gewahr: ich stand mit meiner Liebe allein. »Elendes Machwerk«: ich verstreite mich nicht für Da Ponte, was liegt an ihm? Wenn ich aber lesen muß: »Unstreitig hat in ›Così fan tutte‹ der stete Verkehr mit dem Flachen, Unwitzigen und Herzlosen des Textes die musikalische Schöpferkraft Mozarts beeinflußt und unter ihre Normalhöhe hinabgedrückt«, und bei einem anderen Kritikus, es ist Hanslick: »Die Bildung unsrer Zeit kann damit beim besten Willen keinen Vergleich mehr schließen«, dann scheint mir hier ein Mißverständnis vorzuliegen, denn nun geht es ja nicht mehr um Da Ponte, sondern um Mozart selbst.

Ich sehe mich wieder in der Theaternacht des kleinen Bühnenhauses, fühle, wie die Mozartsche Musik, leichthin gebunden an diesen Text, in die horchenden und schauenden Menschen fällt. Ich sehe von neuem die Gesichter in dem Augenblick, da in der Pause das Licht aufflammt. Was sehe ich für Gesichter? Glückliche, entspannte, von Grund aus erheiterte Gesichter, die sagen wollen, daß man ihnen in tiefster Seele wohlgetan hat, eine Stunde lang, drei Stunden lang.

Aber der Text, dieser doch immerhin fragwürdige Gegenstand und seine nicht minder fragwürdige Durchführung? Ach, wir haben es gar nicht in acht genommen, ob das nun »fragwürdig« war. Wir haben Mozart gehört, das ist alles. Was ist denn geschehen? Spiel ist geschehen, Opera buffa im reinsten Sinn; Tanzwesen, wenn ihr wollt, eitel Unfug und Übermut. »Das

Moralische« – da halten wir es mit dem alten Vischer, nicht umsonst hat der auch Mozart so geliebt – »das Moralische versteht sich von selbst.« Von selbst versteht sich auch, daß Mozart gewußt hat, wie heiliger Ernst der Ernst ist: er hat gewußt, daß eine Macht kein Gemächte, daß Eros ein großer Dämon und der Vorschlag Dorabellas »und spiel mit ihm gleich mir« leichter gesagt als befolgt ist: dieweil je und dann mit ihm nicht zu spaßen ist. Aber sollte deshalb nun ›Così fan tutte‹ nur ins Brave verkehrt auf der Bildfläche erscheinen dürfen? Es ist dies ja in der Tat geschehen. Man hat erheiternderweise aus Don Alfonso einen Zauberer gemacht, aus Despina ein Ariel-Wesen; man ließ die Liebhaber auch Dritte und Vierte spielen, man weihte die Schönen vorher in die Komödie ein, so daß sie dann zuletzt gerechtfertigt dastanden und die Männer die Geschlagenen waren; schließlich hat man gar der Musik einen völlig neuen Text untergeschoben, einmal sogar einen von Shakespeare; – aber nein, man lasse solche Ehrenrettungen: sie retten dort nicht, wo gar nichts gerettet werden muß. Denn was sollte im Spiel der Rettung bedürfen? E. T. A. Hoffmann kommt in den ›Serapionsbrüdern‹ einen Augenblick auf ›Così fan tutte‹ zu sprechen. Er trifft ins Schwarze, wenn er den »Ausdruck der ergötzlichen Ironie« im ganzen Werk wahrnimmt als das Regierende. O ja: Verführung geschieht, aber doch nicht Verführung zu Treubruch und Leichtsinn, sondern Verführung zu Leichtigkeit, Heiterkeit, Gelassenheit, zum Lachen und Befreitsein. Verführung, damit die gefrorene Seele ein wenig töne, damit ihr steinerner Ernst, aus dem so wenig Gutes kommt, sich löse: Verführung also zu jenem »leichten Sinn«, den das Schicksalslied des Clemens Brentano meint: »Freude singt, was Leid gelitten, schweres Herz hat leichten Sinn.«

Der leichte Sinn: das ist der Leichtsinn nicht, der die Abgründe leugnet, weil er sie nicht sehen will. Der leichte Sinn: das ist der Menschensinn mit dem Vorzeichen des Lächelns. Und ist nicht das Lächeln, das vielfach auszudeutende, unseres Menschentums menschlichstes Teil?

Die Zauberflöte

Ouvertüre

»Der Kenner im vierten Rang geht nach der Ouvertüre«, pflegte mein Freund, der Kenner, zu sagen, wenn die Rede auf die ›Zauberflöte‹ kam, und die Rede kam oft darauf, denn die ›Zauberflöte‹ war für uns beide die Heimat in der Musik, und an die Heimat denkt man nicht nur einmal im Jahr, sondern alle Wochen und alle Tage. Und weil das so war, darum konnte ja dieser pythische Spruch nicht als eine Entwertung der Oper selbst verstanden werden, sondern nur als eine stürmische Liebeserklärung an eben diese ihre Ouvertüre. Und das ist wahr: keine Schöne und keine Schönste einer schönen Stadt kann je ein so einhelliges Ja gewinnen, ein Ja zudem, das noch die, die es aussprechen, schön macht, das sie alle ins Licht rückt, sie alle beschenkt, ohne sich einem zu entziehen, ohne einen zu vergessen.

Du erinnerst dich: man ist schon den ganzen Abend auf seinem Schemel in Achteln gehüpft. Dann waren Tee und Butterbrot erschienen, der blaue Anzug und die Jagd nach dem Kragenknopf. Die Straßenbahn hatte man ziehen lassen, dafür flirrte das Leben aus ein paar Quergassen noch vorüber; dann schlug der Wind am Anlagensee seinen mächtigen Mantel um den Dahineilenden. Einer von den schwarzen Schwänen saß regungslos unter der Trauerweide. Und nun hörte man auch schon das erste Zeichen, stürmte die unzähligen Treppen der Armut hinauf, gab der Garderobenfrau den Mantel, dem Schließer die Karte, komplimentierte sich an seinen Platz, und dann wurde es Nacht. O Nacht im Großen Haus, Theaternacht! O vollkommener Augenblick, so dazusitzen, wie oft schon, wie oft noch? Ganz Kind, ganz Erwartung, Herzschlag der Hoffnung und Atemlosigkeit der Vorfreude. Seltsamer Schauer von Furcht, von Traurigkeit, der doch das Glück erst vollkommen macht. Und nun der Blick, der hinunter in den Orchesterraum dringt, dorthin, wo die Hierarchie der Musikanten (beides: »Hierarchie« und »Musikanten«) Platz hat, schimmernde Stege und hellblitzende Flötenknöpfe, blanke Trompeten und gewaltige Kontrabässe, die wie Tempelwächter zur Linken das Ganze bewachen, und nun taucht von der Seite her der Obergott auf. Das kleine Gebrodel im Saal vergeht. Vergeht so sehr, daß man nun bis hier herauf durch den ganzen Raum hin das behutsame Auffallen des Taktstocks erfährt, wie als hätte einen selbst ein Zauberstab elektrisierend berührt. Und so steigt die Welle des Herzens an, steigt in jenen schönsten Augenblick hinein, in dem sie bricht – und da ist der langgezogene Es-dur-Trompetenhall. Du lehnst dich zurück und schließt die Augen. Und du fährst in breiter Gondel mit silbernen Beschlägen und dunkelsamtenen Vorhängen, und du ruderst aus dem geschützten Gehege hinaus, du bist ein König geworden oder ein venezianischer Doge. Und man weiß, was man dir schuldet in Ehrfurcht und gemessenem Takt; auch die Wellen scheinen es zu wissen, wie in dunkler Geduld ziehen sie zögernd ab zur Rechten und zur Linken. Da plötzlich ohne Übergang geschieht's, wie wenn aus verborgener Tiefe auf ein Zeichen hin zwanzig kecke Ruderer erstanden wären: einer gibt den Befehl, und nun schießt die Gondel dahin. Eine zweite hat herzugefunden, sie gibt Geleit, nun eine dritte, nun eine vierte, und wie als müßten sie einander zum Wetteifer antreiben, als müßten sie es einer über den andern gewinnen, als müßten die farbigen Fahnen den Wind überrennen und der Wind die farbigen Fahnen, jagen sie dahin, jetzt wie Männer, denen es um den Sieg geht, und jetzt wie Flötenspieler, denen es nur um den Augenblick geht. König, König, hast du deine Lust an uns? O ja, o ja, ich habe meine Lust an euch! Wo sind wir? Keiner wüßte mehr zu sagen, wo wir sind. Da drüben ist die Stadt, ihre Türme und ihre gewaltigen Töne, eben noch klingen sie auf, eben noch klingen sie von ferne. Wer hat sie hierher getragen, welcher Zauberer, welcher Wind? Wir sind mitten auf dem Meere, um uns sind Wellen, grüne Wellen, weiße Wellen, Möven werfen sich silbern auf den silbernen Spiegel und werfen sich wieder auf in die silberne Luft. Gebar sie eben das Meer? Ertrinken sie morgen im Meer? Ertrinken wir mit ihnen? Nimmt uns jetzt schon die Flut? Ist schon Vineta, die Insel der Tiefe, Atlantis, die ewig Unerreichte? Nein. Nein. Wir legen an. Für einen Augenblick: Stille. Einer geleitet dich aus dem Schiff, und da ist Land, grünes, auferblühtes Land, helle Waldung und niederes Gesträuch. Wer singt denn? Singt der Wald, singt die Kreatur? Nein. Es ist der Wald nicht, der singt, es kommt näher, es kommt auf dich zu, es ist menschliche Stimme. Ist das Erde? Ist das Paradies? Sieh hin, sieh hin. Eine Schlange regt sich. Eine Schlange, denkst du. Wie war das dort, eine Schlange im Paradies? Aber nein, doch nicht Paradies: Erde. Und einer auf dieser Erde in der Lebens- und Todesfurcht, und nun singt er, dieser Eine: »Zu Hilfe, zu Hilfe, sonst bin ich verloren . . .«

Schikaneder

David Friedrich Strauß fragt in seinem Sonett auf Emanuel Schikaneder, den Textdichter der Zauberflöte:

Was schikanieret ihr den Schikaneder?
Der Käfer sei er, sprechet ihr mit Hohn,
Der auf des Adlers Schweife sich zum Thron
Jovis emporschwang, nicht mit eigner Feder.

Textdichter: kühnes Wort. Denn obschon er, David Friedrich Strauß, recht hat mit seiner Rechtfertigung: »wie Schikaneders Text sich ewig neu verklärt in Mozarts Tönen«, so ist es doch immer wieder zum Kopfschütteln, wahrzunehmen, was für poetischen Schnickschnack der große Mozart hat komponieren müssen:

Ein Mann muß eure Herzen leiten,
Denn ohne ihn pflegt jedes Weib
Aus ihrem Wirkungskreis zu schreiten.

Die Fabel, wenn schon von Fabel geredet werden kann, ist simpel, romantisch, Sujet eines pompösen Ausstattungsfilms: Prinz Tamino liebt Pamina, sucht Pamina, findet Pamina, bekommt Pamina. Wer ist Pamina? Pamina ist die Tochter der Königin der Nacht, von Sarastro geraubt, in den Isistempel verbracht, dort aber für Tamino bewahrt, der sie nach mysteriösen Prüfungen auch wirklich gewinnt.

Die Charaktere: Tamino, »ein holder Jüngling sanft und schön, ja, ja, gewiß zum Malen schön«, findet ein Bild Paminas. Finden, sehen, lieben, in Es-dur anschmachten ist eins: »Dies Bildnis ist bezaubernd schön.« Über ihn nichts weiter.

Sein Begleiter Papageno, Vogelfänger, Bruder Dummrian, Bruder Lustig, einen Käfig auf dem Rücken und Federn im Haar, einmal ein Schloß vor dem Mund, einmal Silbergöckchen im Arm, Bänkelsänger, Mädchenfänger, Schwadroneur und Schwerenöter.

Sarastro halb Abgott, halb Priester: Gold, Purpur und ein moralisch Lied. Da hallt und widerhallt es von Lehre, Prüfung, Tugend, Gerechtigkeit, Erleuchtung und Triumph: »Es siegte die Stärke und krönte zum Lohn / die Schönheit und Weisheit mit ewiger Kron'.«

Die Königin der Nacht: geisterhaftes Blausilber, zitternd von Rache und Racheplänen; ihre Tochter Pamina hingegen die wandelnde Elegie, Sehnsucht und Liebe, so hübsch, wie die hübscheste »junge Liebhaberin« des Hauses eben sein kann.

Weiter: der Mohr Monostatos, das böse Prinzip, ein wahres Scheusal mit prachtvollen weißen Zähnen; Papagena, ein süßer Fratz, der, in unzähligen Papapapapa seinen Papageno akkompagnierend, flötet und flirtet! Drei amazonische Damen und drei Knäblein »jung, schön, hold und weise«, zwei Priester und zwei geharnischte Männer. Die haben im Finale zu einer traumwandlerischen Begleitung nach einer alten Kirchenmelodie in Oktaven einen Cantus zu singen, und der hebt an:

Der, welcher wandelt diese Straße voll Beschwerde,
Wird rein durch Feuer, Wasser, Luft und Erde.

Die Zauberflöte aber? Was ist es mit ihr? Pamina singt es ihrem Tamino zu:

In seiner Zauberhöhle Schlunde
Schnitt einst mein Vater sie,
Tief in der Geisterstunde,
Aus einer ew'gen Zeder aus,
Bei Blitz und Donner, Sturm und Braus.

Und das Damenterzett verkündet:

Hiemit kannst du allmächtig handeln,
Der Menschen Leidenschaft verwandeln,
Der Traurige wird freudig sein,
Den Hagestolz nimmt Liebe ein.

Schließlich im Quintett:

Oh! so eine Flöte ist mehr als Gold und Kronen wert,
Denn durch sie wird Menschenglück und Zufriedenheit vermehrt.

Siehe da: um Glück und Zufriedenheit zu vermehren, muß Tamino an allen heiklen Stellen seines Lebens-, Liebes- und Freiheitsganges die Flöte spielen, Papageno assistiert mit Zauber-

glöckchen – und alles kommt zu einem guten Ende. Wer will, der schließe: »Und wenn sie nicht gestorben sind, so leben sie noch heute.«
Ein romantisches Guazzabuglio, wahrhaftig. Erträglich eigentlich nur durch das Gleichgewicht, das sich trotz aller Schwarz-Weiß-Malerei seltsamerweise doch noch einstellt: Sentimentales und Komisches, Erotisches und Moralisches, Handfestes und Zauberisches – eine wunderliche Mixtur. Erträglich durch ein halbes Dutzend leidlicher Einfälle, erträglich durch Schreck und Pracht einer großen Szenerie, erträglich schließlich aber nur um des Wolfgang Amadeus Mozart willen, und durch ihn nun freilich mehr als erträglich – durch ihn: unsterblich.

Orbis cantatus

Welt der Töne: die abgeschmackte Prägung, hier gewinnt sie neues Recht, denn hier ist nun wirklich und wörtlich: Welt der Töne, tönende Welt, gültige, endgültige Formel für den Gesang der kreisenden Erde. Wenn es bei Johann Sebastian Bach Augenblicke gibt (wie den Augenblick des Orchestereinsatzes in der ›Matthäuspassion‹), in denen man dem Leid aller Welt gegenübersteht, und nun kommt es auf einen zu, dunkle Flut und »großes Weltgewichte« – so ist der Punkt, an den Mozart führt, freilich ein anderer: es ist der Standort im Herzen der Welt. Im Herzen dieser lachenden, weinenden und unterliegenden, liebenden und hassenden, sich verstrickenden, sich lösenden, träumenden und wachenden Welt.
Musik im Herzen der Welt: das ist Musik aus dem eigentümlichen Stand dessen, der ausgezogen ist, das Fürchten zu lernen, und der es nun wirklich gelernt hat, dessen, der den Gewalten und Geheimnissen der Welt offensteht, nicht furchtlos, aber so, als sei nun auch die Furcht in ihm wie das Kerngehäuse in der Frucht, ihm wohl vertraut, ihm notwendig, ja, als sei diese Furcht die eigentümliche Mitte, vor der die Dinge der Welt im

Gleichgewicht scheinen: »Das Schaudern ist der Menschheit bestes Teil.« Schauder, Furcht, Ehrfurcht – wer in diese Mitte getreten ist, der hört auf, die Dinge bewerten und betonen zu wollen, der hört auf, Stellung zu nehmen, Widerpart anzusagen, ein Besonderes zu lieben, ein Besonderes zu hassen. Im Herzen der Welt musizieren, das heißt: ohne Grenze sein, ohne Grenze der Bereitschaft, ohne Grenze der Liebe. Mag das Grundgefühl des ›Figaro‹ die königliche Überwindung der Schwere sein, der Schwere vor allem, mit der die Liebe an uns geschieht, mag ›Don Giovanni‹ dieselbe Liebe meinen, zumal in ihrer Finsternis meinen – über ›Figaro‹ und ›Don Giovanni‹ hinaus ist die ›Zauberflöte‹ der Lobgesang, der vollkommene Lobgesang, ist Rechenschaft und Summe eines Lebens, aber musikgewordene Rechenschaft und Summe.

Rechenschaft: denn was er hier musizierte, war das nicht sein Leben, dieses Leben in Gefahr, in Feindseligkeit, in Armut, in Ränkespiel und Intrige, in Liebe, Eifersucht und Leidenschaft, dieses Leben, wissend um das Erhabene und das Lächerliche, und wissend um den kleinen Schritt vom Erhabenen zum Lächerlichen, dieses wortwörtlich armselige Leben, arm bis zum Armensarg, aber selig, weil es nun dieses Ganze aufnehmen, aufheben, tragen, musizieren konnte? Beethoven – wir wissen: das Heiligenstädter Testament: »O ihr Menschen, die ihr mich für Feindselig, störisch oder Misanthropisch haltet oder erkläret... vergeßt mich nicht ganz im Tode, ich habe es um euch verdient, indem ich in meinem Leben oft an euch gedacht, euch glücklich zu machen, seyd es –«. Mozart schreibt kein Heiligenstädter Testament; Abschied und Wiedersehen, Sichentfernen und Sichgehören, das Dunkel der Nacht und das Licht der Frühe, das errungene Land und das andere Ufer, er sagt's nicht aus, aber er musiziert es: denn das ist sie, auch ohne Worte, die Liebe, die in Sexten sich sucht und in Terzen sich findet: »Wir wandelten durch Feuergluten«, das ist die Nacht, die Furie in d-moll, alle Höhen und Tiefen durchstürmend: »Tod und Verzweiflung flammen um mich her«; das ist das

Leid, alles Leid, alles Leid der Welt: Paminas Arie »so wird Ruh im Tode sein«. Das ist Heiterkeit, Heiterkeit, güldene: »Ein Mädchen oder Weibchen wünscht Papageno sich«. Und das ist wie ewiger Tag und rosenfingrige Eos: »Bald prangt den Morgen zu verkünden.«
Und Summe? Summe, das hieße: Abschied, hieße: »So weit im Leben ist zu nah am Tod.« Sagte er auch zu dem letzten Freund, wie zu den andern Genossen seines Lebens, als da sind Ariel zur Rechten, die vier grauen Weiber zur Linken, sagte er auch zu ihm schon dieses furchtsam-ehrfürchtige Du? Ja. Ja, es ist der Tod, der in diese Musik hineinweht wie Abendwind und Flügelschlag von drüben.
Dann ist der letzte Ton verhallt, und ihr tretet hinaus in die Fremde, in die fremde, erleuchtete Stadt. Niemand seht ihr an, und auch euch erkennt man nicht. Ja, selbst die Liebende an eurer Seite – heute abend liebt ihr sie mit einer neuen Liebe; es ist eure Liebe und doch nicht mehr allein die eure. Ihr seid ins Herz der Welt gerissen und liebt, wie man im Herzen der Welt liebt. Da steht vor euch das Bild des sterbenden Mozart: Süßmayr, Roser, Albrechtsberger, Konstanze – und er selbst, mit dem Requiem beschäftigt: 5. Dezember 1791, »lacrimosa dies illa«. Und die Worte sind bei euch, die er – es ist überliefert – in einer dieser letzten Stunden gesagt hat: »Noch einmal möchte ich doch meine Zauberflöte hören.«

Paris, Sommer 1778

»Ich bezahle so leüte gern mit höflichkeit – das thut ihnen weher, denn sie können nichts darauf sagen. Adieu.«: so lesen wir es auf der Innenseite des Umschlags von Mozarts letztem Brief aus diesem Pariser Sommer; man muß das zweimal lesen, es ist etwas Besonderes: es ist das Geständnis von einem, der sich sonst vorzüglich darauf verstand, sich gerade auch hinter den eigenen Worten zu verstecken. Aber hier nun gibt er eine Maxime preis. Nicht eine Maxime der Kriegführung: denn Krieg führte er nicht. Den führten die anderen; er selbst begnügte sich damit, sich – dies seine Worte: »zu defendieren; wenn es ohne Duell abläuft, so ist es mir lieber; denn ich raufe nicht gerne mit Zwergen.« Wohl aber ist das – wie? ein wenig unheimliche Postskriptum eine Maxime seines Künstlertums. Sie galt für sein ganzes Leben; aber sie scheint nun doch im besonderen, flächenblitzartig, die Gewitterlandschaft gerade dieses Pariser Sommers zu beleuchten, des Sommers von 1778, von dem die hier für sich vorgelegten Briefe Bericht geben; und so mag man diese schon um ihres reichen kultur- und gesellschaftsgeschichtlichen Details willen fesselnden Dokumente wohl auch »aufschlußreich« – gemeint ist: aufschlußreich für Mozart, für unser Mozartverständnis – nennen; freilich mit der Einschränkung, daß es eben doch fast immer nur vorletzte Türen sind, die hier aufgeschlossen werden. Die große Unmittelbarkeit, Anschaulichkeit, der Charme eines fast mündlichen Extemporierens in diesen Briefen treten ja sogleich zutage; er läßt uns an die berühmten Briefe von Goethes Mutter denken; aber in Wahrheit ist in Mozart doch viel mehr von jener verschweigerischen Kraft Goethes selbst; gerade dort, wo er persönlich getroffen und stark bewegt war, suchte er nach dem

unpersönlichen, dem objektiven Wort: wie zwischen farbigen Vorhängen geht man durch die Welt dieser Briefe.
Freilich: die Tatsachen lassen sich nicht verbergen. Dieser Pariser Aufenthalt von 1778, der dritte in Mozarts Leben, unterschied sich gründlich von den beiden früheren Besuchen, den Besuchen des Knaben in den Jahren 1763 und 1765.
Unfroh war diesmal schon gleich der Anfang. Unfreiwillig hatte sich Mozart auf den Weg gemacht. Nun, auch jene ersten Reisen waren – wie diese Reise von 1778 – auf den Wunsch des Vaters hin zustande gekommen. Damals wollte Leopold Mozart der Welt kundtun, »was für ein Wunder Gott in Salzburg hatte geschehen lassen« – und die Welt hatte Sinn für dieses Wunder gehabt. Aber jetzt ist Mozart zweiundzwanzig Jahre alt; mit Zweiundzwanzig läßt man sich das »Fort mit Dir nach Paris« von niemandem mehr gern vorschreiben, auch vom eigenen Vater nicht. Doch er gehorchte – und verließ Mannheim, die Musikerfreunde dort, das Haus Weber im besonderen, das Haus, in dem er an einer der Töchter, an Aloysia, so großes Gefallen gefunden hatte. Die Mutter fuhr mit; sie sollte den Sohn versorgen. Es kam anders: der Sohn mußte die Mutter versorgen, mußte sie zum Sterben begleiten; aber das konnten sie nicht wissen, als sie beide miteinander neun Tage lang nun auf Paris zufuhren in beschwerlicher Reise. Am 23. März kamen sie an, bezogen ein armseliges Quartier – und dann ging alles seinen Gang, aber es war kein guter Gang. Sogleich wird die vom Vater befohlene Antrittsvisite bei Melchior Grimm, dem Protektor von einst, der jetzt Baron von Grimm heißt, gemacht; Schüler werden gesucht und gefunden, da und dort in dem schon unübersehbar großen Paris; Verbindungen werden angeknüpft zu Le Gros, dem Direktor der Concerts spirituels, und zu Ballettmeister Noverre; es gibt einige Aufträge: die Ballettmusik ›Les petits riens‹, zwei Sinfonien dann, einige Chöre, ein Konzert für Flöte und Harfe, eine konzertante Sinfonie; aber bei der Ballettmusik wird Mozarts Name auf dem Theaterzettel vergessen, bei der konzertanten Sinfonie vergißt

Le Gros sogar das Ausschreiben der Noten, und eine der zwei Sinfonien geht verloren; die neuen Schüler sind nur sehr zum Teil begabt, die Salondamen sind höflich, aber oberflächlich – und so erscheint ihm das ganze Paris von 1778: eine Welt der Geschwätzigkeit, eitel und frivol – Mozart schreibt: »hoffärtig« –, voll nervöser Unruhe und Neugier – elf Jahre noch, und der Sturm auf die Bastille beginnt –, scheinbar lebendig, aber es ist ein »Leben aus zweiter Hand«. Mozart gibt sich redliche Mühe, der Fremdheit Herr zu werden; auch Erfolge stellen sich ein. Da erkrankt die Mutter und stirbt am Abend des 3. Juli. Kaum aber ist die Todesnachricht zum Vater nach Salzburg gekommen, da beginnt Leopold Mozart, der eben noch diese Pariser Reise des Sohnes forciert hatte, mit der gleichen Energie die Rückkehr Wolfgangs nach Salzburg – den Wiedereintritt in den erzbischöflichen Dienst – zu betreiben, immer im Zusammenspiel mit Melchior Grimm. Umsonst, daß sich durch den Grafen Sickingen und den aus London kommenden Johann Christian Bach einige neue Chancen für Mozart hier in Paris eröffnen, umsonst auch, daß eine Publikation von Sonaten sein Verbleiben – für kurze Zeit wenigstens noch – dringlich erscheinen ließ, unverzüglich soll er zurückkommen: nach einem ganz unerfreulichen Auftritt im Hause Grimm muß Hals über Kopf der Reisewagen wieder bestiegen werden; in wenig erquicklicher Gesellschaft fährt er, nun ohne die Mutter, dem Rhein entgegen; aber in Nancy ist seine Geduld zu Ende, er steigt aus. Finis. Ein Fehlschlag? Vielleicht. Unsinniger, und doch so nah herzudrängender Gedanke: wie, wenn es schon die Métro gegeben hätte? Oder: wie, wenn irgendein Fürst zwischen Wien und Fontainebleau fünftausend Taler nicht für ein Collier, sondern für Mozart verwendet hätte? Mit fünftausend Talern im Rückhalt hätten die beiden Mozarts nicht in das finstre Quartier ziehen müssen, in dem man – nach den Worten der Mutter – »nicht einmal weis, was es vor ein Wetter ist«; die Mutter hätte während ihrer Krankheit gute Ärzte gehabt, hätte – wer weiß? – vielleicht nicht gerade in der Fremde sterben müssen. Und er, der Sohn, hätte die mühsamen, weitläufigen Schülerbesuche in der eigenen Kutsche gemacht, oder er hätte die Schüler, wenn sie so herzinnig unbegabt gewesen wären, wie es das Fräulein von Guines für die Kompositionslehre war – »von Herzen dumm und von Herzen faul«, er hätte sie einfach fahrenlassen. Dies alles ist wahr; aber die Soziologie, und zumal die Soziologie im Konjunktiv, ist ein schlechter Interpret.

Ist die Psychologie ein besserer? Wir kennen ja nun die Hauptakteure dieses Pariser Trauerspiels aus einigem Abstand. Wir mögen fragen: hat sich Leopold Mozart in Grimm getäuscht? Grimm in Wolfgang? Weiß der Vater so wenig von seinem Sohn? Wir lesen nicht ohne Beklommenheit die Wendungen, in denen der Vater seinem Sohn kindlichen Gehorsam gegenüber Grimm befiehlt. Wohl, im Jahre 1763 hatte dieser Grimm, ein Freigeist, ein Voltairianer, gestanden, er habe nun ein wahres Wunder gesehen, den Knaben Mozart nämlich. Das eigentliche Wunder aber, dies: daß aus dem Wunderkind Wolfgang – Mozart geworden war, das hätte der Baron Grimm von 1778 sehen können, wenn er das Organ dafür gehabt hätte; aber das hatte er nicht. Er kannte den Mann, mit dem er es jetzt zu tun hatte, durchaus nicht. Er wußte nicht, wer das ist: einer, der mit sechzehn das Divertimento in D-Dur, mit achtzehn die A-Dur-Sinfonie und mit einundzwanzig das Jeunehomme-Klavierkonzert geschrieben hatte – nicht der homunculus aus des Vaters Retorte, sondern der homo, der homo Dei. Gewiß, Melchior Grimm, ein hurtiger, ehrgeiziger Parvenu, der vieles wußte und fast nichts verstand, wußte dann doch auch über Wolfgang Amadeus Mozart eine ganz kluge Charakteristik dem Vater gegenüber abzugeben: »Er ist zu treuherzig, zu wenig aktiv, zu leicht einzufangen und zugleich zu sehr auf die Mittel bedacht, die ihm einen Erfolg bringen könnten. Um hier in Paris durchzudringen, muß man listig-zurückhaltend und dabei unternehmend und tollkühn sein. Ich würde ihm, um sein Glück zu machen, die Hälfte seines Talents wünschen.«

Nun wohl; aber hieß das nicht, von Mozart erwarten, nicht – Mozart zu sein? »Il est peu actif«: Hätte er sich in den musikalischen Streit mischen sollen, der gerade die Stadt Paris erfüllte, den Streit zwischen Gluckisten und Piccinisten, zwischen den Buffoliebhabern und den Bewunderern der neuen Opera seria? Daß er dieses Neue »mit hörenden Ohren« aufgenommen hat – wie es denn seine Sache war, lebenslang mit dem größten Eifer dort zu lernen, wo sich ihm das Lernen zu lohnen schien –, dafür steht der ›Idomeneo‹ gut; aber wie sollte er Partei nehmen können, er, der den letzten Akt des ›Figaro‹, der die ›Zauberflöte‹ in petto, wahrhaftig in petto hatte, Musik also, die auch durch die halbmathematische Formel »Gluck hoch Piccini« nicht nach Gebühr gewertet ist? Nein, er konnte nicht ›abstimmen‹, nicht für Gluck, nicht für Piccini; wohl aber wollte er, durch beide neu angeregt, mit Entschiedenheit auf die Arbeit an der großen Oper, als ein ›ehrlicher Teütscher‹ zugehen. Schon beginnt er – da bricht der Pariser Aufenthalt ab. Für uns, die aus der Rückschau Mozarts ganzen Lebensgang überblicken können, erscheint dieses »Paris, 1778« als Mitte und Peripetie zugleich: dreizehn Arbeitsjahre, so mag man rechnen, liegen hinter ihm; was nun kommt, sind noch einmal dreizehn Jahre: Salzburg von neuem und wieder in Colloredos Dienst; dann, nach dem endgültigen Bruch mit dem Erzbischof, im Jahr 1781 – Wien: die Jahre der Wunscherfüllung; die sechs großen Opern entstehen, die Klavierkonzerte, die Quartette und Quintette, die Messen, die Sinfonien der Spätzeit; Jahre zwischen Glanz und Armut. Der Höhepunkt dann: die Prager ›Don-Giovanni‹-Tage. Die letzten Reisen: nach Berlin, nach Frankfurt, noch einmal nach Prag, und dann schon dies, über dem aufgeschlagenen, unvollendeten ›Requiem‹ geschrieben: »– ich bin im Begriff, mein Leben auszuhauchen; ich bin damit zu Ende, bevor ich mich meines Talentes habe freuen können. Und doch war das Leben so schön, die Laufbahn begann unter so glücklichen Vorzeichen, aber man kann ja sein eigenes Schicksal nicht ändern. Keiner ermißt die Dauer der eigenen Tage, man muß sich fügen, geschehen wird, was der Vorsehung gefällt. Ich schließe; da liegt mein Grabgesang, ich darf ihn nicht unvollendet lassen.« Der Sommer in Paris, in dessen Mitte diese erste unmittelbare Todeserfahrung auf ihn zukam, wir lernen ihn verstehen als den Eintritt in die zweite, die dunklere Hälfte seines Lebens.

Oder doch kein Fehlschlag? Je länger man, Mozartsche Musik im Ohr, nachdenkt über den Mann, der diese Briefe geschrieben hat, um so fragwürdiger werden einem alle Deutungen, die von Mozarts Umwelterfahrungen ausgehen, die hier freundlich oder unfreundlich zensieren und einem »Was wäre, wenn –« Raum geben wollen; um so einfältiger vielmehr scheint sich alle Besinnung zu konzentrieren auf ihn, Mozart, allein; auf das unbeirrte Daimonion seines Weges, auf die Tatsache, daß hier eigentlich nichts zählt als dieses Künstlertum – und das im Verstand eines in Paris, lang nach Mozarts Zeit, durch Auguste Rodin geprägten Wortes: »Il faut toujours travailler«; ein Künstlertum nun allerdings, das auf diese ganz einzigartige Weise mit diesem Menschentum verbunden blieb. So verbunden blieb, wie es die Replik in der ›Zauberflöte‹ andeutet. »Er ist ein Prinz«, heißt es dort, wo auf Tamino die Rede kommt, und dann: »Er ist mehr als das. Er ist ein Mensch.« Oder – noch deutlicher, so, wie es ein Wort von Grillparzer sagt –: »Am siebenten Tage kam der Mensch. Und es war Mozart.«
Der Mensch. Lassen wir die Reden von dem ›ewigen Kind Mozart‹ auf sich beruhen. Er, der schon als Kind kein Kind sein durfte – man denke an das Bild des Elfjährigen, an den Ausdruck in seinem Gesicht, das er dem Beschauer vom Klavier her zuwendet –: natürlich ist er auch durch die Formel »ewiges Kind« insoweit zu begreifen, als es zum Geheimnis des Genies gehört, sich in nichts erklären zu lassen und also fertig zu sein im ersten Augenblick; so hat ihn Goethe verstanden; so hat er ihn gleich Raffael und Shakespeare zu den Wundern des Him-

mels gezählt. Aber dem, was wir das »Geheimnis Mozart« nennen mögen, kommen wir doch am ehesten nahe, wenn wir auf der Spur von Grillparzers schönem Wort ein volles, unverkürztes Menschentum in ihm gewahren. Was sich zusammentragen läßt, ist vielfältig und widerspruchsvoll genug. Er war stolz und schwierig, reizbar und empfindlich, das dünnhäutigste Geschöpf auf Gottes Erdboden, eine hochentwickelte Membran; er war großzügig und gütig, hilfsbereit bis zur Selbstaufgabe; frühreif und überernst schon als Kind; aber auch heiter und zu derben Späßen aufgelegt; liebebedürftig und liebesfähig auf seine Weise –: dies alles zugleich. Aber dies alles so vollkommen unromantisch, so in nichts mit sich und seiner Seele beschäftigt, so ganz vielmehr der einen Sache untertan, für die er sich auf der Welt wußte. So also, daß es nur auszudrücken ist im Bild von der Kerze, die unablässig an beiden Enden brennt. Alles ging ihn an, alles traf ihn, und traf ihn sogleich im Innersten, auch wenn kaum eine Äußerung darüber zu finden ist . . . und zugleich könnte man mit ebensoviel Recht sagen, daß es dann doch, recht verstanden, für ihn weder Vater noch Mutter »an sich« gab, weder Liebes- noch Todeserfahrung, weder Frankreich noch Salzburg, weder den kargen Colloredo dort noch die gedankenlose Duchesse de Chabot in Paris; daß er aber – weltlich gesprochen – aus allem und allen seinen Honig saugen konnte, daß ihm – biblisch gesprochen – »alle Dinge zum Besten dienen« mußten, daß er das viele Widrige und das wenige Freundliche, das in diese fünfunddreißig Jahre Leben eindrang, zu keinem anderen Behuf erfuhr als dazu: es zu verwandeln in die zwanzigtausend Seiten Musik, von denen das Köchelverzeichnis – Eins bis Sechshundertsechsundzwanzig – uns meldet.
Auf die Pariser Zeit bezogen, hieße das: wohl war hier Fremdes und Verdrießliches genug zu verarbeiten; wohl mochte er, den ›Divan‹-Unmut vorwegnehmend, empfinden: »Und so fand ichs denn auch juste / In gewissen Antichambern, / Wo man nicht zu sondern wußte / Mäusedreck von Koriandern«; wohl

wünschte er, recht ausdrücklich zu dekretieren: »Geben sie mir das beste Clavier von Europa, und aber leüt zu zuhörer die nichts verstehen, oder die nichts verstehen wollen, und die mit mir nicht Empfinden was ich spiele, so werde ich alle freüde verlieren.« Aber zugleich hat er mit der größten Geschmeidigkeit das Beste, was dieses Frankreich von 1778 empfinden und aufnehmen konnte, mit dem Eigenbesitz verbunden: so daß die in Paris entstandene D-Dur-Sinfonie um ihrer Eleganz willen wirklich zu Recht ›Pariser Sinfonie‹ heißt; und wo ihm die Gesellschaft das Thema gibt, etwa jenes »Ah, vous dirai-je, Maman«, da wird unter seiner Hand kein Salondessert daraus, sondern das, was diese Variationen nun eben geworden sind: Mozartsche Musik; und erst recht lebt in den damals geschriebenen Klavier- und Violinsonaten eine französische Form von Klarheit und Präzision.

Und wie war das mit dem Vater, von dem es bei Wolfgang so oft geheißen hatte: »Nächst Gott kömmt gleich der Papa«, und der nun in diesen Pariser Monaten von der Ferne her so rätselhaft fremd, so fast wie ein Gegenspieler in Erscheinung tritt? Der Sohn konnte sich nicht aufgeben, er mußte bleiben, was er geworden war: ein Mensch eigenen Kopfes; aber er fügte sich in die Entschlüsse des Vaters. Gehorsam, wie er nach Paris gegangen war, verläßt er nun auch die Stadt. Ist das der taktische Rückzug auf die Linie des geringsten Widerstands, ist es jenes eingangs genannte »Bezahlen mit Höflichkeit«, die zarte Künstlerlist also? Das ist es wohl auch, aber es ist viel mehr. Er mußte im letzten Grund im Kosmos leben, im Einklang mit der Vatermacht, er mußte so leben, weil ihr Verhältnis nur so Musik werden konnte, maurerische Brudermusik zuletzt und Musik des Sarastro. Dabei ist hier freilich ein im Ja verborgenes Nein nicht zu überhören. Ausdrücklich in dem Brief, in dem er den Vater auf der Mutter Tod vorbereitet, in diesem ebenso klugen wie zarten Brief steht die heftige Stelle, die von Voltaires Tod berichtet, daß »der gottlose und Erzspizbub voltaire so zu sagen wie ein hund – wie ein vieh crepirt ist«: der Sohn konnte wissen, wieviel gerade Voltaire für des Vaters Werdegang direkt und indirekt bedeutet hat: aber um des innersten Einklangs willen mußte er in sich das Zynische, diese von Scheu und Gewissen nur wenig bewachte Geistigkeit verneinen.

So ist auch die Todeserfahrung dieses Pariser Sommers, der Abschied von der Mutter, beides zugleich: bedeutend in sich selbst für Mozarts Leben, aber in eine Wirklichkeit verwandelt doch erst dort, wo die Erfahrung Gestalt – das ist für Mozart: Musik – angenommen hat. Wir finden in diesen Julibriefen den Sohn, der sich sorgt, der seinen Platz am Krankenlager der Mutter mit großer Sorgfalt, Liebe und Treue ausfüllt, und finden den von Herzen betrübten Sohn. Wir begegnen einem, der diesen Tod als einen Wink verstand und, das Eigene bedenkend, Sätze der Einwilligung in den Tod schreibt, die schon jenes späte, große Credo der Versöhnung vorwegnehmen, in dem dann der Tod erkannt wird als der »wahre, beste Freund des Menschen«. Aber: »Nun etwas anderes; verlassen wir diese trauergedanken« – das steht auch in einem dieser Julibriefe. Es geht weiter; kein ›Halt‹ ist möglich, ehe nicht auch hier Musik geworden ist. Wir denken dabei an die großen Antworten letzter Hand, an die Prager Sinfonie und an das B-Dur-Klavierkonzert mit dem Larghetto vor der dunklen Türe und dem Abgesang aus ›Komm, lieber Mai‹; aber auch schon in der hier in Paris bald nach dem Tod der Mutter komponierten a-moll-Sonate und, hör ich recht, auch in der A-dur-Klaviersonate wird in banger Einfalt (recht fern noch von Regers – wie sag' ich? heftiger und pompöser Ausdeutung) dieser Abschied übersetzt.

Die Liebeserfahrung: Aloysia Webers Anteil an diesem dunklen Sommer. Wir lesen, was schwarz auf weiß geschrieben steht im Brief an die »Carißima Amica«, und hüten uns zu sagen: er hat Aloysia gar nicht gemeint, er hat niemanden gemeint. Aber so viel ist gewiß: Heimat gab es für ihn nicht im Vorfeld der Spiele und der Zärtlichkeiten. Die Liebeskraft, die in ihm war, die unerfüllt-unerfüllbare, sie ging über alle Partner hinaus: verweilen konnte sie erst dort, wo sie – wie im C-dur-Quintett – Stimme und Gegenstimme, Zuruf und Antwort ohnegleichen geworden war, oder dort, wo sie – wie im Mittelsatz der letzten, der A-dur-Violinsonate – einem großen Unisono vertraute: dort erst war sie am Ziel, dort war sie, was sie zu sein wünschte: »Liebesallgewalt«, Gesang, heiteres Wort aus schwerem Herzen.

Und so – ein Letztes hier zu sagen – in dem Bezirk der innersten Bindung. Im Vorraum der Konvention hatte er nichts zu suchen und nichts zu finden; weder Personen noch Institutionen schienen ihm heilig; aber wenn er hier einen Satz schreibt, dann ist er, aus der Mitte seines Wesens kommend, in aller Einfalt das Wort, das in ihm wahr ist. »Ich habe mich ganz in den Willen Gottes ergeben . . . was ist denn sonst für ein Mittel, um ruhig zu sein?«: Das ist keine Façon de parler, keine Philosophie und gewiß auch nicht, wie man schon gemeint hat, eine Art Opium der Selbstbeschwichtigung. Die Zone der Gefahr, die Versuchung des Demiurgischen, die kannte er gut. Es bedarf keines Blicks in die ›Don-Giovanni‹-Partitur, es genügt, die a-moll-Sonate, von der schon die Rede war, zu hören, um das zu wissen. Und auch dies: daß es in der Kunst nicht um die Freuden des Sentiments geht, daß hier nichts ›innig‹, ›traulich‹ und ›warm‹ ist, sondern arktisch und sternklar alles, daß ›Künstler sein‹ ›ausgesetzt sein‹ heißt, das ist bei diesem einen Mozart zu erfahren wie sonst nicht leicht noch einmal in der Welt. Aber das »Incarnatus« der c-moll-Messe schreibt nur einer, den mit Elementargewalt das Geheimnis der Gnade angerührt hat, die Gewißheit: daß Leben lebt, weil sich das Ewige zum Vergänglichen neigt, und daß darum die höchste Möglichkeit des Menschen dies ist: im Spiel der Freude danke zu sagen, zu singen über dem Abgrund, den das ewige Erbarmen geschlossen hat.

So wird man auch Mozarts Briefe verstehen müssen. Intermezzi von einem, der in seiner Arbeit keine Pause kennt und

nur, urlaubsweise, zuweilen ins andere, fremdere und dann doch fast zugänglichere Material, ins Wort, hinüberwechselt. Die Orthographie dieser Briefe ist die eines Europawanderers, der in den Ländern wechselnd zu Gast und nirgends zu Hause ist. Ihre Interpunktion ist ganz die eines Musikers, bogenkühn und trillerlustig, dem Legato wie dem Staccato zugetan. Beiden immer zugleich angehörig: dem »starkschönen Traum« und der großen Wachheit – so schreibt er, vertraut mit den Gesetzen der Wiederholung und der Abwandlung in der Wiederholung, mit den Reizen des Ritardando, Brief um Brief: jetzt im Konzept des Herzens an den Abbé Bullinger und jetzt in der Reinschrift der Rücksicht und der Liebe an den Vater . . . und was wir lesen, das dünkt uns, nach zweihundert Jahren, seiner Musik gleich, bestimmt zu sein für alle und keinen. Für alle: da es ja alle, die lesen können, lesen mögen und da es für alle, die in der Welt umhergetrieben werden, so höchst vertrauten Ton anschlägt. Für keinen: da es so ganz Wort seines Wesens ist und darum zum Mysterium Mozart gehört.
Oder doch nicht »für alle und keinen« – doch vielleicht: für wenige. Nicht für Grimm; nicht für Colloredo, nicht auch – schwer zu begreifen – für die große Kaiserin Maria Theresia, die den Knaben gekannt hat und doch ihre Tochter in der Toskana vor »den Mozarts« warnen mochte: »Es sind kleine Leute«. Aber wie es an jenem 1. Mai, von dem wir hier lesen, geschah: Als in den Salon der Duchesse de Chabot, in dem, frierend und mit Kopfschmerzen, Mozart vor der Compagnie der Zeichnenden zu spielen hatte, der Duc eintrat und dann zuhörte mit aller Aufmerksamkeit, da habe der Spielende sogleich alle Kälte und alles Kopfweh vergessen: dieser gleich dem Duc herzutretende einzelne hat zum Glück wieder und wieder sich eingestellt.
Gerade auch unter den Franzosen übrigens – die in diesen Briefen so unsanft »lauter vieher und bestien, was die Musique anbelangt« genannt werden, zu denen er aber dann, schon ein paar Jahre später, gern noch einmal gegangen wäre – hat es zu

keiner Zeit an diesen einzelnen, diesen wenigen gefehlt. Sie haben das Organ für Mozart aufs diffizilste ausgebildet, haben sich – um nur eines zu nennen – ihre fast unvergleichlichen Holzbläser erzogen und immer wieder auch profunde Kenner, wie etwa Ghéon, Saint-Foix und J.-V. Hocquard, hervorgebracht. Sie haben, Generation um Generation, Mozart gespielt, den wirklichen Mozart: gewiß ihren Mozart, mit dem besonderen Sinn für das, was in ihm Esprit war, doch ohne darüber zu verlieren, was in ihm unmittelbar vom Spiritus sanctus kam ... Und so wie dort ist es allerorten, in allen Erdteilen längst. Die wenigen ... aber die wenigen rings auf der Erde, das sind so wenige dann doch nicht mehr. Lassen wir alles Zählen und sagen von ihnen: Sie sind es, die dieser Musik Antwort geben in der Dankbarkeit der Sinne; und das nicht auf dem Notweg der Flucht, nicht im dionysischen Rausch, sondern kraft einer Bereitschaft, die Gleichzeitigkeit aller Erfahrungen, das Zusammen von Leicht und Schwer anzunehmen. Dauer soll die glückselige Erschütterung gewinnen, und die Verzauberung des Gemüts will sich wandeln zu jener wahren Leichtigkeit der Seele, die jeder Melodie des Daseins offenstehen kann: der wohltönenden und der dissonanten auch. Diese Musik ist eine Gefährtin, die mit uns alt werden kann und doch nicht altert. Wehmut ist nicht in ihr. Wehmut: ein Wort, das selbst bei dem strengen Goethe noch seinen Platz hatte – Wehmut bei Mozart? Nein. Die Schwermut freilich, die kennt sie, und den Schwermütigen ist sie nahe, und doch ist sie nicht schwer. Das Schwarzwindige ist in ihr; sie ist eine Lebensmusik, die sich bei angelehnter Todestür ins Leben wagt. Sie lebt in der Freiheit, in der Heiterkeit dessen, der den Fuß hier nicht schwer aufsetzt und die Zeltpflöcke nicht allzutief in das Erdreich einrammt. Sie wünscht nichts anderes zu sein als eben Musik. Sie überschreitet an keiner Stelle – nicht in ihren Harmonien und Disharmonien, nicht im Tempo, nicht in der ihr erwünschten Lautstärke – ihr menschliches Maß, in nichts überschreitet sie die »Grenzen der Menschheit«, und wird gerade so über alles, was in ihr »schöne Musik« ist, hinaus eine eigentümliche Macht; sie wird – ich sage nicht »Das Ganze«, aber: – eine Bürgschaft für das Ganze, und ich weiß keine, die ihr gleichkommt an Verläßlichkeit und Treue.

Als der Knabe Mozart fünf und sechs Jahre alt war, da – so wird erzählt – habe er zuweilen eine von den Damen, die ihn verhätschelten, mit dem ganzen großen Ernst seines Wesens fragen können: »Hast du mich auch lieb? Hast du mich auch sehr, sehr lieb?« Das Paris von 1778 – doch nein: alle die Jahre seines Lebens haben auf diese Frage wenig gute Erwiderung gewußt. Aber eine solche Frage – ist sie nicht fast wie ein Wort außer Raum und Zeit? Und ist der Mann, der diese Frage gestellt hat, in seinem unsterblichen Teil nicht auch wie außer Raum und Zeit? Die Kunst ist eine späte Antwort, spät und geduldig ist sie. Aber auch Dank und Freude haben Zeit: so daß es denn, groß gerechnet, auch jetzt noch nicht zu spät ist, wenn unsre Betroffenheit sich anschickt, über zwei Jahrhunderte hinweg jene Mozartsche Kinderfrage mit Ja zu beantworten.

Barbarinas Cavatine

Unvergleichlich: der Ton, in dem Goethe von Mozart redet. Er verstand sich, mehr, als man gemeinhin weiß, aufs Bewundern; er hat sein »Zum Erstaunen bin ich da« ernstlich praktiziert: dort, wo er vom Fach war, in der Dichtung; oder halb vom Fach, bei den Bildern, bei Claude Lorrain oder Poussin; aber auch dort, wo er's nicht war, in der Musik, hat er mitunter Verblüffendes geäußert, ich denke an seinen Satz über J. S. Bach oder an sein produktives Erstaunen bei Beethovens Klavierspiel. Ganz zuletzt, elf Tage vor seinem Tod, bündeln sich die Einsichten noch einmal; Eckermann hat es notiert, was er da in einem Atemzug über Mozart, Shakespeare und Raffael gesagt hat. Der Satz Goethes vom 11. März 1832, der das Incommensurable dieser großen Erscheinungen rühmt, nimmt eine Äußerung aus dem Dezember 1829 auf, eine Äußerung, die wir zitieren müssen: »So kann ich mich des Gedankens nicht erwehren, daß die Dämonen, um die Menschheit zu necken und zum besten zu haben, mitunter einzelne Figuren hinstellten, die so anlockend sind, daß jeder nach ihnen strebt, und so groß, daß niemand sie erreicht. So stellten sie den Raffael hin, bei dem Denken und Tun gleich vollkommen war; einzelne treffliche Nachkommen haben sich ihm genähert, aber erreicht hat ihn niemand. So stellten sie den Mozart hin als etwas Unerreichbares in der Musik. Und so in der Poesie Shakespeare.«
Schüchterne Ehrfurcht, Ehrfurcht im Pater-profundus-Ton, das ist selten bei Goethe, aber wo er auf Mozart zu sprechen kommt, da waltet sie: ihn sah er – so wird man sich ausdrücken müssen – recht eigentlich in einen anderen Stand versetzt: ad angelos assumptus. Was aber nun die drei betrifft, die Goethe hier verbindend bedenkt, so leuchtet ihre Zusammengehörig-

keit wohl ein. Was sie verbindet und was sie – und wirklich fast nur sie – zu den Eximia-cum-laude-Leuten macht, ist: bei ihnen gibt es keine unausgeführte Stelle, keine nur eben angedeutete Nebensache. Keine Figur auf den ›Stanzen‹ im Vatikan, die nicht ein Ganzes ist. Keine noch so kleine Rolle in Shakespeares Dramen – Holzäpfel, Probstein, Käthchen –, die nicht mit genauem Profil besetzt werden muß. Und so denn bei Mozart: keine Person, mag ihr Part auch nur sechsunddreißig Takte lang währen, die nicht aufs sorgfältigste gewählt zu werden verdient: Barbarina hat, von ein paar Ensemble- und Rezitativ-Augenblicken abgesehen, wirklich nur den einen Auftritt zu Beginn des vierten Aktes in ›Figaros Hochzeit‹. Dort singt sie die Cavatine, die uns beschäftigen soll, das Trauerlied in f-moll: »Unglückselge, kleine Nadel, daß ich dich nicht finden kann.«

Man hat es viele Male gesehen und vergegenwärtigt sich leicht den Ausgangspunkt: wie sich's gegen Ende des dritten Aktes ins Listig-Gefährliche hineinsteigert: der Fandango wird getanzt, der Graf bekommt das Briefchen durch Susanne, er sticht sich an der Nadel, Figaro wittert einen Spaß, die Mädchen haben ihren Singsang, und ein Marsch im pompösen C-dur bereitet das Fest vor. Nach dem Schlußakkord gibt es die kleine Pause, bei der das Licht im Zuschauerraum nicht mehr eigens angeht; der Vorhang öffnet sich wieder, auf der Szene ist Nacht, Windlichter nur werfen flüchtige Schatten, und nun kommt Barbarina, die Gärtnerstochter, eine Laterne in der Hand. Das Orchester – nur Streicher, zunächst con sordino in den Violinen und pizzicato in den Bässen – hat acht Takte Vorspiel, dann beginnt die Stimme: »L'ho perduta, me meschina.«
Sie ist ein hübsches Ding, ein Persönchen, eine Person: Cherubino, der Allverliebte, hat sich recht sterblich auch in sie verliebt, und sie sich, noch etwas sterblicher, in ihn. Aber auch

Erlaucht der Herr Graf haben mit wählerischem Gusto – wie sagt man? – ein Auge auf sie geworfen; später wird das Persönchen den Grafen an gewisse Vertraulichkeiten erinnern und ihm versprechen, ihn liebzuhaben »wie ihr Kätzchen«, wenn, ja wenn er ihr zu dem schönen Cherubino verhilft. Jetzt freilich ist fürs erste Bestürzung auf dem Plan, Sorge: es wird gemaunzt und gestampft und getrauert: »Ach, verloren! weh wir Armen! du bist fort, was fang ich an.«

Aber halt! Hier ist ein kleines Halt geboten. Schon die Regieanweisung, die uns zwischen zwei Pavillons im Garten stellt, ist strittig. Es gibt einen Mozarteintrag, der hier ›cabinetto‹ sagt. Diese Anweisung ist, das ist leicht einzusehen, der Gartenszene zulieb verdrängt worden, die Rosen-Arie, die ja nun sogleich kommen wird, muß aus dem Parkdunkel aufsteigen; aber einen Augenblick lang mag man dieses »cabinetto« doch bedenken. Es hat seinen Sinn, daß Bärbchen im Kabinett nach der vertrackten Nadel sucht: »Ach, verloren . . .« Und auch das volle Licht mag gelten: man darf sie sehen, recht und ganz. Sie hat ausdrücklich *keine* Erlaubnis, die Kokette zu spielen; die Opera buffa kann so etwas sonst brauchen; aber Mozart braucht es nicht. Seine Sache, die Sache seiner Musik, ist das viel differenziertere Menschenwesen. Die Cavatine ist – im genauen Verstand des Wortes – ein Stückchen Trauer-Spiel. Wehmut und Angst sind in dem »und meine Base? / der Herr Graf? wie wird das gehn? / was fang ich an?«; aber alles geht, irisierend, ins Halbernste hinüber, in ein begütigendes »Ah, geh', Herzerl, sei stad –«. St. Foix sagt im charmantesten Konjunktiv, was Mozarts Musik sagt: »qu'on pourrait croire à quelque prochaine catastrophe«.

Wir wissen ja, wie es weitergeht. Wir hören schon im Geist Figaros Machtwort von Eifersucht und Manneszorn, die Rosen-Arie dann, Marcelline und Basilio, Susanne von neuem, verstellte Stimme her und hin, das Klitsch-Klatsch auf Figaros Wange, das »pace, pace« danach, die störrischen »No« aus des Grafen Mund, und endlich die selige Sext: »Contessa perdono«; wir wissen das alles, aber der klein-unschuldige Introitus, eben diese Cavatine, bleibt er nicht immer wie unter einem Geheimnisschleier? Mit dem Verlust der Nadel kann es so schlimm nicht sein; gleich wird Figaro auf der Bühne erscheinen und Ersatz beibringen, aber zunächst muß, zwar im piano, aber doch herzhaft, das Trauerlied in f-moll zu Ende gesungen werden.

In f-moll, der großtragischen Tonart, hat Mozart nur selten geschrieben. Aber durch die acht Kompositionen, die sich bei ihm finden lassen, geistert wahrhaftig, von allem Anfang an und fast bis zum Todesjahr, der Nadelcavatinenton. »C – f – c – des – b«: die Tonfolge findet sich schon in der Sonate, die der Achtjährige für Klavier und ein Begleitinstrument (Violine oder Flöte) komponiert hat (K. V. 13). Dann gibt es die Mittelsätze in einem frühen Streichquartett und in einer Klaviersonate. Die nach uns kommen, erhalten die vollständige Übersicht mühelos: im Hui wird sie ihnen der Computer zuwerfen. Wir lassen uns ein wenig Zeit, so wie Mozart selbst sich Zeit ließ, und entdecken im Nachundnach die schönen und beziehungsreichen Zusammenhänge: wenn nicht schon früher, so wird ihm 1778 in dem piccinitrunkenen Paris die Arie der Lesbina aus Piccinis ›Molinara‹ zu Ohren gekommen sein; ihr Anklang ist hörbar in Barbarinas Lied; aber freilich, hier ist alles in die unverwechselbare Tinctura Mozartiana getaucht. Auch muß es uns angehen, daß er bald nach der Figaro-Cavatine das f-moll – mit den Synkopen – für ein Lied braucht, das ›Lied der Trennung‹ heißt: »Die Engel Gottes weinen / wo Liebende sich trennen.« Und erst in zwei späten großen Orgelkompositionen kommt die f-moll-Beschäftigung zur Ruhe. In keinem Augenblick freilich ist es das f-moll von Haydns Sinfonie ›La Passione‹, und erst recht nicht das von Beethovens Appassionata. Schubert immerhin – mit der ›Fantasie zu vier Händen‹ – kann uns, als Nachklang, in den Sinn kommen.

Barbarinas Cavatine: soll man sagen, sie stehe ein wenig im Schatten jener hochberühmten und hochfeierlichen Cavatine, mit der die Gräfin zu Beginn des zweiten Aktes auftritt? Was die Gräfin singt, ist die Klage der Verschmähten, der Urlaut des Herzens, in allem Es-dur-Glanz zelebriert und gewaltigen Szenenapplauses gewiß. Aber ich zögere. Ich weiß es nicht, aber ich denke mir's, daß die großen Susannen unsrer Tage, Edith Mathis etwa oder Reri Grist, mit einer eigenen Bewegung an ihr Debüt als Barbarina denken: Urlaut des Herzens war es auch hier. Und nicht geträumt habe ich den kleinen Bericht eines Österreichfahrers: »Sie geben heute abend den ›Figaro‹ in Salzburg; ich muß umsteigen und habe zwischen meinen beiden Zügen nur eine Stunde Zeit. Aber meine Eintrittskarte ist zurückgelegt, und der Logenschließer läßt mich ein, und es reicht gerade von der ›Nadel‹ bis zum ›ti vo la fronte incoronar di rose‹, und das ist Herrlichkeit genug, bis in die Mitternacht und darüber hinaus.«
Das ist es: Ein Sechsachtel-Takt-Stückchen. Lauter Legato zunächst: so trippelt man auf kleinen Fräuleinsschuhen daher, bückt sich immer wieder, und dabei gibt es dann ein kleines Insistieren: »Nirgends bist du...« Nur zweimal, um den zwanzigsten und den dreißigsten Takt herum, huscht eine zärtliche Sechszehntelauflösung her, »meschinella« heißt es an dieser Stelle; »Nädelchen« singt sie, so als könnte sie der Tücke des Objekts mit einer Schmeichelei begegnen. Dann gibt es, durch kleine Achtelpausen voneinander getrennt, ein paar Augenblicke des Zögerns, halb schon des Verzichtens, schließlich wagt sie sich in die Oktave mit einem langen Ton, eine verminderte Quint folgt, eine Fermate dort, ein Atemanhalten, ein Seufzen halb, »cosa dirà«, ein Lauschen –. Fast nichts. Fast alles.

Goethes Zusammenschau läßt mich nicht los, und eine bestimmte Parallele will mir nicht aus dem Sinn kommen. Ich meine ein Shakespearelied, das eingeführt wird mit dem »'s ist einfältig / Und tändelt mit der Unschuld süßer Liebe / Als wie die alte Zeit.« Natürlich könnt ihr sagen, das Narrenlied aus ›Was ihr wollt‹ sei gewichtiger; »Komm herbei, komm herbei, Tod« – das ist mehr als »Unglücksel'ge, kleine Nadel.«

Aber *ist* es mehr? Ist es nicht so – und nun will ich zuletzt sagen, was ich bisher verschwieg –, daß es hier doch um etwas anderes geht als um ein Webmuster aus da Pontes Intrigengefädel; daß die kleine Cavatine ein Anlaß war, ein Anlaß für Mozart, große Dinge zu sagen. Mozart wußte, für wen er schrieb. Er schrieb für ein Kind, für Nannina Gottlieb; ihr Name wird von Mozarts Hand, als er den Personenzettel der Figaro-Premiere schrieb, neben den der großen Storace gesetzt. Zwölf Jahre alt war sie, als sie da, 1786, diese Cavatine sang, und fünf Jahre später war sie's, die als erste die Pamina in der ›Zauberflöte‹ singen durfte: siebzehnjährig sang sie das »So wird Ruh im Tode sein«. Sie sang den Part im Herbst 1791, kurz vor Mozarts Tod, und sang ihn dann noch ein paarmal nach Mozarts Tod, und dann sang sie nicht mehr, dies nicht und nichts anderes, und trat in den Hintergrund und blieb die Schauspielerin Anna Maria Gottlieb – und starb 1856, arm und vergessen, und schweigsamer noch als ihr berühmtes Pendant, als Ulrike von Levetzow. Das »Mich hat Mozart geliebt«: auf irgendeine Weise hätte das Wort gelten dürfen, und wie Liebe im Verzicht die innigste Liebe sein kann, davon spricht jeder Ton in Barbarinas Cavatine. Schon 1772, in einem der Mailänder Quartette, hat er, in einem c-moll-Satz, den Barbarinaton angedeutet, und in dem großen B-dur-Klavierkonzert (K. V. 456) findet sich ein Mittelsatz – er steht in g-moll –, wo mit Erregung, Wehmut und Pracht – so muß man's zusammensagen – das Nadelmotiv zum Leben kommt. Hier aber, im ›Figaro‹, ist es die reine Essenz, Botschaft aus dem Reich derer, die (so lesen wir's bei Mörike) »fleißig mit Gesang / Silberne Spindeln hin und wieder drehen.«

So viel Aufhebens von Barbarinas Cavatine? Aber das ist eben doch kein unscheinbares Ding, diese meschinella, die das Mädchen da ansingt. Hört man, was es hier wirklich zu hören gibt, so sieht man die Nadel geschmückt mit dem blauesten aller Saphire. »Unglücksel'ge, kleine Nadel, daß ich dich nicht finden kann«? Nichts da. Der Hörer der Liebe *wird* sie finden. Er wird, solange diese Musik währt, denken, sie sei sein. Und er wird von Glück sagen.

Contessa perdono

Variationen über ein unerschöpfliches Thema

Du hörst einen kühnen Vergleich, und zuerst schaust du auf, lächelst, prüfst ihn auf der Zunge, dann werden sich, je nach deinem Temperament, Frage- und Zweifellust einstellen und das Gebilde ein wenig zerzausen; aber es gibt Ausnahmen; und der kühne Vergleich, über den ich nun ein paar Variationen zu spielen wünsche als über ein vorgegebenes, ein unerschöpfliches Thema – er entzückte mich, als ich ihn im Brief des Amsterdamer Professors las, sogleich, und je länger ich über ihn nachdachte, um so mehr gewann er an Wahrheitsglanz und Schattenlicht.

Ich hatte nun freilich einigen Grund, dem Briefschreiber zu vertrauen, wie umgekehrt der nicht wenig Grund hatte, seinem Gegenstand nicht ohne Anfechtungen zu begegnen. Wenn die angenehme Stimme einer Ansagerin aus den Funkhäusern von Köln oder Hamburg durch den Äther auch über den Rhein hinüber mitteilte: »Sie hören nun das Divertimento in D-Dur von Wolfgang Amadeus Mozart« oder: »Sie hören das Fünfte Brandenburgische Konzert von Johann Sebastian Bach«, dann erklang für ihn, den Mann in Amsterdam, diese unschuldige Ansage in der Sprache, in der – fünfundzwanzig Jahre zuvor – auf dem Bitternisweg in die Schauburg von Amsterdam und ins Lager Westerbork ganz andere Worte – für ihn mit – gesprochen, nein, geschrieen worden waren. Aber dann schwieg diese Stimme aus Deutschland, und Mozart begann, Bach begann, und das Früh- und Immer-Geliebte galt von neuem, und so vermochte er's denn, seinen Briefsatz in unsrer Sprache zu schreiben, wiewohl sie einmal die Sprache des Grauens gewesen war.

Er schrieb: »Wir haben seit langem einen Mozartverein hier in

Holland, nicht mehr als einhundert Mitglieder, aber alle ohne Ausnahme verrückt ›in‹ Mozart . . . ich mußte vor vielen Jahren einen kurzen Artikel schreiben über ein Mozartfest, und ich erlaube mir, seinen ersten Satz zu übersetzen: *Bach ist der Himmel, Mozart das Paradies.*«

Da hatte ich meinen Satz, mein Thema, und indem ich mit ihm meiner Wege ging, suchte ich eine Spielerrunde, Bachfreunde, Mozartnarren; und da ich sie nicht fand zur Stunde, so erfand ich sie mir. Ich dachte mir dabei die hübschesten Spielregeln aus, sah zwei kleine Zimmer vor mir, gab meine Bedingungen bekannt und meine Siegerpreise dazu. Eine Viertelstunde sollte Zeit sein, und dann müßte man sie aufsagen können wie ein Schulgedicht, zehn Augenblicke von »Bachs Himmel«, und zehn Augenblicke von »Mozarts Paradies«. Notenbilder werden nicht verlangt und auch keine biographisch-bibliographisch richtige Reihenfolge . . . das war die Erleichterung; die Erschwerung aber hieß: kein Instrument ist im Zimmer, keine Notenmappe, kein Nachschlagewerk, weder Spitta noch Schweitzer, weder Einstein noch das Köchelverzeichnis. Und schließlich hieß es: wer klug ist und nach seinen Pluspunkten trachtet, der wählt so präzis, wie er irgend kann.
Eine Viertelstunde also; und als ich ins Bachzimmer kam, summte einer sogleich das Thema aus der ›Kunst der Fuge‹, danach kam die Passacaglia in c-moll und das »Ach, mein Sinn« aus der Johannespassion. »Herr, dein Mitleid, dein Erbarmen« – riefen zwei zu gleicher Zeit, wie es ja auch zwei miteinander im ›Weihnachtsoratorium‹ zu singen haben. Einer schien wahrhaftig alle Himmelsmächte zu kommandieren: »Cum sancto spiritu in gloria Dei patris« hieß das, und war aus der Hohen Messe. »Gleich wie das Gras vom Rechen« – das war der schwere Motettenton. Aber unmittelbar danach nannte einer die Schlußfigur aus dem letzten Satz des Vierten Brandenburgischen Konzerts, nicht schwer, sondern schwebend – und wie da durch die drei Generalpausen hin-

durch das Schweigen hörbar wird, die lautere Ewigkeit schon. Einer wünschte die b-moll-Fuge aus dem Ersten Teil des ›Wohltemperierten Klaviers‹, und einer den Ostersturm: »– wie ein Tod den andern fraß, den andern fraß ...« Sie sagten noch vieles, aber es war ja nun fast genug, genug Himmel schon, und nur im Hinausgehen hörte ich noch, und hörte es gut: »– da wischt mir die Tränen mein Heiland selbst ab«, und was da in der Kreuzstabkantate die eine Stimme singt, das kehrt chor- und orchesterweise wieder an vielen Stellen in diesem Werk.

Im Mozartzimmer aber fielen sie sogleich über mich her: für was ich sie eigentlich hielte? Zehn Augenblicke Mozartsches Paradies? Hunderte hätte ich verlangen sollen. Sie waren übermütig und redeten alle durcheinander; schließlich nahmen wir Papier und Bleistift zu Hilfe, und so gab es denn zuletzt fast schon etwas wie Ordnung im Paradies. Der Einsatz in der frühen A-Dur-Symphonie, damit muß es anfangen; der ist wie Geburt des Unverwechselbaren. Und aus der Sinfonia concertante dann das Doppelspiel von Violine und Viola, die Kadenz im zweiten Satz; niemand ist auf der Welt, niemand außer diesen zwei Liebenden dort. Aber dann gleich Cherubinos Lied und die zweite Zerlinenarie, in der es nicht so »fein fromm« zugeht, wie das der brave deutsche Text vortäuscht. Jetzt kommen die Variationen aus dem d-moll-Quartett und danach das Incarnatus aus der c-moll-Messe, und dann ein langes Schweigen; es ist die Pause der Ehrerbietung, das Schweigen der völligen Liebe. Dann aber hieß es: das C-dur-Quintett muß dabei sein, ich meine die große Violinfigur im langsamen Satz, und aus der letzten Violinsonate, der in A-dur, der Augenblick in der Mitte, das Unisono dort von Violine und Klavier. Aus dem letzten Klavierkonzert dann das so wunderlich vergnügte »Komm, lieber Mai«; ein letztes Mal erscheint es dort, nur eben noch angedeutet – wie von einem, der sich noch einmal umwendet, fast schon wie nach dem Abschiednehmen. Und kein Wort haben wir vom Klarinettenquintett gesagt, und kein

einziges Wort von ›Così fan tutte‹ und von der ›Zauberflöte‹: du siehst es ein – zehn ist nichts –. Aber nun, da du ja unser Schiedsrichter bist und ein Herr von Distinktion zu sein wünschest – da denken wir doch nicht falsch? – nun sag, warum dich's so entzückt hat, dies: »Bach ist der Himmel, Mozart das Paradies?« Warum hier Himmel? Warum dort Paradies? Was ist Himmel? Was ist Paradies?
Und ich will antworten: ihr habt geantwortet. Himmel ist das große, schweigende Gewölb, die Feste vom Zweiten Schöpfungstag; und streng und klar wie das Nachtgestirn an diesem Gewölb sind die Themen aus der ›Kunst der Fuge‹, von denen ihr spracht, das erste gewiß, und das letzte dann auch, das eigene, die Unterschrift: b-a-c-h. Aber Himmel ist auch der Saal der Engel, Regis curia, der Ort des Lobgesangs, da die Vox coelestis, und wär's als fernferne Trompetenstimme, zusagt, daß sie *da* sei, wo immer auf Erden die Menschenstimme zu bitten wagt: »Bleibt, ihr Engel, bleibt bei mir.« Und Himmel ist auch dies: die Wohnung der Erlösten, der Platz der abgelegten Lein- und Leichentücher, das wirkliche »– da leg ich den Kummer auf einmal ins Grab«; er ist das Nichtmehrhier, die Freistatt der Seelen – vielleicht: die Freistatt der Seelen – oder, dies noch überragend: das Sein im andern Sein, Jenseits denn, »jedwedem Wunsch entnommen: Seligkeit.«

Sag ich aber »Paradies«, so sehe ich sogleich den Garten aus Luthers Brief an sein Hänsichen, sehe das Bild des Meisters vom Oberrhein, Blau und Rot, Mauer und Tisch und Brot und Wein, sehe Lesende und Musizierende, höre das Gespräch der Seelen und die Stimmen der Vögel in den Bäumen, und sogleich kommt mir auch die Strophe eines Dichters in den Sinn, des Dichters Loerke, der sich so vorzüglich auf das Reich Johann Sebastian Bachs verstand und auch mit aller Liebe Mozart zu spielen wußte; er hat diese Strophe den Tieren der Renée Sintenis in den Mund gelegt, und sie sprechen den Menschen an: »Ach, fragt nicht nach dem Paradiese,/ Ob es denn weit entlegen sei./ Es ist der Tag, der Wind, die Wiese,/ Und wenn ihr wollt, ihr seid dabei.« »Ob es denn weit entlegen sei?« Nein, es ist nicht weit entlegen; es ist ein Hierunddort, ein Dortimhier. Ihr könnt euch Osmins Feigenbaum dazudenken, die wilden Tiere alle, die Frieden halten, weil es die Zauberflöte über sie gewinnt. Und die ernsten Fandangotänzer und die Liebenden alle.

»Bach ist der Himmel«: ich sage dazu jetzt kein Wort weiter, denn das Wort weiter müßte ja wohl lauten: Bach ist die Erde, auch die Erde, diese Erde. Aber »Mozart, das Paradies«: davon will ich eines noch sagen. Ich will zu euren zehn Augenblicken einen elften hinzutun. Ich will von der halben Stunde Opernhaus-Paradies sprechen, die es auf dieser Erde gibt, wo immer man Mozart spielt; ich will sprechen von dem Wunder, bei dem ich mich nicht nach den Gärten der Semiramis sehne: ich meine den Vierten Akt aus ›Figaros Hochzeit‹. Superlative sind kindisch, ich weiß. Aber ich weiß nicht, wie ich das *nicht* aussprechen soll, was ich doch denke: daß dergleichen nie zuvor geschrieben worden ist, daß dergleichen nie mehr geschrieben werden wird.
Wir sind schon fast am Ende des »Tollen Tags«, der Graf hat für das Fest größte Pracht befohlen, »magnifica la festa«, die Mädchen haben ihm mit ihrem Singsang gedankt, aber auch das Intrigenspiel ist gefädelt, herüber und hinüber, mit aller List. Der Vorhang fällt noch einmal, doch ohne, daß das Licht im Saal angeht. Nur für einen Augenblick ist Stille, und dann beginnt es von neuem. Nichts mehr ist da von dem pompösen C-Dur, mit dem der Dritte Akt geschlossen hatte; in f-moll beginnt es nun, im Sechsachteltakt, auf der Szene ist Nacht, Windlichter nur werfen flüchtige Schatten, und die kleine Barbarina kommt herein. Sie hatte bis dahin noch nicht mehr als ein paar kleine Rezitative zu singen gehabt, und wenn sie eine Debütantin ist – ich habe es so erlebt –, dann weiß sie, daß die nächsten drei Minuten über ihren Lebensgang entscheiden

können, und so singt sie, was sie zu singen hat, ihre Cavatine nun: »Unglückselge, kleine Nadel, daß ich dich nicht finden kann.«
Und dann geht es weiter im Wechsel von Rezitativ und Arie; Figaro hat seinen letzten Soloauftritt, das Machtwort von Eifersucht und Manneszorn, die Warnung an die »blinden, betörten Männer«. Er faucht wild und geschmeidig. »Son rose spinose« heißt es, »dornige Rosen«, sie allesamt, die Fängerinnen der Liebe, und düster entschlossen kehrt sein Refrain wieder und wieder: »Il resto non dico«, halb Kobold, halb Wüterich. »Il resto non dico« – »das Weitere verschweig ich, doch weiß es die Welt.« Aber dann kommt die Rosen-Arie; Susanne erscheint, und sie, die eben noch »rosa spinosa« Gescholtene, singt. Sie singt das kleine Rezitativ, bei dem es immer schon so still wird im Großen Haus, und dann die Arie selbst. Sie ist ja mitverstrickt in das Intrigenspiel, sie muß Stelldichein und Liebesstunde spielen, als treulos Erhörende, und ihr »Komm doch, mein Trauter« halb flunkern; aber Mozarts Musik siegt über Da Pontes Text, und wenn sie ihren seligen Aufgesang wagt, das »ti vo la fronte incoronar«, und den Abgesang dann, das »di rose« – dann – dann kann sie keines andern Stirn bekränzen wollen als die des wahrhaft Geliebten: die wirkliche Liebe lügt nicht.
Aber zu Ende ist es noch lange nicht; allen Unfug und Übermut wollen wir haben, auch Marcelline und Basilio müssen auf den Plan, verstellte Stimme und vertauschtes Gewand spielen ihre Komödie, und das berühmte Klitsch-Klatsch auf Figaros Wange wollen wir hören, den Friedensschluß dann, den ersten hier, das immer wiederkehrende »Pace – pace«.
Und noch ist der Graf selbst ja seinen Vogelstellerinnen nicht ins Garn gegangen; Figaro muß der Verschwörung beitreten, Fackeln flammen auf, es gibt den Lärm der Wachen und der Hellebarden; recht in flagranti will der Graf seine Gräfin ertappen; wie, daß er nicht weiß, daß er, der prellen möchte, längst selbst der Geprellte ist. Die Verwirrung nimmt überhand; halb

wissend, halb unwissend rufen sie, der Gräfin zu Diensten, ihr vielzüngiges »Perdono«, »Verzeihung«, dem aber nichts als ein störrisch-stampfendes »No« aus des Grafen Mund zur Antwort wird; da gibt sich, den Knoten zu lösen, die Gräfin zu erkennen, und nun, da alle nicht wissen, wie ihnen geschieht, nun ist's am Grafen, *sein* »perdono« zu rufen.

»Contessa perdono«: wenn es das gibt: Paradies im Paradies, Essentia paradisica, so will ich sagen: dies ist's. Der Sexten- und der Septimensprung hier, der kleine Sekundenschritt danach, und schließlich die Quintenfolge, die dem wenig Würdigen die Antwort der Liebe gibt: »Wie könnt ich denn zürnen?« – es ist das einfachste Gebild von der Welt, und ist mit nichts zu vergleichen. »E dico di si«: es ist das Ja-Wort noch einmal, schwerer als jenes erste, früh gegebene; das Schwerste ist hier, aber es ist ohne Schwere. »Sotto voce« heißt die Anweisung an dieser Stelle; fünfzehn Takte lang müssen sie, mit angehaltenem Atem, wenn man so sagen mag, diese Seligkeit auskosten, alle nun, die auf der Bühne sind; dann erst darf die stretta einsetzen, allegro assai, weniger ist nicht möglich, um dem ›Tollen Tag‹ das Ende zu bereiten, ohne das im beifallsbegierigen Theater kein Ende sein kann.

Ich habe erzählt, wie eben das Wort erzählen muß: nacheinander – dies ... und dann ... und dann. Aber die Musik, und ausdrücklich Mozarts Musik, und so völlig diese Musik kennt kaum ein Nacheinander; er, Mozart, hat – nach seinen eigenen Worten – alles Nacheinander als ein Ineinander vernommen, und so ist denn auch sein Paradies, ein Paradies des Zusammen und Zugleich, ein Oben und Unten, sollen wir sagen: ein Chagallsches Paradies – oder – wie sagen wir?

Winkend im Ernst. Das ist nur eben eine Formel, und ich prüfe, ob sie taugt. »Winken« ist so vieles; Lachendes, Zärtliches, Abschiednehmendes. Und auch »Ernst« ist so vieles: Sophokles und Dante gewiß, und Rembrandt auch, und auch Goethe, denk ich. Aber »winkend im Ernst« – das ist Mozart.

Wir sind im Theater, in Sevilla, im Schloß des Grafen Almaviva und in seinem Park, und die dort ihr Fest halten, sind fürs erste keine Paradieserwählten, sondern recht menschliche Menschen: listig und lüstern, eifersüchtig und neidisch, boshaft und verschlagen, aber auch gutmütig und bieder, verliebt und verspielt, zärtlich und auch der Güte fähig – und der da von ihnen musizierte, der kannte ein wenig das menschliche Herz, sein Ungestüm, sein Leicht und sein Schwer, denn ein wenig kannte er sich selbst, und was in ihm war, war nicht Paradies. Und doch ist da diese Musik, dieser glückselige Lärm des Lebens, und das Schweigen dann, und dann dieses »Contessa, perdono« – und das »e dico di si«.

Er war sehr reich, der arme Wolfgang Amadeus Mozart; er brauchte sich, ein Leben lang, nicht selbst zu bestehlen. Aber daß es mit diesem »Vierten Akt des ›Figaro‹« eine besondere Bewandtnis hatte, daß einem dergleichen einmal im Leben zuteil wird und dann nicht noch einmal, das schien auch er, dieser Krösus, zu wissen, und so könnten wir in seinem Spätwerk, einem Werk, das dem Tode zugeht, ein paar Anklänge – und mehr als Anklänge – nennen, die aus dieser Gartennacht stammen.

Aber nein, die Gartennacht ist es ja nicht, und »Mozart, das Paradies«, das bindet sich an keinen Ort, an keine Zeit. Mehr ist von diesem Hierunddort, diesem Dortimhier nicht zu sagen als dies: daß es wahr und wirklich ist, Paradies: dort, wo ein Mensch sich ganz dem anderen zuwendet, dort, wo einer dies »perdono« wagt – und diese Verzeihung empfängt.

Mozart, dreiundzwanzigjährig

»Dreiundzwanzig Jahre und nichts für die Unsterblichkeit getan«: das ist der Aufschrei des Don Carlos, vor seinem Vater, vor Don Philipp, dem schwarzen König; es ist nicht Mozarts Wort, es kann Mozarts Wort nicht sein. Der nämlich schrieb in seinem dreiundzwanzigsten Lebensjahr – aus Paris, als es sich um die Rückkehr in die ungeliebten Salzburger Dienste handelte –, an seinen Vater schrieb er: »Ich versichere Sie, daß, wenn der Erzbischof mir nicht erlaubt, alle zwei Jahre eine Reise zu machen, ich das Engagement nicht annehmen kann: ein Mensch von mittelmäßigem Talent bleibt immer mittelmäßig, er mag reisen oder nicht, aber ein Mensch von superieurem Talent, welches ich mir selbst, ohne gottlos zu sein, nicht absprechen darf, wird schlecht, wenn er immer an dem nämlichen Ort bleibt.«

Sie mögen über meinen Vortragstitel, über diese Fixierung auf ein bestimmtes Lebensjahr, ein wenig gelächelt haben, und Sie werden von neuem lächeln, wenn ich Ihnen heiter die Quelle meines Einfalls nenne. In Fontanes ›Stechlin‹ gibt es eine abendliche Unterhaltung zwischen zwei Pfarrherren. Als ein junges Ding ins Zimmer tritt, um den Tisch zu richten, fragt der Superintendent: »Wie alt ist sie denn?«, und Pastor Lorenzen antwortet: »Siebzehn. Eine Nichte meiner guten Frau Kulicke.« Darauf der Gast: »Ach Lorenzen, wie Sie zu beneiden sind. Immer solche Menschenblüte zu sehen. Und siebzehn, sagen Sie. Ja, das ist das Eigentliche. Sechzehn hat noch ein bißchen von der Eierschale, noch ein bißchen den Einsegnungscharakter, und achtzehn ist schon wieder alltäglich. Achtzehn kann jeder sein. Aber siebzehn. Ein wunderbarer Mittelzustand.«

Nun, das ist Konversation, ist ein Stück von Fontanes »Pläsierlichkeit«, die Gottfried Benn nicht recht leiden konnte und die ich so sehr gut leiden kann und die gewiß manchem von Ihnen nach dem Herzen ist: wollen wir – ernster gesetzt – die Parallele versuchen: »Ein wunderbarer Mittelzustand«. Zwanzig: Student, Adept, allseits vor den Toren. Sechsundzwanzig: Mann, erstes Ehejahr, fester Beruf, erste Bürger- und Bügelfalte. Aber dreiundzwanzig. Mit dreiundzwanzig – soll ich so sagen? – sind wir alle etwas Besonderes gewesen, ich unterdrücke das melancholische Perfekt »gewesen« nicht, und die besonderen Leute waren da dann schon etwas *ganz* Besonderes. Aber hier ist nun freilich sogleich sorgsam zu differenzieren. Dreiundzwanzigjährig schrieb Goethe den ›Werther‹, ›Wanderers Sturmlied‹ und ›Mahomets Gesang‹: er war auf eine exemplarische Weise dreiundzwanzig, ganz Jugend, Hochgestimmtheit, Leidenschaft: »Wen du nicht verlässest, Genius ...« Mörike schrieb mit dreiundzwanzig nicht nur das ungeheure Mitternachtslied (»Gelassen stieg ...«), sondern auch den ›Besuch in Urach‹, sah, mit früh-melancholischem Blick, einem halben Altersblick schon, auf sein Jungsein zurück: »Noch immer, guter Knabe, gleich ich dir ...« Mit dreiundzwanzig ist Büchners ›Leonce und Lena‹ geschrieben »O meine müden Füße, ihr müßt tanzen«; ein geniales Werk, schon ganz im Abschiedsglanz; und auch bei Schubert beginnt da das letzte Lebensdrittel: ›Abendrot‹ ist die Farbe. »– und dies Herz, eh es zusammenbricht / trinkt noch Glut und schlürft noch Licht.« Und Mozart, dreiundzwanzigjährig?

Setzen wir's so: dreiundzwanzig: das ist in dem wunderbaren Gang dieses Lebens Mitte und Peripetie zugleich. Dreizehn Arbeitsjahre liegen hinter ihm; eine Tafel, an einem Haus in der Edburrystreet in London, nennt Mozarts Aufenthalt von 1765 und sagt: damals habe er in diesem Haus seine erste Symphonie komponiert. Was nach dem dreiundzwanzigsten kommt, sind noch einmal dreizehn Jahre. Salzburg noch einmal und wieder in Erzbischof Colloredos Dienst, dann, nach dem endgültigen Bruch, Wien, die Jahre der Wunscherfüllung: die sechs großen Opern entstehen, die Quartette und Quintette, die Messen, die Sinfonien und Klavierkonzerte der Spätzeit, der Höhepunkt dann: die Prager Tage des ›Don Giovanni‹. Dann schon das Requiem, und schon dies: »Ich bin im Begriff, mein Leben auszuhauchen, ich bin damit zu Ende, bevor ich mich meines Talentes habe freuen können.«

Mozart, dreiundzwanzigjährig, das ist, datumgenau, die Zeit zwischen Januar 1778 und Januar 1779; wir können unsren kurzgefaßten Jahresüberblick beginnen mit einem am 31. Januar 1778 aus Worms an die Mutter nach Mannheim geschriebenen Versbrief, aus dem ich freilich hier – in Damengesellschaft – nur einige wenige Zeilen vorlesen kann, es ist nichts als Unsinn und Übermut: »Madame Mutter / ich esse gerne Butter. Wir sind Gottlob und Dank / gesund und gar nicht krank. Wir fahren durch die Welt / haben aber nit viel Geld ...« und so weiter. Am Schluß: »Nun will ich Ihnen sagen / daß ich Montag die Ehre hab, ohne viel zu fragen, / Sie zu embrassieren und dero Händ zu küssen ...« – jetzt wieder eine Schicklichkeitsunterbrechung ... dann: »à dieu Mamma / dero getreues Kind / ich hab den Grind / Trazom.«

»Trazom« ist – man kommt nicht gleich drauf – der Name »Mozart« in der Umkehrung: man kennt – vor allem aus den berühmten Briefen an das Bäsle diesen Tonfall. Die ausufernde Fäkal-Phantasie war wienerisch-zeitgemäß, sie war mozartisches Familieneigentum, und im besonderen dann Eigenton von Wolfgang Amadeus; jeder schöpferisch Tätige versteht den Zusammenhang. Es war die unschuldigste Weise, durch die ein von frühester Jugend an eminent Überforderter sich selbst eine Art Ausgleich schuf. Dieser Unfug-Brief, aus dem ich vorlas, steht nun freilich an besonderer Stelle. Mozart verlebte seinen zweiundzwanzigsten Geburtstag auf einer kleinen Musikerfahrt in Kirchheim-Bolanden; in seiner Begleitung waren nicht die Mutter, sondern Mannheimer Freunde, Fridolin Weber und dessen Tochter Aloysia, und Wolfgang und Aloysia, eine sechzehnjährige Sopranistin, konzertierten bei der Prinzessin von Nassau-Weilburg. Wir treiben keine Alkovenschnüffelei; aber wer die nun folgenden Briefe Mozarts studiert, kann kaum daran zweifeln: die »Vacanz-reise«, wie sie Mozart im Brief an den Vater nennt, mit der den Kinderschuhen gerade entwachsenen Lolita hat im Leben Mozarts – nun, wie sagt man: »Epoche gemacht«. Die deftigen Cochonnerien, die – schon vorher – in den Bäslesbriefen sich häuften, sind harmlos; wer sich aus ihnen ein Bild Mozarts als eines »erotischen Protzen« machen wollte, ginge gründlich fehl. Sie sind Spiele, Spiele des Ausgleichs, Lebensgegengewicht in einem geradezu unsinnig einseitigen, verzehrenden Sturmlauf der Produktivität; man muß sich an dieser Stelle vergegenwärtigen, daß der Mann, der hier, zweiundzwanzigjährig, wohl zum erstenmal die »Frau als Gegenüber« erfährt, um diese Zeit schon – um nur einiges zu nennen – die A-dur-Sinfonie, alle die großen Violinkonzerte, die wir kennen, und das Jeunehomme-Klavierkonzert komponiert hatte, alles komponiert hatte, was im »Köchelverzeichnis erste Hälfte« steht, ein Lebenswerk für sich. Und nun also: Aloysia Weber – da ist es Mozart – nur ihm – recht gründlich ernst. Er, der auf die große Westreise geschickt worden war, um sich als Kapellmeister die Welt zu erobern – möchte, so liest mans nun, Brief um Brief, Hals über Kopf mit den Weberschen nach Italien, möchte Aloysia zur Primadonna in Verona machen und was nicht noch . . . Es kommt zu heftigen Brief-Szenen; Vater Leopold ist außer sich; er schreibt, er bittet, er beschwört, er befiehlt. Schließlich heißt es: »Das bist du deinem von dem gütigsten Gott erhaltenen außerordentlichen Talente schuldig, es kommt nur auf deine Vernunft und Lebensart an, ob du als ein gemeiner Tonkünstler, auf den die ganze Welt vergisst, oder als ein Berühmter Capellmeister, von dem die Nachwelt auch noch in Büchern lieset, ob du von einem Weibsbild eingeschäfert mit einer Stube voll nothleidenden Kindern auf einem Strohsack, oder nach einem Christ hingebrachten

Leben mit Vergnügen, Ehre und Nachruhm, bei aller Welt in Ansehen sterben willst?« Und dann, im fortissimo: »Fort mit dir nach Paris! und das bald . . . setze dich großen Leuten an die Seite, aut Caesar aut nihil; der einzige Gedanke, Paris zu sehen, hätte dich vor allen fliegenden Einfällen bewahren sollen.«

Der Sohn fügt sich; er versichert dem Vater, er werde sich mit allen Kräften bemühen, dem Namen Mozart Ehre zu machen. »Ich habe auf drei Freunde mein Vertrauen – und das sind starke und unüberwindliche Freunde« – schreibt er – »nämlich: auf Gott – auf Ihren Kopf und auf meinen Kopf. Unsre Köpfe sind freilich unterschieden, doch jeder in seinem Fach sehr gut, brauchbar und nützlich. Und mit der Zeit, hoffe ich, wird mein Kopf dem Ihren in dem Fach, wo er jetzt den meinigen überwieget, doch auch nach und nach beikommen.«

In den letzten Tagen des Mannheimer Aufenthalts komponierte Mozart die C-dur-Sonate, KV 297, mit der unsere Matinée begonnen hat; er erwähnt sie als eines der ›Duetti mit Klavier‹; die Forscher wissen, mit wieviel Eifer Mozart damals die Duetti von Josef Schuster und die Werke des Johann Christian Bach, dessen Ton im Mittelsatz recht ausdrücklich anklang, studiert hat; wie er erst hier, verhältnismäßig spät, den beiden Instrumenten eine Unabhängigkeit voneinander, eine Selbständigkeit zuerkennt.

Die Reise nach Paris – in Begleitung der Mutter unternommen – dauerte neun Tage und ist mühsam, die Ankunft unfroh. »Großstädte sind grausam«, schreibt Annette Kolb im Gedenken an diese Reise – »dem Eroberer, der sie zu nehmen weiß, hängen sie sich an den Hals, der andere bleibt am Wege liegen«. Und daß die Mozarts keine Eroberer sein konnten, liegt auf der Hand. Erste Quartiersuche mit dürftigem Ergebnis, erste Visiten, vor allem bei dem von Vater Leopold so hochästimierten und dem Sohn hochempfohlenen Baron Grimm. Grimm hatte einst das Wunderkind Mozart bestaunt; aber den Mann, mit dem er es jetzt zu tun hatte, kannte er nicht, verstand er nicht. Grimm war ein hurtiger, ehrgeiziger Parvenu,

der nicht begreifen konnte, warum dieser junge Kapellmeister so stolz-entschlossen nur eben seinen Weg sich suchte. Die Pariser hatten damals gerade im Bereich der Musik einen hektisch geführten Streit. Die Piccinisten, die Anhänger der italienischen Schule, durch Piccini vertreten, lagen in Fehde mit den Gluckisten, den Freunden der Opera seria; Grimm ist bei den Piccinisten und begreift nicht, warum Mozart in diesem mehr literatenhaft als ernsthaft geführten Streit nicht Partei nimmt. Aber wie soll einer hier Partei nehmen, der in sich den ganzen Piccini, den ganzen Gluck wußte – und einiges dazu?
Es beginnt die Schülersuche, das ungeliebte Stundengeben. Er würde es, so schreibt er, »gern Leuten überlassen, die sonst nichts können als Clavierspielen«. »Ich bin ein Komponist« – steht zu lesen – und: »Das Clavier ist nur meine Nebensach, aber Gott sei Dank eine sehr starke Nebensach.« Er findet eine vornehme Schülerin, das Fräulein von Guines, das er die Kompositionskunst lehren soll... aber wie lehrt man, wenn das Fräulein beides ist: »von Herzen dumm und von Herzen faul?« Er komponiert eine Sinfonia concertante; die vier Concertanten sind ganz verliebt in ihren Solopart, aber der Auftraggeber, M. le Gros, vergißt im entscheidenden Augenblick, die Partitur zum Abschreiber zu geben. Bei der Duchesse de Chabot macht er seine Aufwartung, aber man setzt ihn in ein ungeheiztes Zimmer ans Klavier. Kein Wunder, daß er resümiert: »Geben Sie mir das beste Clavier von Europa und aber Leut zu Zuhörer, die nichts verstehen oder die nichts verstehen wollen, so werde ich alle Freude verlieren.« Und ein andermal, noch deutlicher: »so bin ich unter lauter Vieher und Bestien, was die Musik anbelangt.« Nun, es gibt auch Ausnahmen, glückliche Stunden, verständige Partner wie den Grafen von Sickingen; auch Erfolge gibt es mit dem Konzert für Harfe und Flöte und mit der D-Dur-Sinfonie, ›Pariser Sinfonie‹ genannt. Da schreibt er dann: »Ich ging für Freude nach der Sinfonie ins Palais Royal, nahm ein guts Gefrorenes, bat den Rosenkranz, den ich versprochen hatte, und ging nach Haus.«

Mitte Juni, knapp ein Vierteljahr nach der Ankunft in Paris, erkrankt die Mutter Mozart. Sie hatte sich – einer Übung der Zeit entsprechend – zur Ader gelassen, klagt in einem Brief nach Salzburg, der ihr letzter Brief sein sollte: »Ich muß schließen, denn es tuet mir der Arm und die Augen weh.« Dann kommt die Krankheit, die man nicht recht erkennt, sie verschlimmert sich, und es gibt ein schweres, über mehr als eine Woche sich hinschleppendes Sterben. Es ist Juni, Juli, ungutes Klima für eine Ruhr-Erkrankung – etwas wie Ruhr wird die Krankheit gewesen sein –, die Stuben sind eng, einen französischen Arzt möchte die Kranke nicht, ein deutscher ist nicht leicht aufzutreiben. Die Mutter verliert das Bewußtsein, am Sterbebett hält der Sohn aus, Stunde um Stunde. In der Nacht vom 3. auf den 4. Juli, die Mutter war abends kurz nach 10 Uhr gestorben, schreibt Mozart zwei Briefe nach Salzburg, zwei mit Recht berühmt gewordene Briefe, berühmt geworden als Dokumente eines großen Herzenstakts, einer großen Reife, zart und männlich zugleich. Dem Vater will er zunächst nur die halbe Wahrheit gestehen, und hier ist halbe Wahrheit ja schon Unwahrheit: »Meine liebe Mutter ist sehr krank –« beginnend ... Die ganze Wahrheit bekommt ein Salzburger Freund, der Abbé Bullinger, zu hören; er soll dem durch den Sohnesbrief ein Stück weit vorbereiteten Vater dann mündlich die Todesnachricht geben. »Wie es so gefährlich wurde« – heißt es in diesem zweiten Brief –, »so batt ich gott nur um 2 Dinge, nemlich um eine glückliche Sterbstunde für meine arme Mutter, und dann für mich um stärke und muth, und der gütige gott hat mich erhört und mir die 2 Gnaden im größten maaße verliehen.«

Der Vater Mozart in Salzburg war – so spielt das Leben – zum Bölzelschießen gegangen, den Brief des Sohnes bei sich tragend und schweren Herzens. Dort fand ihn der Abbé Bullinger – und da war dann freilich kein weiter Weg mehr zurückzulegen bis zu der unwiderruflichen Wahrheit: »Ja, sie ist tot.« Schreibfähig, ja, schreibselig, wie Leopold in allen Lebenslagen war, wendet er dem Sohn alle Teilnahme zu; ein Vorwurf freilich, ein »Du bist schuld« ist in den halb fatalistischen, halb rationalistischen Bekundungen nicht zu überhören; und so entschlossen, wie es vor wenigen Monaten »Fort mit dir nach Paris!« geheißen hatte, heißt es jetzt: »Zurück nach Salzburg!« Es hat den Anschein, als habe sich der Vater zu einem etwas ränkehaft-listigen Spiel auf zwei Tastaturen entschlossen: er verständigt den Baron Grimm von seinem väterlichen Willen, den Sohn wieder in Salzburg zu haben, und geht recht geschickte Wege des Antichambrierens beim Erzbischof und bei einigen Mittelsmännern, um für den entlaufenen Sohn eine ordentlich bezahlte Stelle als Hoforganist zu bekommen – und er hat Erfolg. Der Sohn nun scheint dieses Spiel zu durchschauen – und spielt mit. Er gibt ein halbes Ja, betreibt aber gleichzeitig und nun mit mehr Glück als im Frühsommer seine Pariser Aufgaben, in St. Germain kommt es zu einer freundlichen Wiederbegegnung mit Johann Christian Bach, eine zweite Sinfonie wird komponiert und aufgeführt, die Duetti für Klavier und Violine werden zum Kupferstecher gegeben, Opernpläne suchen Gestalt anzunehmen, aber schließlich kommt es dann doch unter widerwärtig-unfreundlichen Begleitumständen zu einem Hals-über-Kopf-Aufbruch aus Paris; am 26. September fährt eine unbequem-langsame Kutsche ostwärts; der schwere Sommer ist zu Ende, die Mutter hat ihr Grab in der fremden Stadt; die Duetti sind beim Graveur zurückgeblieben, aber die zwei großen Klaviersonaten, die in diesem Sommer entstanden sind, die düstere a-moll-Sonate und die Variationensonate in A-Dur, dazu eine Anzahl kostbarer Klaviervariationen, sind im Reisegepäck.

Die zwei Sonaten, die wir heute noch hören, zählen zur Pariser Ernte: die in e-moll, bei deren Introitus man an Beethoven denken mag, aber es ist doch nicht das Beethovensche Stampfen, es ist, hör ich recht, eine hinausfliehende Musik, hinausfliehend – wohin? Das wird nicht gesagt. Der menuett-artige zweite Satz setzt dieses fast schwerelos sich hin und zurückbewegende Gebärdenspiel des Erdensohnes, dem die Grenze begegnet ist, fort: eingeschlossen ist ein unvergleichliches E-Dur-Intermezzo. Der Gedanke »Schubert« stellt sich an dieser Stelle ungerufen ein, und es ist ein erlaubter Gedanke; aber wenn es bei Schubert in solchen Augenblicken Tränen gibt – bei Mozart bleiben die Augen trocken; doch man muß fürchten, daß einem das Herz auseinanderspringt.

Dieser e-moll-Sonate folgt – recht anders im Tenor, aber vorzüglich geeignet, einen Abend festlich zu beschließen – die Sonate in D-Dur, ein exemplarisch pariserisches Werk, glänzend und prächtig, und dann doch mehr als nur eben prächtig-prunkend; das Cantabile der Liebe im zweiten Satz ist wie das sommerlich-zärtliche Lichterspiel der Bäume im Bois de Boulogne.

Die Rückreise also hatte am 26. September mühsam genug, holpernd und stolpernd begonnen, aber nun läßt sich der Sohn Zeit. Nancy-Straßburg-Mannheim heißen die ersten Zwischenstationen, und auf jeder versucht der Rückkehrer sein Glück: könnte man nicht da eine Aufgabe wahrnehmen, besser noch: eine Stelle bekommen? Nach Salzburg, zum Erzbischof, komme ich immer noch früh genug; wann immer ich komme, ist es *zu* früh. Die Vater-Leopold-Briefe drängen, Termine werden gesetzt, aber diesmal läßt sich der Sohn nicht mehr ernstlich drängen; ein freier Beobachter könnte sagen, der Sohn gehe mit dem Vater ein wenig grausam um; nicht weniger grausam, als der Vater im Mannheimer Liebesfrühling mit dem Sohn verfahren war. An Weihnachten, als er längst in Salzburg bei Leopolds Freunden avisiert war, trifft er in München ein, und hier gibt es nun das langersehnte Wiedersehen mit Aloysia Weber; aber die so sehr geliebte Demoiselle, die in München in eine gute Position als Sängerin gekommen war, hat für den Kapellmeister im roten Rock nur ein spöttisches Lachen. Mozart ist tief getroffen. Daß er sich ans Klavier gesetzt habe, ist bezeugt, daß er Tränen aus Zorn und Verzweiflung geweint habe, desgleichen ... daß er »Ich lass das Mädel gern / das mich nicht liebt« geträllert habe, steht in der Biographie von Nissen, der mit Aloysia verschwägert war, und das ist sicher *nicht* wahr: den Trällertext kennen wir in Schwaben besser... er steht unverkürzt und klar beim Ritter mit der eisernen Faust. Dann kommt – kleiner Trost im großen Schmerz – das Bäsle aus Augsburg, und sie fahren – es ist mittlerweile Mitte Januar geworden – nach Salzburg zurück; das letzte Dokument aus diesem 23. Lebensjahr, das auf uns gekommen ist, liest sich für den Mozartfreund trübseliger als jener witzige Wormser Brief vorm Jahr, es ist die vom Vater aufgesetzte Bitte an »Ihre hochfürstlich Gnaden«: »bitte demnach untertänigst als höchstdero Hoforganisten mich gnädigst zu decretieren dahin, als zu all andern höchsten Hulden und Gnaden mich in tiefster Untertänigkeit empfehle / Euer hochfürstlich Gnaden meines gnädigsten Landesfürsten und Herrn unterthanigster und gehorsamster Wolfgang Amadè Mozart.«

Das war nun also die große Westreise. Wie urteilen wir? Ein Fehlschlag? Enttäuschung genug, das ist gewiß. Nur daß es für einen, der Mozart heißt, kein »schwer« gibt, das nicht Musik wird, kein »widrig«, das sich für ihn nicht verwandelte in das, was Mozarts großer Bewunderer, was Goethe genannt hat: »Das Doppelglück der Töne wie der Liebe.« So soll denn diese Westreise nicht nur eine schmerzlich-bewegende, sondern eine welterhellende Reise genannt werden. Lassen Sie mich den Ertrag der Reise noch ein wenig präzisieren. Der Prozeß, der sich hier vollzogen hat, hier beim Eintritt in die zweite, die dunklere Hälfte seines Lebens, war ein Prozeß der Loslösung. Loslösung, lateinisch »absolutio« – ich möchte das Wort gleich hier einführen, damit es Ihnen am Ende meiner Besinnung, wenn ich auf die absolute Musik zu sprechen komme, schon im Ohr ist. Loslösung, Befreiung. Ich nenne – in gebotener Kürze – vier Komponenten dieser Befreiung.
Dieser Wolfgang Amadeus Mozart wird nach dieser hier gesetz-

ten Zäsur, nach den Erfahrungen dieses Jahres, nicht mehr wie bisher *»der Sohn«* sein. Er hat die Mutter, die ihn geliebt und verstanden hat, in Paris begraben, und es läßt sich wohl eine Linie ausziehen von dieser Abschiedsstunde in St. Eustache in Paris, Juli 1778, zu einer Stunde, dreizehn Jahre später, da der Komponist der ›Zauberflöte‹ Pamina vor Sarastro singen heißt: »Mir klingt der Muttername süße«. Dem eigenwilligen, schwierigen, aber freilich in vieler Hinsicht fach- und sachkundigen Vater zollt der nach Salzburg Heimgekehrte allen Respekt, und als er, acht Jahre später, von ihm Abschied zu nehmen hat, tut er es mit Worten vom »liebsten, besten Vater«. Aber mit dem alten Kinderspruch »Nächst Gott kömmt gleich der Papa« ist es vorbei, Mozart entscheidet nun frei – verläßt im Juni 1781 in eigener Entschlossenheit den Salzburger Dienst, als dort die Verhältnisse unerträglich geworden waren, und heiratet Konstanze Weber, zunächst ohne die väterliche Zustimmung.

Er wird, wiewohl er Auftraggebern und Aufträgen verpflichtet bleibt, buchstäblich bis zum letzten Erdentag verpflichtet, kein *Diener* mehr sein. »Will nicht länger Diener sein«, singt sein Leporello zu Beginn des ›Don Giovanni‹; das zornige »Nein, nein« dort ist mit dem ganzen Herzen komponiert. Gewiß, es gibt Partner, Mitarbeiter, Textdichter, Da Ponte, Schikaneder, den Freiherrn van Swieten, den Hofmusikus Anton Stadler, es gibt den Kaiser in Wien und den König von Preußen, Friedrich Wilhelm II: sie zählen wohl; aber sie zählen nicht so, wie etwa der Fürst Esterhazy für Haydn zählte, oder der König von England für Händel. Mozart »erstirbt« nicht in Ehrfurcht. Als ihm sein Kaiser nach der ›Entführung‹ sagt: »und gewaltig viel Noten«, bekommt er die Antwort: »gerade so viel Noten, Majestät, als nötig sind.«

Und er wird – dies die dritte Absolutio, Loslösung, Befreiung – der *Zeit*, dem Zeit- und Weltgeflecht entnommen bleiben. Der Knabe Mozart, an Maria Theresias Hof, hatte der armen Maria Antoinette schlichtweg einen Heiratsantrag gemacht. Nun zie-

hen alle Weltereignisse, Händel und Kriege, die Französische Revolution, auch alles institutionelle Leben vorüber, fast ohne daß es Mozart berührt, und selbst wenn es ihn berührt, wie etwa das Leben der Freimaurerlogen, berührt es ihn nur von ferne. Ich weiß, der politische Impetus des ›Figaro‹ ist unüberhörbar, und ein Regisseur wird das Zeitgefüge dieser Oper bedenken müssen, und auch Mozart selbst kannte, an des Erzbischofs Gesindetisch geprüft genug, das Widerspiel von Hoch und Nieder, das Hickundhack der Herren und der Knechte. Aber man wird doch zu Recht den Satz wagen dürfen: daß Mozart das viele Widrige und das wenig Freundliche, das in diese fünfunddreißig Jahre Leben eindrang, im Grunde zu keinem anderen Behufe erfuhr als dazu: es zu verwandeln in die ... ich weiß nicht wieviel tausend Seiten Musik, von denen das Köchelverzeichnis – 1 bis 626 – meldet.
Schließlich, was schwerer noch wiegt und was manchem von Ihnen verwunderlich erscheinen wird: dieser Mozart wird im eigentlichen Sinn kein *Du*, kein menschliches Gegenüber mehr haben. Wir haben den Pariser Brief, einen Brief nur, einer ist erhalten, an Aloysia, an die »Carissima amica« im Ohr, und wir hüten uns zu dekretieren: er hat Aloysia gar nicht gemeint, er hat niemanden gemeint. Wir kennen die zärtlichen Zettel an Konstanze und zerbrechen uns die Zunge, um die Zahl der Küsse, die da auf dem Papier stehen – und die dann in Wirklichkeit doch nicht nur auf dem Papier standen –, auszusprechen, wir wünschen die Frage, wie gut oder nicht gut diese Ehe war, nicht zu erörtern, wir wissen manchen Frauennamen aus Mozarts Nähe und weigern uns zugleich, eine zynische Frage Beethovens in diesem Zusammenhang auch nur in den Mund zu nehmen ... und doch werden wir sagen: Heimat gab es für ihn nicht im Vorfeld all dieser Spiele und Zärtlichkeiten. Die Liebeskraft, die in ihm war, die unerfüllt-unerfüllbare, sie ging über alle Partner hinaus: verweilen konnte sie erst dort, wo sie – wie im C-Dur-Quintett – Stimme und Gegenstimme, Zuruf und Antwort geworden war: dort erst war sie am Ziel, dort war

sie, was sie zu sein wünschte: Liebesallgewalt, Gesang, heiteres Wort aus schwerem Herzen.
Sohnschaft, Dienstbarkeit, Zeitgenossenschaft, Liebesverstrikkung: das sind wohl starke Fesseln. Es verändert sich nicht wenig in einem Menschentum, nicht wenig in einem Künstlertum, wenn sie sich lockern. Und nun wird noch eine fünfte Freiheit – als ganz ausdrücklich für Mozart bezeichnend – genannt werden müssen, keine »Freiheit von«, sondern eine »Freiheit zu«, ich meine die eigentümliche Freiheit zum *Tode*. Er hatte schon bei der ersten unmittelbaren Begegnung mit dem Tod, am Totenbett der Mutter in Paris, Sätze geschrieben, die das spätere Credo der Versöhnung mit dem Tod vorwegnehmen, jenen Brieftext, in dem er den Tod »den wahren, besten Freund des Menschen« zu nennen wagt; und mitten in das kecke Singspiel der ›Entführung‹ ist in das Rezitativ der Konstanze ein piano, pianissimo eingeheimnißt: »Was ist der Tod? Ein Übergang zur Ruh.« Aber es ist – und dies ist unüberhörbar – nichts von Todestrunkenheit am Werk, es ist eine Kraft spürbar, die Abschiedskraft, die bei angelehnter Todestür sich auf die Seite des Lebens stellt.

Wir nannten eingangs das Werk des dreiundzwanzigjährigen Goethe jung, auf eine vollkommene Weise jung, dachten an Georg Büchners Todesnähe und könnten auf gleiche Weise auch an Novalis denken. Mozart: da geht es nicht um jung oder alt. Er ist unmittelbar zur Zeitlosigkeit, seine Musik ist – hier das angekündigte Stichwort – absolute Musik. Diese Musik kennt keine Hysterie, sie macht niemanden leiden, sie quält niemanden, auch ihren Schöpfer nicht. Sie hat kein Programm und keine Mission. Sie hat nichts Süchtiges; sie sucht keine Übertreibung, keine Schwelgerei, auch keine Schmerzensschwelgerei, sie hält Maß. Ihr Grundton ist eindeutig: es ist der *Ernst*. »Denn der Ernst, der heilige, macht allein das Leben zur Ewigkeit«: bei diesem Wort aus Goethes ›Wilhelm Meister‹ muß uns, wenn wir es in Musik übersetzen, sogleich Mozart in den Sinn kommen. Seine Musik reicht – mit diesem Ernst – in Tiefen der Traurigkeit, wie sie weder in Bachs Passionen noch beim späten Beethoven gefunden werden, denken Sie an Pamina oder an das g-moll-Quintett. Und sie reicht in viele Zonen der Heiterkeit, der Schwerelosigkeit, ohne gerade auch dort ihren Grundernst zu verleugnen. Sie ist nicht zutraulich, sondern Musik par distance, aristokratisch durchaus, ihre Grundfarbe ist blau – und »blau« wird ja in der Farbenlehre den »kalten« Farben zugezählt.

Ihre Grundfarbe ist blau – ich bin mir dessen bewußt, wie sehr ich Gefahr laufe, mich am Schluß meiner Besinnungen im Subjektiven zu verlieren, und es kann mich nicht rechtfertigen, wenn ich versichere, daß ich, fünfzig Jahre lang intensiv Mozart hörend, immer schon diese visuelle Empfindung »blau« bei ihm, und nur bei ihm gehabt habe ... gönnen Sie mir immerhin, daß ich mich an einer Stimme freue, die mir hier Beistand leistet. Carl J. Burckhardt berichtet von einem ersten Wiedersehen mit dem Aachener Dom nach den Zerstörungen des Zweiten Weltkriegs, im Jahr 1946. Ein Heimkehrer in zerrissener Felduniform redete ihn dort am Sarg Karls des Großen an. »›Wir haben noch manches geborgen von dem, was in tausend Jahren an Schätzen hier zusammenkam.‹ Er führte mich in den Raum, in dem man wieder begann, das gerettete Gut aufzustellen. Vor einem kleinen Bild der flandrischen Schule verweilte er. ›Sehen Sie dieses Blau‹, sagte er mir mit Scheu, ›das können wir nicht mehr machen, wir haben es verloren; das habe ich noch in den Ikonen der ukrainischen Bauernhäuser gesehen. Dort ist es noch lebendig‹; und dann leise und fast gequält, als könne er auf kein Verständnis hoffen: ›bei Mozart in der Musik ist es auch bisweilen vorhanden, dieses Blau.‹«

Wir nehmen dieses Geständnis auf, und vergessen dabei nicht, daß es Blau genug gibt, die niemand »kalt« oder auch nur »kühl« heißen kann: das zärtlich-schwebende Azurblau, das Blau von Sainte-Chapelle und das tiefe, nächtige purpurglühende Blau, und sie alle kehren ja bei Mozart wieder.

Wir sprachen von Ereignissen und Gestalten aus fast zweihundertjähriger Vergangenheit, und wissen doch, daß die Welt, in der dieser eine Mozart ein Fremdling war, nicht aufgehört hat, das Glück zu preisen, das durch diese befreiende Freiheit in die Welt gekommen ist, gar nicht nur in die Musik, sondern wirklich in die Welt; und hier wird sie – das ist gewiß – noch lange zu danken haben; Wolfgang Amadeus Mozart ist eine Konstante in einer Zeit, in der nicht vieles konstant ist.
Wir nennen die großen Namen der Mozartverehrer, lassen die Fachmusiker aus, die, wie uneinig sie sonst sein mögen, auf diesen Namen sich einigen: wir nennen Goethe und Mörike, Grillparzer und Stendhal, Sören Kierkegaard, den Kardinal Newman und Karl Barth, und denken gleich weiter an die Namenlosen aus sieben Generationen und aus allen fünf Erdteilen, denen ein paar Takte aus der Sonate, die Sie nun gleich hören werden, vieles zu verwandeln weiß: den Tag, das Lebensgefühl, den inneren Sinn.
Wir denken – mag denn zuletzt doch noch stellvertretend ein großer Name genannt werden – an einen einfachen Ausspruch Martin Bubers, der gerade aus Martin Bubers Mund uns bewegen wird.
Irgendwer, ich weiß nicht, wer, hatte ihm, der ja selbst schwer an schwerer Geschichte zu tragen hatte, ein Seufzerwort gesagt des Sinnes, es sei doch sehr unsicher, ob noch immer, wie Hebel einst meinte, die »erhaltenden Kräfte« in der Welt die »zerstörenden« überwiegen. Buber hatte zugehört und mußte nun wohl antworten. Hätte er Hölderlin, den er liebte, antworten lassen, so hätte er vielleicht erwidert: »Wo aber Gefahr / ist, wächst das Rettende auch«. Aber er wollte nicht zitieren, er wollte selbst antworten. So antwortete er: »Aber was wollen Sie? Es gibt doch Mozart.«

Figaros Hochzeit

Wir möchten es so gerne Wunder nennen,
Das Unbegreifliche, was er uns tut:
Er legt die Hände in die große Glut,
Ganz ungeschützt, doch ohne zu verbrennen –

Er rührt die Liebe. Und die wir erleiden,
Die lockt den Meister in den Lobgesang.
Wir sind im Ernst – und ihn beglückt der Drang,
Die Liebenden als Spieler zu verkleiden.

Als wäre Liebe nur im Opernhaus
Und wäre das, was aus den braunen Geigen
Als Schelm- und Engellachen zu uns dringt.

Wir ziehn zur Liebe wie zum Kriege aus –
Ihm ist genug, den Himmel heiter zeigen.
Wir sinnen, sagen, klagen.
Und er singt.

Sieben Leben

Sieben Leben möcht ich haben:
Eins dem Geiste ganz ergeben,
So dem Zeichen, so der Schrift.
Eins den Wäldern, den Gestirnen
Angelobt, dem großen Schweigen.
Nackt am Meer zu liegen eines,
Jetzt im weißen Schaum der Wellen,
Jetzt im Sand, im Dünengrase.
Eins für Mozart. Für die milden,
Für die wilden Spiele eines.
Und für alles Erdenherzleid
Eines ganz. Und ich, ich habe –
Sieben Leben möcht ich haben! –
Hab ein einzig Leben nur.

Musik aus dem Äther

Köchel 515,
Mozart, Quintett in C-Dur.
Schloß Ludwigsburg sendet – bei Kerzen –
Die Leuchter sind weißporzellanen,
Meißner Manufaktur.

Nein, nichts von Lichtern und Leuchtern
Einer zärtlich geselligen Welt –
Nur diese Nacht – und die Botschaft,
Die einen fast schon Verlornen
Am Leben hält.

Kristinas Papagenowald

Kann sie zaubern? Ob sie zaubert!
Papagenos Silberflöte,
Ganze Wälder kann sie zaubern,
Schlucht und Hecke, Farn und Wildnis,
Grünes Dunkel, blaues Licht.

Seht, sie schwebt im Blattgeschlinge,
Magna magica laterna.
Gläsern apfelsinenfarbig,
Nachterhellend, Geistergruß.

Fruchtfleisch auch, so prall wie prangend,
So erotisch wie exotisch,
Schmeck ich, sprechend: Nimm' in acht dich
vor Aphrodisiaca.

Auf dem Estrich trippeln schüchtern
Papagenos Vorzeitvögel,
Und Monostatos, der Schurke,
Schlägt ein falbes Höllenrad.

Aber mehr noch: Papagena,
Die im Schmerzenston Ersehnte,
Sie, auch sie wird hergezaubert
(Höchlich unbestimmten Alters,
Achtzehn oder achtzig Jahre),
Zur Beglückung ganz geboren –
Horch, schon singen sie sich Zukunft
Selig im staccato vor.

Einem, der davonging, nachgerufen

Hier, hier ist Mozart. Hier Zerlinens C-Dur
Und Cherubinos Lied, das Lied der Liebe,
Hier das Quintett der Trauer ohnegleichen:
Trostlosigkeit als wie Essenz des Trostes.
Pamina freilich dachte, wie du dachtest,
Und die Oboen leihen dem Verhängnis
Ein Übermaß der Süße: SO WIRD RUH
IM TODE SEIN –
Kam denn zu dir
Von den drei Knaben keiner, der dich aufhielt?

Du Ungeduld'ger, hier ist Mozart, hier.
Ob sie in jenem anderen Bereich
– wie manche sagen: in vollkommnem Klang –
Dergleichen spielen, ob sie dort noch gelten:
Ferrandos Glut, die Prager Sinfonie –
Das steht dahin.
Hier denn, hier war dein Platz.
Hier war's, daß einer, dieser Eine nur,
Bei angelehnter Tür, in Abschiedskraft,
Das Leben wußte – dennoch – hoch zu rühmen,
Zu bleiben einlud, einem Boten gleichend –

Wie, daß du aufstandst und zur Tür hinausgingst?

Der Briefschreiber

1

»Ich könnte nie ein Buch schreiben, weil ich nicht wüßte, *an wen.*« Das witzige Diktum des Alexander von Villers gesteht ein Unvermögen ein, läßt aber zugleich ein Vermögen ahnen, und die Ahnung trügt nicht. Dieser österreichische Landedelmann konnte nämlich ganz vortrefflich schreiben, sobald er wußte, an wen er schrieb; sein – natürlich nicht von ihm ediertes – Buch ›Briefe eines Unbekannten‹ ist auf uns gekommen, eine Sammlung voller Gescheitheit, Charme und Esprit, ein wehmütig stimmendes Meisterexempel für die in unserer Zeit aussterbende Kunst des Briefschreibens, ich meine: des Vergnügens, nicht monologisch, sondern dialogisch auf dem Papier zur Stelle zu sein, heiter, höflich, liebevoll, streng, ernsthaft, witzig, tröstend; keines dieser Adjektiva darf fehlen. Wir haben sie ja in unseren Regalen, die Dokumente, wir kennen die Namen einiger großer Briefschreiber und Briefschreiberinnen – Liselotte von der Pfalz, Bettina von Arnim, die Günderode, Schleiermacher, Mendelssohn, Mörike, Fontane und einige seiner Partner, Rosa Luxemburg darf nicht vergessen werden – und wir kennen ihre Kunst: sich mitteilen, sich anvertrauen, offen sein, hören, etwas vom anderen wollen, nichts vom anderen wollen, geistweise in ihn hineinschlüpfen; sein Plaisir daran haben, daß die Bogen sich füllen, auch ein Stück Façon de parler üben. Zu diesen Briefschreibern, Briefschreibern aus Passion, gehörte Leopold Mozart, der Vater von Wolfgang Amadeus Mozart, der »alte Vadder Mzt«, wie er zuweilen unterschrieb.

Er schrieb von den Europareisen, die er zwischen 1762 und

1773 unternahm, zunächst mit seinen beiden Kindern, dann nur noch mit dem Sohn. Lange Briefe gingen an seinen Freund Hagenauer in Salzburg und an seine Frau. Später war die in St. Gilgen verheiratete Tochter Nannerl die Hauptempfängerin der Episteln. »Der Leopoldl ist gesund!«, so – trompetenstoßartig – begannen sie eine Zeitlang, Brief um Brief: der Vater hatte einen Sohn der Tochter zu sich ins Haus genommen. In den Reisebriefen werden wir vorzüglich unterrichtet über die Zeit- und Weltläufte, besonders über das Musikleben in Italien, Holland, England, Frankreich, an deutschen Höfen. Wir lesen Kleines, Großes, »Tratsch« und Bedeutendes, gesehen mit den Augen eines klugen, fachkundigen, eigenwilligen und schwierigen Mannes, eines Mannes, der eine gut augsburgisch-humanistische Bildung mitbrachte, viel Formgefühl und sehr viel Musikverstand.

Und natürlich schrieb er, wenn auch nicht mit gleicher Unbekümmertheit, Briefe an seinen Sohn. Schrieb als ein ernsthafter, leidenschaftlicher, auf seine Weise liebreicher Vater, halb père, halb confrère, unermüdlich darauf bedacht, das Wunder, das Gott an jenem Januartag des Jahres 1756 hatte geschehen lassen, ins rechte Licht zu rücken; unablässig auch darum bemüht, dieses Leben zu behüten, vor Irrgängen zu bewahren. Zuweilen mußten es Gram oder Zorn sein, die explosiv seine, des Vaters, Wahrheit aussprachen, genauer: das, was für ihn Wahrheit war. So in dem Brief an den Zweiundzwanzigjährigen: »– es kommt nur auf deine Vernunft und Lebensart an, ob du als ein gemeiner Tonkünstler, auf den die ganze Welt vergisst, oder als ein Berühmter Capellmeister, von dem die Nachwelt auch noch in Büchern lieset, – ob du von einem Weibsbild etwa eingeschäfert mit einer Stube voll nothleidenden Kindern auf einem Strohsack, oder nach einem Christ: hingebrachten Leben mit Vergnügen, Ehre und Nachruhm ... bey aller Welt in Ansehen sterben willst?« – »Fort mit dir nach Paris!«, hieß es dann. Im Herbst des gleichen Jahres aber: »Kehr zurück nach Salzburg, kehr sogleich zurück.« Ein unbequemer Vater,

aber gewiß einer, der nicht mehr als die Wahrheit sagte, wenn er schrieb: »du solltest mich eher und mehr als deinen besten freund als für einen vatter ansehen; indem hundert Proben hast, daß ich in meinem Leben mehr für dein Glück und vergnügen als für das meinige besorgt war.«
Dennoch: diese Briefe Leopold Mozarts, so vortrefflich sie sich lesen, wären gewiß nicht in der Summa, einer freilich reduzierten Summa, erhalten, ans Licht gegeben und genau kommentiert uns überliefert worden, wenn sie nicht die Briefe des Vaters von Wolfgang Amadeus Mozart wären; ihr eigentliches Leben gewinnen sie im Zusammenhang mit dem Leben – und den Briefen dieses Sohnes.

2

Dieser Sohn, »der Menschheit Genius«, hatte anderes zu tun, als schöne Briefe zu schreiben; aber er *hat* Briefe geschrieben, und, wie wir sehen werden, zuweilen sehr schöne Briefe. Freilich war es bei ihm nie eine Briefschreiberei aus Passion, sondern – wenn der Wortwitz erlaubt ist – eine aus Pression. Schnell, schnell, cito cito, vite vite: nicht flüchtig, der Duktus verrät keine Eile, aber es eilte. Unablässig mußte ja komponiert werden, zwischen dem siebenten und dem sechsunddreißigsten Lebensjahr gab es keinen Urlaub von diesem »Hauptgeschäft«, keine Pause. Die reine Schreibleistung der Kompositionen, die sich in sechzig Bänden sammelten, ist so gewaltig, daß man sich wundert, wie irgend etwas anderes daneben Platz fand. Wir werden beim Lesen dieser Briefe wahrnehmen, daß er die Arbeit der Werkniederschrift beim Schreiben eigentlich nicht unterbrochen hat. Mozarts Briefschreiben ist eine Kompositionstätigkeit wie das Notenschreiben. Es sind die gleichen Allegri, Scherzi, selten einmal ein Adagio; es ist dieselbe Weise, im legato oder staccato zu denken, Triller, Ritardandi auszuformen (»Warum soll ich sie nicht übersenden? Warum nicht?

Kurios! Ich wüßte nicht, warum nicht?«). Sie sind weit mehr Gespräch als Schrift, sein beständiger leibhaftiger Eintritt in Räume, die er zu betreten wünscht, ein Eintritt, ohne anzuklopfen, in wechselnder Gestalt. Und doch: unverkennbar immer Wolfgang Amadeus Mozart, dieser und kein anderer. Die Briefe sind sonderbare – nein: wunderbare Zeugnisse dieses Lebens.

Dieses Leben, über das in sieben Sätzen ziemlich viel und in siebzig Sätzen zu wenig gesagt werden kann: Johannes Chrysostomus Wolfgangus Theophilus Mozart, geboren am 27. Januar 1756 als Sohn von Leopold Mozart, Vizekapellmeister in Salzburg, und seiner Ehefrau Maria Anna, geborene Pertl. Einige Geschwister starben ganz früh; am Leben blieben zwei, er und seine fünf Jahre ältere Schwester Maria Anna, Nannerl genannt, die sich ein kleines Weilchen mit dem Bruder in die Wunderkind-Erfahrungen der frühen Zeit teilte. Beide waren in jenen Jahren der Konzertreisen durch Europa von der Welt gesucht, geliebt, verwöhnt worden; beide waren mehr als einmal dem Tode nah, beide genasen mit genauer Not. Die Schwester kam hoch zu Jahren, und nicht viel ist von ihrem Leben zu berichten. Aber er: ein neugierig-wacher Bub, scharfäugig von Anbeginn, und, wenn die Bilder zuverlässig sind, zunächst sehr hübsch – ganz dazu angetan, dort zu gefallen, wo er sich zeigte. Überall gab es einen Salon, ein Klavier in diesem Salon; einen Saal, einen Sitzplatz im Saal für diesen Zuhörer sonderlicher Art. Überall flog ihm zu, was ihm zufliegen sollte. Sprachen – also Deutsch, Französisch, Englisch, Italienisch; ohne Grammatik zumeist, doch gut genug, um zu verstehen, und, wo nötig, zu sprechen und zu schreiben. Menschen flogen ihm zu, Könige und Königskinder, Samt und Seide, goldener Rock, roter Rock, geistliches, weltliches Wesen. Musik, Musik: die Oper, Opera seria, semiseria, buffa; die Gesänge der Sistina in Rom; das Violin-, das Violaspiel. Früh schon, bei einem Besuch in Wasserburg, die Kunst des Orgelspiels. Er hat nie gelernt, und fast immer gelernt; er erfuhr, was er wußte. Immer kam es für ihn, was die Arbeit anging, auf die äußerste Disziplin an, seine Manuskripte sind, sofern er die Stimmen ausschrieb, Musterstücke der Akkuratesse, und immer sah es so aus, als fiele ihm alles zu.

Mit zwölf Jahren schrieb er, bereits im erzbischöflichen Dienst, eine Messe, und das »qui tollis« darin hört sich so an, als wisse er schon alles, was man vom Leiden Gottes an seiner Welt wissen kann. Mit fünfzehn war ein Psalm zu komponieren, ein »De profundis«, und er sprach schon in wahrer Vollmacht aus, was aus der Tiefe des Menschenwesens nach Befreiung ruft, und im achtzehnten schrieb er eine Oper, durchaus nicht die erste seines Lebens, ›La finta giardiniera‹, und da sind schon Zerlina und Dorabella in der Nußschale, als hätte man ihm auch in Liebesdingen nichts Neues mehr zu sagen. Zwischen dem sechzehnten und dem einundzwanzigsten Lebensjahr war er, ohne rechte Freude, Kapellmeister in Salzburg. Damals entstanden die Divertimenti und Serenaden der Frühzeit, die fünf Violinkonzerte und jene Messen, die als ›Missae breves‹ unsere Kirchenmusik mittragen bis zum heutigen Tag. In den Patrizierhäusern und -höfen standen die Musiker mit ihren Laternen oder ihren Leuchtern und »executierten« so ein Wunderwerk mit Streichern, Oboen, Bassetthörnern; einmal holte er sich vier Orchester gleichzeitig, um die kühnsten Echospiele zu ermöglichen. Er hatte das, was da musiziert wurde, meist auf Bestellung geschrieben, er schrieb der Geselligkeit zuliebe, nicht für sich allein. Er wußte dabei wohl, daß sie so genau nicht achtgaben, die Leute, die da zuhörten, die Lodrons und die Robinigs und die Gemeinde im Hohen Dom, aber *er* mußte in jedem Augenblick zum Äußersten gehen.

Dann, im Herbst 1777, gab es die erste Scheinfreiheit, den erbetenen Abschied für den Sohn, nicht für den Vater. Er suchte, zunächst noch ohne bestimmtes Ziel, sein Glück in der Welt, aber in München und in Mannheim fand sich keine »Vacatur«, keine freie Stelle, und in Paris, wohin er im März 1778 gelangte, gab es kein rechtes Glück. Es war dies die große Zäsur in der Lebensmitte: eine Reise, die er mit der Mutter zusammen antrat und ohne die Mutter zu Ende bringen mußte – sie starb in Paris; eine Reise, die mit einer großen Liebeserwartung in Mannheim ihren Aufschwung zu finden schien und mit tiefer Liebesenttäuschung in München ausklang.

Es kam die Rückkehr in den noch immer ungeliebten Erzbischofsdienst, nun rite vocatus Domorganist, dann – glückliches Intermezzo – ein Urlaub; Urlaub hieß bei Mozart freilich neue Arbeit; es war ›Idomeneo‹, der in München 1781 zur Welt kam. Bald danach hatte er seinem Brotherrn auf dessen Reise nach Wien zu folgen, und dort kam es dann, als man ihn an seiner verletzlichsten Stelle, an seinem Stolz, traf, zum Bruch mit dem Erzbischof Colloredo. Von da an blieb er für sein letztes Lebensjahrzehnt, von kleineren Reisen abgesehen, in Wien, die meiste Zeit ohne Amt, ohne neuen Titel, und als er schließlich »K. K. Kammerkompositeur« wurde, bedeutete dieser Titel nicht mehr viel. Er lebte dort zunächst allein, vom August 1782 an aber – zu des Vaters Kummer, einem nieverwundenen Kummer – im Ehestand, verheiratet mit Constanze, née Weber. Er schrieb, was sich für alle Zeit mit seinem Namen verbindet: die sechs großen Opern – ›Die Entführung aus dem Serail‹, ›Figaro‹, ›Don Giovanni‹, ›Così fan tutte‹, ›Titus‹ und ›Die Zauberflöte‹ –, die Klavierkonzerte, die großen späten Sinfonien, die drei hochberühmten im Sommer 1788 innerhalb von wenigen Wochen, schrieb Trios, Quartette, Quintette, Sonaten; die späte Chormusik, kirchliche, freimaurerische; die Lieder, die Arien, zuletzt das ›Requiem‹, das er unvollendet lassen mußte. Er hatte, was die Resonanz auf die Arbeit anging, zuweilen Glück, etwa bei der ›Entführung‹, und hatte mehr als einmal kein Glück. Der›Figaro‹, man denke sich, der ›Figaro‹ fand wenig Lob. Er hatte manchmal freundliche Zeiten, kam auch zu Louisdors und Dukaten, und hatte weit mehr armselige Zeit, in der er sich die Gulden leihen mußte (»Können Sie mir nicht mit einer Kleinigkeit an die Hand gehen?«). Einmal, in Prag, wo ›Don Giovanni‹ vorgestellt wurde, gab es offenen Jubel, den Vorklang des Jubels, den hundert und zweihundert Jahre nach Mozarts Zeit die Kontinente der Erde diesem Werk, allen seinen Werken zurufen. Es gab – gegen Ende des kurzen Lebens – noch zwei Reisen: eine nicht unfreundliche nach Berlin, Dresden und Leipzig, eine mühsame zuletzt, nach Frankfurt, zu einer Kaiserkrönung. Ein letztes Glück dann mit der ›Zauberflöte‹, die nicht sogleich, später aber anhaltend die Gunst der Hörer erobern konnte. Dann starb er, in einem Augenblick, in dem seine äußere Lage sich zum Freundlich-Gesicherten hin hätte entwickeln können: in Holland, Ungarn und England, vielleicht auch in Rußland, schienen sich Türen für ihn zu öffnen. Er starb an einem Nierenleiden oder an einer Streptokokkenvergiftung – man weiß es bis zum heutigen Tag nicht genau – am 5. Dezember 1791. Niemand kennt sein Grab.

3

Sehr viel erfahren wir von all dem nicht aus den Briefen. Er hatte keine Zeit, seinen Werdegang darzustellen, und noch weniger, eine »Biographie des Inneren« zu schreiben. So darf es uns nicht wundernehmen, wenn wir lesen, daß ein reich gebildeter Autor des 19. Jahrhunderts, ein Mann, dessen Bücher wir mit Grund liebhaben, daß Wilhelm von Kügelgen, der sich auf die erste Ausgabe von Mozarts Briefen herzlich gefreut hatte, nach der Lektüre enttäuscht notiert: »Ein Menschenherz, von Kindheit auf mit nichts als Musik und einer gewissen ganz eigentümlichen Albernheit angefüllt. Es ist traurig zu sehen, wie ein Mensch an allen großen Fragen der Menschheit so gleichgültig vorübergehen kann. Schrecklich, so bloß Musik zu sein wie ein Leierkasten. Mir scheint ein solch einseitiger Riese viel kleiner zu sein als jeder sonst ganz gewöhnlich gebildete Mensch.«
Es darf uns nicht wundernehmen, dieses Urteil – und wundert

uns doch. Kügelgen hatte – das kann kaum anders sein – keinen rechten Sinn für die Musik, er hörte den Kontext nicht, der für jedes Mozart-Musik-geübte Ohr beim Lesen dieser Briefe mitvernehmlich ist: dies ist kein Leierkasten, sondern das »Theatrum mundi« oder, wie David Friedrich Strauß gesagt hat: das Ganze.

Im Jahr 1765 trägt der Vater Leopold in sein Tagebuch – es war während eines Englandaufenthaltes – ohne weiteren Zusatz den großen Cantus firmus ein, der hierher gehört, der eben dieses »Ganze« denkt. Es ist die Stelle aus dem letzten Akt des ›Kaufmann von Venedig‹:

»Drum lehrt der Dichter,
Gelenkt hab Orpheus Bäume, Felsen, Fluten,
Weil nichts so stöckisch, hart und voll von Wut,
Das nicht Musik auf eine Zeit verwandelt.
Der Mann, der nicht Musik hat in ihm selbst,
Den nicht die Eintracht süßer Töne rührt,
Taugt zu Verrat, zu Räuberei und Tücken,
Die Regung seines Sinns ist dumpf wie Nacht,
Sein Trachten düster wie der Erebus.
Trau keinem solchen! Horch auf die Musik!«

Den – englisch zitierten – Text konnte der Sohn damals noch nicht lesen in des Vaters Tagebuch; aber er brauchte ihn ja auch nicht zu lesen, weder damals noch später, er lebte ihn. So vollständig lebte er ihn, daß er wirklich nichts war als »Musik in ihm selbst«. Aber die Erwähnung Shakespeares ruft nun noch zu einer weiteren Besinnung.
Es war Goethe, der an bedeutender Stelle Mozarts Namen mit dem Shakespeares verknüpft hat, wobei man im Ohr behalten muß, daß Shakespeare ja für Goethe vom frühesten Tag an (›Zum Schäkespears Tag‹) das Nonplusultra schlechthin war.

Spät im Leben geschah es, in den Eckermann-Gesprächen, als er in ruhigem Selbstbewußtsein monierte, daß man den Dichter Tieck mit ihm, Goethe, vergleiche – er versichert, daß dies »nun doch nicht angehe«, und dann folgt: »Ich vergleiche mich ja auch nicht mit Shakespeare.« Auf dieser Rangstufe aber stand für ihm Mozart, und er wußte, von wem er sprach. Wenn Statistik einmal etwas Schönes gezeitigt hat, so ist es die Feststellung, daß in den Jahren der Goetheschen Theaterleitung zweihundertachtzig mal Mozarts Name auf dem Bühnenzettel erschienen ist. Und zu Eckermann also, es war 1829, sagte Goethe: »So kann ich mich des Gedankens nicht erwehren, daß die Dämonen, um die Menschheit zu necken und zum besten zu haben, mitunter einzelne Figuren hinstellten, die so verlockend sind, daß jeder nach ihnen strebt, und so groß, daß niemand sie erreicht. So stellten sie den Raffael hin, bei dem Denken und Tun sogleich vollkommen war: einzelne treffliche Nachkommen haben sich ihm genähert, aber erreicht hat ihn niemand. So stellten sie den Mozart hin als etwas Unerreichbares in der Musik. Und so in der Poesie Shakespeare.« Und im letzten von allen Gesprächen, am 11. März 1832, noch einmal: »Versuche es aber einer und bringe mit menschlichem Wollen und menschlichen Kräften etwas hervor, was den Schöpfungen, die den Namen Mozart, Raffael oder Shakespeare tragen, sich an die Seite setzen ließe.«

Was die drei, die hier zusammen genannt sind, verbindet und was sie in den höchsten Rang erhebt, ist dies: bei ihnen gibt es keine unausgefüllte Stelle, keine nur eben angedeutete Nebensache. Keine Figur in den Stanzen im Vatikan, die nicht ein Ganzes wäre; keine noch so kleine Rolle in Shakespeares Dramen – Holzäpfel, Probstein, Käthchen –, die nicht mit genauem Profil besetzt werden müßte. Und so bei Mozart: Keine Person, mag ihr Part auch nur sechsunddreißig Takte lang sein, wie der des Bärbchen im ›Figaro‹, die nicht aufs sorgfältigste gewählt zu werden verdiente.

Das war er von allem Anfang an: Shakespeares Bruder, darauf

bedacht, Menschen *wirklich* zu machen. Nicht Ideen stellte er dar, nicht Prinzipien, nicht das Gute, nicht das Böse, auch nicht Genien oder selige Geister. Im ›Traum des Scipio‹, einem Festauftrag, den der Sechzehnjährige zu erfüllen hatte, gab es wohl dergleichen noch: Constanza und Fortuna. Aber wonach es ihn in Wahrheit drängte, das waren lebendige Menschen: Blondchen, Basilio, Leporello und Pamina.

Auch das andere freilich war sein Glück und seine Bestimmung: die absolute Musik, als Kammermusik, als Sinfonie, noch als Messe, diese Musik, von der es gilt: »Nicht der Masse qualvoll abgerungen,/Schlank und leicht wie aus dem Nichts gesprungen.« Musik, die nach nichts trachtet, die auf nichts hinzielt, nicht auf die »Ehre Gottes«, wie vor ihm Bachs Musik, nicht auf »des Menschen Seele«, wie die Musik Beethovens, sondern Musik, damit Musik sei. Aber die letzte Erfüllung seiner kompositorischen Wünsche findet er im Theater. Dort, so mochte er wissen, sind meine Hörer ungeteilt Hörer, dort werden sie das Ganze wahrnehmen, wie ich, Shakespeares Nachbar, das Ganze meine: »Die ganze Welt ist Bühne.«

Shakespearegleich ist, daß es in der Fülle von Mozarts Opernfiguren ein so unbefangenes Zusammen und Zugleich von Ernst und Koboldwesen gibt. Genauer noch: eine völlig wertfreie, soll man sagen »ante-moralische« oder »post-moralische« Weise, in der diese Figuren leben dürfen. Mozart ruft sie, er gibt ihnen Melodie, Tonart, Begleitinstrument, das ist genug. Er urteilt nicht; er verteilt Zuneigung souverän wie ein sehr großer Herr. In den höchsten Wiedergaben des ›Don Giovanni‹, diesen fast unerreichbaren, ist Don Juan im Recht, mitten in der dreisten Verführung des »là ci darem la mano«.

Shakespearegleich. Schwer zu denken, daß der Schöpfer der ›Zauberflöte‹ Shakespeares ›Sturm‹ etwa *nicht* gekannt haben könnte. Aber nein: er könnte ihn auch *nicht* gekannt haben, und Prospero, Ariel und Caliban wären, unkund ihrer selbst, ein zweites Mal zur Welt gekommen – als aus erster Hand.

Shakespearegleich schließlich auch dies: daß man von dem, der diesen Urbis cantatus ins Leben rief, nicht viel weiß – *und* daß es nicht not tut, viel zu wissen.

4

Und doch haben alle, die mit Mozarts Musik leben, nicht aufgehört, das Inkommensurable nicht nur seines Werkes, sondern seines Daseins in der Welt ergründen zu wollen, und eine Tagebuchnotiz des siebzehnjährigen Grillparzer ist, so scheint mir, der besonderen Beachtung wert. »Es ist mir schon oft eingefallen, unsre Tonkünstler mit den Werken der Schöpfungstage zu vergleichen. Das Chaos: Beethoven. Es werde Licht!: Cherubini. Es entstehen Berge (große, alle sehr unbeholfene Maße): Josef Haydn. Singvögel aller Art: die italienische Schule. Bären: Albrechtsberger. Kriechendes Gewürm: Gyrowetz. Der Mensch: Mozart.«
Der Mensch: Mozart. Das Geschöpf des sechsten Schöpfungstags. Adam, wie von Michelangelo gemalt. Ich habe wenig Lust, bei der Besinnung auf Mozart die Psychologie, diese humorlose, also hier wenig taugliche Wünschelrute zu bemühen. Auch meine ich, es genüge, in den Briefen sich an das zu halten, was dasteht, und das, was in ihnen verschwiegen wird, nur eben so zu hören, wie gute Musikhörer die Pausen hören.
Wie war er? Er war stolz und schwierig, reizbar und empfindlich, das dünnhäutigste Geschöpf auf Gottes Erdboden, hilfsbereit bis zur Selbstaufgabe, frühreif, schon als Kind, nein: gerade als Kind überernst. Zugleich naiv-heiter, zu derben Späßen aufgelegt. Überaus liebebedürftig war er (»Hast Du mich auch lieb? Hast du mich auch sehr, sehr lieb?«, konnte er fragen) und auf seine Weise auch liebesfähig. Er konnte unverkrampft, gelöst an allem Außen teilnehmen. Aufgeräumt tafeln konnte er, und Champagner trinken, wenn es Champagner gab, Billard und Kegel spielen, Bölzel schießen, später auch zu-

weilen eine Stunde ausreiten; er konnte immer neu sich verlieben und dabei, wie es sich gehört, glücklich und unglücklich sein. Ich glaube nicht, daß er verschlungene Seelenwege gehen konnte, auch nicht, daß er, Briefe schreibend, etwas zu berechnen wünschte. Er hatte, wie auf dem Piano, die ganze Tastatur der Worte differenziert und in purer Natur zur Verfügung, alle sieben Oktaven. Die Fäkaliensprache in den Bäsle-Briefen ist am Ende doch ein untaugliches Sujet für die Psychoanalyse; ich verstehe sie auch nicht nur als das Spiel des Ausgleichs gegenüber dem Sturmlauf der Produktivität. Diese Briefe sind ein Stück Shakespeare, wie die Rüpelszene aus ›Liebesleid und Lust‹, beinahe sich selbst genug. In den seltenen Fällen aber, in denen er »Bedeutendes« schreibt (was wir »bedeutend« nennen und was Kügelgen vermißt hat), übt er keine Flucht in die Konvention, zu Leihgaben der Überlieferung. Hier bin ich uneinig mit Wolfgang Hildesheimer, mit dem ich in manchen Stücken durchaus einig bin: Ich halte die Stellen in Mozarts Briefen, in denen er an ewige Dinge rührt, für ebenso echt wie alle anderen Texte. Er war nicht deshalb fromm, weil er aus gut-katholischer Umwelt kam und in gut-katholischer Sphäre Leben und Aufgaben hatte, er war es, weil er, wie Angelus Silesius, sich als »Gottes Lautenspiel« verstand. In dem berühmten Selbstzeugnis von dem »superieuren Talent, welches ich mir, ohne gottlos zu sein, nicht absprechen darf«, ist der Einschub »ohne gottlos zu sein« entscheidend. Er hat den Ausspruch des Fürsten Kaunitz, daß es so jemanden wie ihn, Mozart, nur alle hundert Jahre einmal gäbe, ohne die geringste Verlegenheit zitiert und außer Haydn und dem schon verstummten Johann Sebastian Bach niemanden neben sich stellen mögen.

Er hatte ein – kaum der Reflexion fähiges, vor allem aber keiner Reflexion bedürfendes – Bewußtsein des Homo Dei, der Gottebenbildlichkeit: »Ich bin ein Mozart«. Er hatte, den Urbezirken noch ganz nahe, den alten Schöpfungsbefehl, das »Machet euch die Erde untertan« vernommen. Die Erde, die er sich untertan machen konnte, war der Kosmos der Musik. Er war ein

eminenter Usurpator, und was zwischen Orlando di Lasso und Händel Musik geworden war, wurde ihm irgendwann im Leben eingeflüstert; ausdrücklich genannt werden müssen da für die Frühzeit Johann Christian Bach, für die späteren Jahre der große Vater, Johann Sebastian Bach. Aber Einflüsterung hin, Einflüsterung her, wenn *er* an die Tasten ging, so war es vom ersten Ton an: Mozart. Die Versuchung des Demiurgischen freilich, das grenzüberschreitende »Ihr werdet sein wie Gott«, hat ihn nie versehrt. Grillparzer denkt in seinen Huldigungsstrophen von 1841 daran: »Nennt ihr ihn groß? Er war es durch die Grenze./Was er getan und was er sich versagt,/Wiegt gleich schwer in der Schale seines Ruhms./Weil nie er *mehr* gewollt als Menschen sollen,/Tönt auch ein Muß aus allem, was er schuf.«
So, als der Homo Dei, war er beides, ausgesetzt und geschützt. Ausgesetzt durchaus: Er konnte in vielerlei Verstrickungen geraten, von Menschen verwundet, gequält, übervorteilt werden, und gewiß wird auch der, der die Worte »Mozart« und »Sentiment« nicht einen Augenblick zusammen denken mag – weil sie wirklich nichts miteinander zu tun haben –, die große *Einsamkeit* wahrnehmen, die sein ganzes, kurzes Leben lang um ihn war. Zugleich aber war er als der Homo Dei wunderbar geschützt. Er war vom Ursprung her dazu bestimmt, das große Äquivalent der Einsamkeit zu erfahren: die Freiheit. Die Freiheit als eine Freiheit zum Leben und als eine Freiheit zum Tode, zu eben dem Tod, der, wie in seinem letzten Brief an den Vater zu lesen, zum Leben gehört. In Ansehung dieser mozarteigenen Souveränität ist es geboten, die arktische Sternenhelle und Sternenkälte nicht zu vermengen mit dem, was aus dumpferem Zwischenreich stammt, mit dem Wirrsal unserer Empfindungswelt.
Noch eines ist zu sagen: es fügte sich im Schutz dieser Gottebenbildlichkeit, daß er kein Organ für das Böse hatte. Er konnte wohl einen Don Juan komponieren, eine Königin der Nacht oder auch einen Osmin und Monostatos; aber das Böse,

das er darstellte, drang nicht in sein Bewußtsein. Es gibt in den Briefen zwei, drei Stellen, in denen etwas Böses gewünscht wird: aber sie lesen sich wie völlig mißglückte Versuche, es auch einmal der Welt, wie so die Welt ist, gleichzutun. Er war – im genauen Verständnis des Wortes – ein Mann ohne Arg. Wir hüten uns strikt davor, aus Mozart einen Heiligen machen zu wollen. Die Wirklichkeit des »Heiligen« in der Welt steht am Ende einer langen Wegstrecke der Erfahrungen, der Läuterungen, der Verzichte, der Verwandlungen – und *das* sind lauter ganz unmozartische Dinge. Aber wir meinen, es sei nicht wohl möglich, von Mozart zu handeln, ohne an den Engel zu glauben. Ich meine nicht »die Engelein«, nicht die schönen Putten im Salzburger Dom, die das Kind Mozart betrachten konnte, sondern: den Engel, ich meine Chartres, Straßburg, Freiburg, ich meine den, dem die Bildmeister, die nach ihm suchten, tief wissend, Menschenantlitz verleihen mußten. *Wie* es zugeht, daß sich der Bote aus anderem Bereich in der Welt verleibt, das ist ewig ein Geheimnis. Aber daß er sich in Mozart verleibt hat, das ist mir gewiß.

Ein Übergang zur Ruh

Über ein Rezitativ aus Mozarts ›Entführung‹

Vier Takten Mozart zulieb auf einer Abendfahrt in einer fremden Stadt auszusteigen –: doch ein wenig unsinnig, wie?
Oper nach der Uhr: der todkranke Mozart, so wird erzählt, habe ganz zuletzt vom Krankenbett aus seine ›Zauberflöte‹ nach der Uhr mitgehört. Er wußte ja fast minutengenau, wie weit sie drüben im Theater waren. Und da habe er dann mit leiser Stimme mitgesungen: »Dir, große Königin der Nacht –«.
Ich bin nicht Mozart und will gewiß jetzt nicht sterben, aber die Szene kam mir in den Sinn, als ich im abendlichen Kölner Bahnhof stand mit meiner Fahrkarte nach Lüttich und mit der schönen Eintrittskarte in die ›Entführung‹ in Aachen; ich hatte mich um zwei Stunden verspätet und konnte, an Düren vorbeifahrend, nur betrübt registrieren, was alles mir heute abend entgeht und wie es nun eben – ein Blick auf die Uhr! – nur gerade noch zum dritten Akt reichen wird. Das Blondchen, auf das ich mich immer so besonders freue, höre ich ja noch am Schluß in der geliebten Vaudeville; jetzt aber zuerst Pedrillos Romanze – und dann die Reise mit Osmin in seinen tiefsten Baß-Keller: »Denn-nun-hab-ich-vor-euch-Ruh«.
Freilich, ich habe viel versäumt; aber trostlos bin ich nicht; denn das für mich Wichtigste bekomme ich noch, es sind die zwanzig Takte Rezitativ, in die sich Belmonte und Konstanze teilen, eh sie dann ihr berühmtes Schluß-Duett singen. Ob ich das Duett selbst so sehr liebe, weiß ich gar nicht mehr so genau.
»Die Arie der Konstanze habe ich ein wenig der geläufigen Gurgel der Mad'selle Cavallieri aufgeopfert«, hatte Mozart damals geschrieben und da freilich die »Martern«-Arie gemeint;

aber auch bei diesem Stück geht es mir so, daß ich es fast *zu* wort- und tönereich empfinde; es ist herrliche Musik, ich weiß; und doch: ist es nicht fast *zu* euphorisch-pompös für die Todesangst der Liebenden? Aber das kleine Rezitativ, das vorausgeht, ist ein Wunderwerk.
»Adagio« ist angesagt; aber sogleich wird ein »fp« gefordert, in den drei niedersteigenden Bangnisfiguren im sforzato. Dann Belmonte: »Welch ein Geschick! O Qual der Seele«, dann eine d-moll-Fermate auf »welch eine Pein«. Aber dann sogleich Konstanze: »Laß, o Geliebter, laß dich das nicht quälen«. Und dann kommt meine Stelle: »Was ist der Tod? Ein Übergang zur Ruh.«
Ich bin nur sehr andeutungsweise »vom Fach«, aber ich habe, auch ohne Klavierauszug, die wenigen Takte vor Augen und im Ohr; es geht mir, wenn ich schulbuchhaft aufsagen soll, um vier kleine Einzelheiten, kleine nur – aber Gott wohnt im Detail. Zuerst ist da das punktierte Achtel auf»Laß«, das sich wie eine ruhig-zärtliche Hand auf die Hand des Verzagten legt; dann ist da dieses »h« auf»quälen«, es ist ein in F-Dur unerwartetes, ein verfremdendes »h«, und von diesem »h« aus geht es die kleine Halbtonleiter in Achteln hinauf, nicht schüchtern, nicht hüpfend, sondern ruhig genug; kaum fragend, sondern antwortend schon: »Was-ist-der-Tod?«, und dann kommt das punktierte Achtel ein zweites Mal, nun auf dem höchsten Ton, dem »g«, das »ü« von »Übergang« singend, und so ins Offene weisend, in Bereiche, in denen es weitergeht. Sag ich ein fünftes noch? Konstanze singt: »Und dann an deiner Seite ist er ein Vorgeschmack der Seligkeit« – und in die erste Silbe von »Seligkeit« fällt Belmonte ein: »Engelsseele« –, und sie sind in einem Es-Dur-›Zauberflöten‹-akkord vereinigt.
Das ist alles. Aber es ist in der Nußschale ein Ganzes, ja: das Ganze, und Konstanze hat ihren Abend nicht gewonnen, wenn sie diese paar Takte nicht so singt, wie sie gemeint sind.
Wie singt? Nicht pianissimo, sondern in einem genauen piano. *Ein* Tropfen Sentiment ist schon ein Tropfen zu viel. Es ist

nichts von Todestraurigkeit am Werk, nichts von Todverlangen; es ist eine Kraft spürbar, die Abschiedskraft, die sich bei angelehnter Todestür auf die Seite des beständigen Lebens stellt.

Sie muß so singen, daß man an die Mozartschen Briefe aus Paris, die am Totenbett der Mutter geschriebenen, denken soll, an dies: »wie es so gefährlich wurde, so batt ich gott nur um 2 Dinge, nemlich um eine glückliche sterbstunde für meine Mutter, und dann für mich um stärcke und muth – und der gütige gott hat mich erhört, und mir die 2 gnaden in größtem maaße verliehen.« Und auch der nachmals so berühmt gewordene Brief an den Vater ist hier – wie sag ich? – schon vorauskomponiert: »da der Tod / genau zu nemmen / der wahre Endzweck unsers lebens ist, so habe ich mich seit ein Paar Jahren mit diesem wahren, besten freunde des Menschen so bekannt gemacht, daß sein Bild allein nichts schreckendes mehr für mich hat, sondern recht viel beruhigendes und tröstendes! und ich danke meinem gott, daß er mir das glück gegönnt hat mir die gelegenheit / Sie verstehen mich / zu verschaffen, ihn als den *Schlüssel* zu unsrer wahren Glückseligkeit kennen zu lernen. – ich lege mich nie zu bette ohne zu bedenken, daß ich vielleicht / so Jung als ich bin / den andern Tag nicht mehr seyn werde – und es wird doch kein Mensch von allen die mich kennen sagen können daß ich im Umgange mürrisch oder traurig wäre –«.

»Ein Übergang zur Ruh«: das ist nicht Novalis, aber auch nicht das lichtlos-schwere Fontane'sche – »doch das Beste, was es sendet, / ist das Wissen, daß es endet, / ist der Ausgang, ist der Tod«. Es ist, hör ich recht, das Geheimnis der Mitte, der Perpendikel im Gleichgewicht.

Ich sehe die Lichter von Aachen; gleich wird die Theaternacht um mich sein. Ich werde wohl sinnverwirrenderweise für diese letzte halbe Stunde in der Intendantenloge sitzen und sogleich in hochstaplerische Träume fallen: ich werde den Weimarer Theaterdirektor von 1787 mir an die Seite denken. Der hatte dieses Mozartsche Werk fast erschrocken, freilich glücklich erschrocken auf- und angenommen: »All unser Bemühen, uns im Einfachen und Beschränkten abzuschließen, ging verloren, als Mozart auftrat. Die ›Entführung aus dem Serail‹ schlug alles nieder.« Er war ja ex officio kein Musiker, der Herr von Goethe. Aber ein wenig von der Seite her möchte ich das doch sehen: wie die Augenblicke, in denen dieses Rezitativ gesungen wird, im Antlitz des illustren Hörers sich spiegeln – da es dunkel wird in Todesnähe und verklärend-hell sogleich: »Was ist der Tod? Ein Übergang zur Ruh –«.

Dezember 1791

Siebenjährig, in Holland, auf der zweiten Wunderkind-Reise, war er ihm mit genauer Not entschlüpft – er: Wolfgang Amadeus Mozart – ihm: dem Tod. Blattern hatte er ihm hinterlassen als Andenken, und wohl auch Hemmungen im Wachstum, er blieb ungewöhnlich klein. Dazu behielt er eine Anfälligkeit für Gelenkfieber, und wenn die Berichte über eine Streptokokkenvergiftung vom Jahr 1791 richtig sind, dann ist der frühe Tod durch sie verursacht. »Am 5. Dezember 1791« – so lautet der Eintrag im Totenschauprotokoll – »starb im kleinen Kaiserhaus an der Rauhensteingasse in Wien der Wohledle Hr. Wolfgang Amadeus Mozart, K. K. Kapellmeister und Kammerkompositeur, gebürtig von Salzburg.«

»Hitziges Frieselfieber« ist als Todesursache angegeben; aber die Geschichte seiner Krankheit ist vielschichtig und vermutungsreich. Überliefert sind die Namen der behandelnden Ärzte, es waren Männer von großem Ruf, die Doctores Closset und Sallaba, auch ein Obergutachten liegt noch vor – und in unserem Jahrhundert haben Professor Greytter und Dr. Carl Bär Einzelheiten in Fülle zusammengetragen. Vieles spricht für die Diagnose: Nierenversagen. Freilich hat sich im Seitentrakt der Geschichte, dort, wo sich Legenden bilden können, der Verdacht eingenistet, Mozart sei vergiftet worden – vielleicht durch einen confrère im Amt, will sagen: einen Konkurrenten, durch Antonio Salieri; Puschkin hat die Vermutung dann in die Literatur eingebracht, Rimskij-Korssakow in die Musik, und da Düsteres Düsteres anzieht, mußte in unserem Jahrhundert Mathilde Ludendorff sinistren Angedenkens hier auf den Plan kommen, und die Freimaurer mußten die Schuldigen gewesen sein: sie – so die Behauptung – hätten Mozart

nicht verziehen, daß durch die ›Zauberflöte‹ etwas von ihren Riten bekannt geworden sei. Nun, wir alle haben die ›Zauberflöte‹ gut und gern dreißigmal im Leben gehört, und wir können uns keinen Vers auf diesen Verdacht machen. Und noch in jüngster Zeit hat Peter Shaffers Stück ›Amadeus‹ die Gemüter bedrängt, doch ohne schlüssigen Bescheid.
Nein, er wird eines natürlichen Todes gestorben sein, und seit wir das Bild von Franz Peter Kimli kennen, hat die These vom Nierenleiden an Glaubwürdigkeit noch gewonnen: Der Siebenundzwanzigjährige, der uns dort auf Kimlis Bild anschaut, sieht aus wie einer, der in keiner guten Haut steckt, und die Depressionen, von denen aus Mozarts letzten Jahren wiederholt berichtet wird, gehören – wie alle Betroffenen wissen – zu den Begleiterscheinungen der Unterleibsleiden.
Was aber eigentlich jene frühe Erkrankung erwirkt hat – und darum haben wir hier nicht von »Mozarts Tod«, sondern von »Mozarts Sterben« zu handeln –, ist eine frühe Eingestimmtheit auf das Ende. Sie beide, Mozart und der Tod, haben miteinander einen Pakt auf Lebenszeit geschlossen; sie sind – so muß man sich ausdrücken – nicht nur miteinander gestorben, sie haben miteinander gelebt: gewiß nicht novalishaft, ganz ohne Todessüchtigkeit, auch nicht nach dem Bachschen »Komm, du süße Todesstunde«, sondern mozarteigen so: daß in dem Singspiel ›Die Entführung aus dem Serail‹, in dem Constanze und Belmonte, Blondchen, Pedrillo und Osmin ihr Lebensfest feiern,unversehens jenes eine Rezitativ der Constanze seinen Platz findet – allen Mozartvertrauten unvergeßlich, im tiefsten Ernst gesungen – »Was ist der Tod? Ein Übergang zur Ruh«. Das stammt aus dem Jahr 1782. Dann – fünf Jahre später – war es, daß er den Vater auf den Tod vorzubereiten hatte, und da schrieb er in einem Brief jene berühmt gewordenen Sätze – und wenn es Moses Mendelssohnsches Gedankengut war, das hier laut wird, so war es doch Mozart, der es sich, durchaus für seine Person, angeeignet hatte: »Da der Tod / genau zu nehmen / der wahre Endzweck unseres Lebens ist / so habe ich

mich seit ein paar Jahren mit diesem wahren besten Freunde des Menschen so bekannt gemacht, daß sein Bild allein nichts schreckendes mehr für mich hat, sondern recht viel beruhigendes und tröstendes! und ich danke meinem Gott, daß er mir das Glück gegönnt hat mir die Gelegenheit / sie verstehen mich / zu verschaffen, ihn als den Schlüssel zu unsrer wahren Glückseligkeit kennen zu lernen. / Ich lege mich nie zu Bette ohne zu bedenken, daß ich vielleicht so jung als ich bin / den andern Tag nicht mehr sehen werde – und es wird doch kein Mensch von allen, die mich kennen, sagen können, daß ich im Umgang mürrisch oder traurig wäre – und für diese Glückseligkeit danke ich alle Tage meinem Schöpfer und wünsche sie vom Herzen jedem meiner Mitmenschen.« – Vier Jahre danach, schon im Todesjahr, gibt es die Arie der Pamina, das »So wird Ruh im Tode sein« mit dem so ganz schon unirdischen Nachspiel der Oboen, und es gibt das ›Requiem‹, diese vielstrophige »Dies-irae«-Vertonung. Wie sehr das ›Requiem‹ nun wirklich »Bescheid weiß«, kann einem deutlich werden, wenn man vergleichsweise ein zur gleichen Zeit komponiertes ›Dies irae‹ von Johann Christian Bach hört – es ist große Musik ohne Transzendenz, während Mozart in jedem Takt manifestiert: »Wir sind alle zum Tode gefordert.«

Ich fahre hier nicht fort; ich werde mich hüten, die Musik des späten Mozart allein sub specie mortis – unter dem Vorzeichen des nahen Todes – hören oder deuten zu wollen; das Adagio in h-moll freilich scheint mir keine andere Deutung zu erlauben, und auch der letzte Satz des letzten Klavierkonzerts, das dort abgewandelte »Komm, lieber Mai«, geht aus der Tonart: »Heuer noch einmal und dann nimmermehr«. Aber zwingend sind solche Interpretationen nicht; und es ist das Verdienst Wolfgang Hildesheimers, mit entzaubernder Kühle alle solche Identifikationen abgewehrt zu haben: das Leben ist eines, das Werk ist ein anderes. Ich werde freilich Hildesheimer nicht in allen Stücken folgen; ich werde gerade einige Augenblicke schwereloser Glückseligkeit aus Mozarts Spätwerk (ich denke an den zweiten Satz der letzten Klaviersonate oder an das ›Duettino ex A‹ aus dem ›Titus‹, das er selbst ganz zuletzt noch in einem Brief erwähnt) immer nur als Musik des Abschieds hören können, als jenes Höchste und Verklärte, das einem wie diesem Mozart – nein: das nur eben diesem einen Mozart eingegeben wurde im Vorgefühl des Todes: als eine Musik, hinter der nichts mehr kommen kann: in jeder Stunde bereit zur letzten Stunde, gleichnishaft Gestalt geworden in der Morgenstunde seines letzten Fronleichnamstages, da er im ›Ave verum‹ in Abschiedskraft vertont: »esto nobis praegustatum / in mortis examine«. Aber was Wortzeugnisse, Dokumente betrifft, so ist der Chronist, der ungenaue Träumereien fürchtet, bei Mozart arm daran.

Ein Dokument freilich gibt es, das ein Kardinaldokument zu unsrem Thema heißen müßte, ein Wortzeugnis von bedrängender Eindeutigkeit, wenn wir sicher sein könnten, daß es wirklich Mozarts Wort ist: wir besitzen es nicht, wie den Brief an den Vater, in Mozarts Handschrift. Es ist der im September 1791 in italienischer Sprache geschriebene Brief, als dessen Empfänger Lorenzo da Ponte, der Textdichter des ›Figaro‹, gilt. Noch vor dreißig Jahren, als Annette Kolbs leidenschaftlich-schönes Mozart-Buch erschien, konnte der Brief unangefochten als ein Brief Mozarts und als der schutzlose Aufschrei eines Todgeweihten kommentiert werden. Daß der Brief in italienischer Sprache und stilistisch ungewöhnlich sicher geschrieben ist, müßte den Leser nicht mißtrauisch machen. Gewiß, er hat an Constanze zur gleichen Zeit nur Alltägliches berichtet; der Brief ist anders, als Mozartbriefe sonst sind, aber warum sollte er nicht *ein*mal das aussprechen, was er sonst so streng in sich verbarg?

Wenige Wochen vor der Niederschrift des Briefes hatte ein Unbekannter im Auftrag von einem, der unbekannt bleiben wollte, ein Requiem bei ihm bestellt, das Requiem, das gemeint ist, wenn es am Schluß des Briefes heißt: »Da liegt mein Grabgesang, ich darf ihn nicht unvollendet lassen.« Die Kommentatoren aus jüngster Zeit sagen: Quelle und Vermutung reichen nicht aus, um den Brief als echten Mozartbrief anerkennen zu können. Hier – in deutscher Übersetzung – der Brief: »Wohlgeneigtester Herr, ich möchte Ihrem Rate folgen, doch wie ihn durchführen? Ich bin ganz verstört, zähle nur gewaltsam und kann mich von der Vorstellung dieses Unbekannten nicht lösen. Ich sehe ihn fortwährend, er bittet mich, beschwört mich und hält mich ungeduldig zur Arbeit an. Ich fahre fort, weil das Komponieren mich weniger ermüdet als das Ausruhen. Übrigens habe ich nichts mehr zu fürchten. Ich fühle an meinem Zustand, daß die Stunde schlägt; ich bin im Begriff, mein Leben auszuhauchen; ich bin damit zu Ende, bevor ich mich meines Talentes habe freuen können. Und doch war das Leben so schön, die Laufbahn begann unter so glücklichen Vorzeichen, aber man kann ja sein eigenes Schicksal nicht ändern. Keiner ermißt die Dauer der eigenen Tage, man muß sich fügen, geschehen wird, was der Vorsehung gefällt. Ich schließe; da liegt mein Grabgesang, ich darf ihn nicht unvollendet lassen.«

Dies also der Brief, von dem die Forschung jetzt meint, daß er zu schutzlos die Wahrheit des Herzens ausspricht, um »echt« sein zu können. Vor einigen Jahren, als ich selbst eine Auswahl von Mozarts Briefen herauszugeben hatte, wagte ich dabei die Frage: »Gibt es eine höhere Echtheit, eine Echtheit wider den Augenschein?« Jetzt, nach neuem Überdenken, meine ich: Es kommt auf diesen einen Brief nicht an. In diesem Mozart sind sie, was immer auch geschrieben oder nicht geschrieben steht, unlöslich ineinander verschlungen, die zwei: ein menschliches Leben und ein menschlicher Tod – so nämlich, wie es in der berühmten Bitte aus Rilkes ›Stundenbuch‹ gemeint ist:

O, Herr, gib jedem seinen eignen Tod,
das Sterben, das aus jenem Leben geht,
darin er Liebe hatte, Sinn und Not.

Ja, diese drei Worte, »Liebe«, »Sinn« und »Not« sind eigens zu bedenken.
Man wird, gerade das Todesjahr betrachtend, gut daran tun, allen Aussagen das Wort »vielleicht« voranzustellen. Mozart war ein großer Verberger. Bei seinem Biographen Niemczek, nur bei ihm, steht der Satz, der Frau Ludendorff unselig animiert hat: »Ich fühle mich zu sehr ... mit mir dauert es nicht mehr lange ... gewiß, man hat mir Gift gegeben, ich kann mich von diesem Gedanken nicht losreißen.« Schwarz auf weiß steht – in einem Julibrief an Constanze – nur dies da: »Ich kann dir meine Empfindung nicht erklären; es ist eine gewisse Leere, die mir halt wehe tut.« Nur dies, und dann – in einem der letzten Briefe – noch die drei Worte aus der ›Zauberflöte‹, die ja auch in dem Brief an da Ponte vorkommen, »Die Stunde schlägt«, die ja nun freilich in der Sprache der Musik gerade das nicht sagen, was der Wortlaut sagt. Der Wortlaut heißt: »Die Stunde schlägt, wir sehn uns wieder.« Die Musik aber sagt: Der Abschied ist nahe – und: es ist der unwiderrufliche Abschied. Und schließlich ist da die verstörende Lustigkeit, mit der er, auch in einem Oktoberbrief an Constanze, seinen eigenen Auftritt in einer der ›Zauberflöten‹-Aufführungen schildert. »Da ging ich auf das Theater bei der Arie des Papageno mit dem Glockenspiel, weil ich heute so einen Trieb fühlte, es selbst zu spielen. Da machte ich nun den Spaß, wie Schikaneder einmal eine Haltung hat, so machte ich ein Arpeggio. Der erschrak, schaute in die Szene und sah mich. Als es das zweite Mal kam, machte ich es nicht, nun hielte er und wollte gar nicht mehr weiter. Ich erriet seinen Gedanken und machte wieder einen Akkord. Dann schlug er auf das Glöckchenspiel und sagte: ›Halts Maul‹. Alles lachte dann. Ich glaube, daß viele durch diesen Spaß das erste Mal erfuhren, daß er das Instrument nicht schlägt.«
Das ist nun – acht Wochen vor dem Tod – schon fast die letzte eigene Verlautbarung. Vom November an sind wir auf die Aufzeichnungen von fremder Hand angewiesen. Sie stammen

von ungelehrten Leuten – und das mindert ihren Wert nicht; auch daß sie großenteils erst viel später niedergeschrieben sind, beeinträchtigt nicht ernstlich. Worte verwehen; aber einige das Wort begleitende Fakten geben der Erinnerung einen hohen Grad von Authentizität. So ist das Gespräch zu werten, das Joseph Deiner, Hausmeister in der Bierhalle ›Zur Silbernen Schlange‹, mit Mozart geführt hat. Mozart hatte sich ins Nebenzimmer des Gasthauses zurückgezogen, Wein bestellt, ihn aber nicht getrunken. »Nun Joseph, wie gehts?« »Das sollte ich wohl Sie fragen, denn Sie sehen ganz krank und miserabel aus, Herr Musikmeister. Wie ich hörte, waren Sie in Prag und die böhmische Luft hat Ihnen nicht gut getan. Man sieht es Ihnen an. Sie trinken jetzt Wein, das ist recht: vermutlich haben Sie in Böhmen viel Bier getrunken und sich damit den Magen verdorben; das wird keine Folgen haben, Herr Musikmeister.« »Mein Magen ist besser als du meinst«, sagte Mozart, »ich habe schon mancherlei verdauen gelernt.« Aber dann kam: »Ich fühle, daß es bald ausmusiziert sein wird. Mich befällt eine Kälte, die ich mir nicht erklären kann. Deiner, trinken Sie meinen Wein aus und nehmen Sie diesen Siebzehner. Morgen früh kommen Sie zu mir. Es wird Winter und wir brauchen Holz. Meine Frau wird mitgehen, eines zu kaufen. Ich lasse mir heute noch einheizen.« Am nächsten Tag liegt Mozart zu Bett. Deiner wird weggeschickt. »Joseph, heut ist es nichts; wir haben heute zu tun mit Doktors und Apothekers.«

Aber dann scheint sich sein Zustand noch einmal zu bessern. Er kann aufstehen und komponieren, und an einem Tag um den 15. November führt er in der Freimaurerloge ›Zur neugekrönten Hoffnung‹ die kleine Kantate ›Laut verkünde unsre Freude‹ selbst noch auf. Es ist eine Musik im Sarastroton, geschrieben für zwei Tenöre, einen Bariton, Männerchor und ein kleines Orchester, und die Worte sagen vom Maurer, vom Bruder, von der Menschheit und der Tugend. Es ist das nicht unvertraute Vokabular noch einmal: Kapellmeister Mozart, nein: Logenbruder Mozart nimmt einen unscheinbaren Abschied von einem – sagen wir's wahr – unscheinbaren Leben.

Von diesem Novembertermin an haben die Doctores – die Herren Closset und Sallaba – das Wort. Es ist sicher, daß sie mit Hingabe und Ernst das Ihre getan haben; es ist nicht sicher, ob sie die wirkliche Krankheit erkannten, erkennen konnten; was uns, die Nachfahren, verstört, sind einige der Verordnungen, das häufige Blutabzapfen und die schwarzen Pulver. Es müssen zwei schwere Wochen für Mozart gewesen sein – und wieder ist es eine einfältige Erinnerung, die uns einen deutlichen Blick ins Krankenzimmer verstattet. Sophie Haibl, die Schwägerin, erinnert sich, daß sie zusammen mit ihrer Schwester Constanze dem Kranken Nachtleibl genäht hat, die vorn auf- und zugeknöpft werden konnten; Arme und Beine des Kranken waren so geschwollen, daß er sich nicht mehr im Bett umdrehen konnte.

Kann man in diesem Zustand noch komponieren, kann man noch Noten schreiben? Man möchte das wissen im Blick auf das, was er seinen »Grabgesang« genannt hat, auf das ›Requiem‹, man möchte es überhaupt wissen. Er sei – das ist vielfältig so bezeugt – bis zur Todesnacht des 5. Dezember fast immer klar bei Bewußtsein gewesen; und so mag man denken, daß die Arbeit am ›Requiem‹ noch bis in die ersten Dezembertage fortgesetzt wurde; die Rede ist von kleinen Zetteln, auf die er die letzten Einfälle niederschrieb, und sicher bezeugt ist eine Werksprobe, die er am vorletzten Tag seines Lebens mit Albrechtsberger, Süßmayer, mit dem Schwager Hofer und den Sängern Schack und Gerl gehalten hat. Überliefert ist auch, daß er an den Abenden dieser Novembertage, wenn er wußte, daß die ›Zauberflöte‹ gegeben wird – und sie wurde gerade in diesen Tagen wiederholt aufgeführt –, mit der Uhr in der Hand den Ablauf verfolgte, daß ihm einige besondere Stücke, die Vogelfängermelodie oder das »Dir, große Königin der Nacht« so gegenwärtig waren, daß er sie halblaut mitsummen mochte, und auch der Satz »Noch einmal möchte ich doch meine Zauberflöte hören« ist verbürgt. Des weiteren glaubt man, die Stelle, an der die Partitur des Requiems als von Mozarts Hand verantwortete abbrach, genau zu kennen: das Letzte sind die stockenden Figuren des »lacrimosa dies illa«. Die Überlieferung will wissen, daß ihn ganz zuletzt noch ein Paukeneinsatz beschäftigt habe. Goethe schreibt sterbend ein Komma in die Luft, Mozart bläst die Backen auf, um einen Paukeneinsatz anzudeuten: der schaffende Geist bleibt sich treu – bis zuletzt. Dies sei nun so oder sei nicht so: Sophie Haibls Erinnerungen, in denen dieses »Paukenmotiv« vorkommt, sind ein Menschenalter nach Mozarts Tod niedergeschrieben, und ein wenig Parapsychologie spricht nicht gegen die Wahrheit ihrer Rechenschaft.

Die Mutter Weber habe Kaffee trinken wollen, sie, Sophie, sei in die Küche gegangen, habe Licht angezündet und Feuer gemacht. »Mozart ging mir den doch nicht aus dem Sinne, mein Cofee war fertig, und mein Licht brande noch . . . jez sah ich star in mein Licht und dachte ich möge doch gerne wißen was Mozart macht und wie ichs dachte und ins licht sah leschte daß Licht aus und so aus als wen es Nie gebrand hätte. Kein Fünckgen blib an dem großen Tochten, keine Luft war nicht, dis kan ich beschwehren, ein schauer überfil mich, ich Lief zu unserer Mutter und erzählt es ihr. Sie sagte genug Zihe dich geschwinde aus und gehe hinein, und bringe mir aber gleich nachricht wie es ihm gehet . . .

Ach Gott wie Erschrak ich nicht als mir meine halb Verzweifelnde und doch sich Modorieren wollende Schwester entgegen kam und sagte Gott Lob Liebe Sophie dass du da bist, heute Nacht ist er so schlecht gewessen daß ich schon dacht er erlebt diesen Tag nicht mehr, bleibe doch nur heute bei mir den wen er heute wieder so wird so Stirbt er auch diese Nacht, gehe doch ein wenig zu ihm, waß er macht, ich suchte mich zu faßen und ging an sein bette, wo Er mich gleich zu rüfte ach gut Liebe Sophie daß Sie da sind Sie müssen heute Nacht da bleiben Sie müssen mich Sterben sehen, ich suchte mich stark zu machen und ihm es aus zu reden allein er erwiederte mir auf alles, ich habe ja schon den Toten geschmack auf der Zunge, und wer wird den meiner liebsten Constanze beystehen wenn Sie nicht hier bleiben.«

Sophie muß in der Nacht noch einmal zur Mutter zurück. Es sind – man muß es sich vorstellen! – weite Wege in der Wiener Dezembernacht, sie sorgt sich um Arzt und Priester. Dr. Closset wird im Theater gesucht und gefunden; ungewiß, ob er den kalten Umschlag nur angeordnet oder vielleicht doch noch selbst aufgelegt hat, ungewiß auch, ob der Geistliche, den Sophie »einen geistlichen Unmenschen« tituliert, gekommen ist. (Er habe gefragt, ob der Sterbende selbst ihn gewünscht habe.) Nach dem kalten Umschlag verliert Mozart das Bewußtsein und stirbt, am 5. Dezember 1791, kurz vor 1 Uhr in der Frühe.

Nun wird – das ist sicher – ziemlich rasch ein Gipsabguß des Totenantlitzes gemacht, man kennt den Namen Müller als den des Herrn vom Wachsfigurenkabinett, der Abguß ist nicht erhalten. Man weiß aus Deiners Bericht die Stelle im Arbeitszimmer, an der der Sarg stand, und kennt das Bruderschaftsgewand, das ihm angelegt wurde. Ob der Kanarienvogel, der kurz vor Mozarts Tod in ein entfernteres Gemach verbannt worden war, wirklich hier stille Totenwache gehalten hat, dann aber, nachdem die Kerzen gelöscht worden waren, noch einmal sang und am Tag danach tot im Vogelbauer lag – das weiß man nicht; es gibt aber Strophen der Erinnerung, die es *so* wissen wollen.

Auch der Funeralien, die nun folgten, hat sich die Legende bemächtigt. In vielen Berichten ist die Rede von Schnee und Unwetter, die am Tag der Beisetzung über Wien geherrscht und jede Trauerfeier beeinträchtigt hätten; ein Tagebuch des Grafen Zinzendorf meldet es anders, und auch der Wetterbericht der Wiener Zeitung spricht von Windstille. Über die Aussegnung in St. Stephan wissen wir mit einiger Zuverlässigkeit freundlich klingende Einzelheiten. Es hätten sich zur festge-

setzten Zeit zahlreiche Freunde eingefunden, die hier würdigen Abschied nahmen. Constanze fehlte; von ihr ist überliefert, daß sie in diesen Tagen krank war. Man kennt den heftigen Abschiedseintrag von ihrer Hand in Mozarts Stammbuch. In ihm hatte – vier Jahre zuvor – Mozart den Tod seines Arztes Dr. Barisani notiert: »Heute, war ich so unglücklich, diesen Edeln Mann liebsten besten Freund und Erretter meines Lebens, ganz unvermutet durch den Tod zu verlieren. – Ihm ist wohl! aber mir – uns – und allen die ihn genau kannten – Uns wird es *nimmer* wohl werden – bis wir so glücklich sind ihn in einer beßern Welt – wieder – und auf *nimmer scheiden* zu sehen.«
Auf eine Leerseite an dieser Stelle des Stammbuchs schreibt nun Constanze: »Was du einst auf diesem Blatte an deinen Freund schriebst, eben dieses schreibe nun ich tiefgebeugt an dich, vielgeliebter Gatte, mir und ganz Europa unvergeßlicher Mozart! Auch dir ist nun wohl, auf ewig wohl. Um 1 Uhr nach Mitternacht vom 4. zum 5. Dezember des Jahres verließ er in seinem 36. Jahr – o, nur allzu früh! – diese gute, aber undankbare Welt, – o Gott! – acht Jahre knüpfte uns das zärtlichste, hienieden unzertrennliche Band. O könnte bald auf ewig mit Dir verbunden sein Deine äußerst betrübte Gattin Constanze Mozart, née Weber. Wien, den 5. Dezember 1791.«
Baron von Swieten hatte ein einfaches, ein »Dritter-Klasse«-Begräbnis bestellt. Die Helfer waren korrekt; sie waren in nichts großzügig; dürftig oder schäbig möchte man sie nicht nennen. Auch muß man wissen, daß die staatlichen Begräbnisordnungen allem Gepränge entgegenstanden. Vier oder fünf Särge wurden in ein Grab gelegt. Bei der Grablegung auf dem St.-Marx-Friedhof waren wohl wirklich nur die Totengräber beim Sarg, und es ist die Wahrheit, daß man sich nach der Beisetzung nicht rasch genug um die Einzelheiten gekümmert hat: So ist es dazu gekommen, daß man Mozarts Grab nicht kennt und daß auch kein Kreuz die Stätte bezeichnet. Die Welt hat später dies Zusammentreffen einiger unglücklicher Um-

stände – so möchte ich formulieren – lauthals beklagt. Aber was bedeutet das Fehlen solcher Sicherheiten angesichts der Gegenwart des Mannes, dessen Musik zwei Jahrhunderte nach ihrem ersten Erklingen nun die Kontinente dieser Welt durchtönt?

Auch gibt es einige Epitaphe, die in Wahrheit zählen. Da ist der Bericht über die Trauerfeier, die am 14. Dezember in Prag gehalten wurde, er wurde in der Prager Oberpostamtszeitung veröffentlicht. Die Rede ist von einem Requiem, das unter der Leitung der »sehr bekannten Sängerin Frau Duschek« so großartig aufgeführt worden sei, daß »Mozarts Geist im Elysium sich darüber freuen müßte«. Und dann hieß es dort: »Es gibt und es wird immer Meister der Musik geben, aber einen Meister über alle Meister hervorzubringen, dazu braucht die Natur Jahrhunderte. – Alles, was er schrieb, trägt den deutlichen Stempel der klassischen Schönheit. – Beweisen dies nicht seine Opern? Und hört man sie nicht zum achtzigsten Male mit dem gleichen Vergnügen wie zum ersten Male?«

Diese schöne, Mozarts Wert so gleich nach dem Tod ganz erkennende Stimme aus Prag ruft jenen glücklichen Tag der Uraufführung des ›Don Giovanni‹ ins Gedächtnis, von dem man, Mozarts Weg bedenkend, zuweilen meint, es sei sein schönster Tag gewesen. Und sogleich auch muß, da vom ›Don Giovanni‹ die Rede ist, dem Betrachter der Schlußpassus aus Mörikes Novelle ›Mozart auf der Reise nach Prag‹ in den Sinn kommen, in dem von dem »geheimnisvollen Grauen der Musik« gesprochen wird, und wie der wachen Hörerin im gräflichen Schloß die Erkenntnis zuwuchs, »daß dieser Mann sich schnell und unaufhaltsam in seiner eigenen Glut verzehre, daß er nur eine flüchtige Erscheinung auf der Erde sein könne, weil sie den Überfluß, den er verströmen würde, in Wahrheit nicht ertrüge.«

Und immer wieder – auch dies ein Epitaph – geht der mozartnachdenkende Sinn zur Erscheinung der Anna Maria Gottlieb, die im ›Figaro‹ das erste Bärbchen war und fünf Jahre danach, noch immer blutjung, die erste Pamina in der ›Zauberflöte‹, die aber bald nach Mozarts Tod ihrer Sängerlaufbahn entsagt und ein fast unscheinbares Leben als Schauspielerin auf sich genommen hat – durch fünfzig weitere Jahre hin –: sie ist, so wird man sagen, in Mozarts Sterben hineingestorben.

Zuletzt noch einmal eine ›Don Giovanni‹-Reminiszenz – und der ›Don Giovanni‹ ist ja, man denke an Kierkegaards Votum, eine Art »Mozart hoch Mozart«. Man weiß, daß wenige Wochen nach Mozarts Tod ›Don Giovanni‹ in Weimar seine Erstaufführung – unter Goethes Regie – erlebt hat; und wie sehr dies ein Ereignis von lang nachhallender Wirkung war, ist einem Brief Goethes an Schiller zu entnehmen. Schiller hatte von seinem Vertrauen in die Oper gesprochen, von der »harmonischen Reizung der Sinnlichkeit und des Gemüts zu einer schöneren Empfängnis«, und Goethe hatte geantwortet, daß er, Schiller, diese Hoffnung »auf einem hohen Grade« erfüllt gesehen hätte im ›Don Giovanni‹. Und dann heißt es: »Dafür steht aber auch dieses Stück isoliert – und durch Mozarts Tod ist alle Aussicht auf etwas Ähnliches vereitelt.«

Es gefällt uns, die Dioskuren so mit Mozart zusammendenken zu können. Ob das Ereignis vom Dezember 1791 selbst – aus dem großen Wien in das vergleichsweise kleine Weimar dringend – bei den Empfängern der Nachricht sogleich eine der Prager Betroffenheit vergleichbare Bewegung ausgelöst hat, wissen wir freilich nicht; es ist nicht wahrscheinlich. Aber im Gedicht werden alle Daten ins Dauernde erhoben. Da ist Schillers Nänie, und da sind die Zeilen: »Siehe, da weinen die Götter, es weinen die Göttinnen alle,/Daß das Schöne vergeht, daß das Vollkommene stirbt.« Wie immer die Strophen zu deuten sind, auf Orpheus, Adonis und Achill – Mozarts Sterben und Mozarts Tod sind mitgemeint.

Das Duettino ex A
Sechzig Takte Titus

»Das Duettchen ex A von die 2 Mädchens wurde wiederholt.«
Mozarts Brief vom 7. Oktober 1791

Sagt man 1791, so sind die Leute, die Geschichte kennen, gleich in Paris, wo es damals drunter und drüber ging; und einer sagt vielleicht auch: 1791 kam Grillparzer zur Welt; ein dritter spricht von den Galvanischen Strömen, die genau damals erforscht waren; aber irgendeinem Vierten, mir etwa, muß es erlaubt sein, bei dieser Jahreszahl nur an Mozart zu denken. Und diesmal nun nicht an das Klavierkonzert, das letzte, mit dem »Komm, lieber Mai« im dritten Satz, nicht an das ›Ave verum‹ vom Fronleichnamstag, auch nicht an die ›Zauberflöte‹, das Requiem und den 5. Dezember in Wien, lacrimosa dies illa, sondern nur an die Wochen vom August und September, an die Prager Unterbrechung, die sich der Herr Kapellmeister mitten in der ›Zauberflöten‹-Arbeit gefallen lassen mußte – und – der lebenswichtigen Dukaten halber – auch gefallen ließ. Der Kaiser Leopold brauchte für das Fest seiner Krönung zum König in Böhmen eine Opera seria, und durch Mittelsmänner wurde Mozart mit dieser Aufgabe betraut.
So kam der ›Titus‹ zur Welt, ›La clemenza di Tito‹. Ungefähr in achtzehn Tagen (etliche Vorüberlegungen abgerechnet) also: Hals über Kopf oder besser: Stock über Stein. In Wien zuerst, in der Reisekutsche dann, im Prager Quartier zuletzt schrieben sie selbzweit; Süßmayr schrieb die Secco-Rezitative, er kannte den Duktus des Meisters genau genug; alles Weitere freilich schrieb Mozart allein, und es wurden 26 Nummern. Da war dann alles, wo so eine fürstliche Festversammlung sich wün-

schen konnte: Bravourarien, Märsche, Duette, Terzette, Quintette, Chöre, Spektakel, ein brennendes Kapitol – und inmitten der Kaiser Titus, ein Imperator, von dem Goethes Freund Zelter schreiben mochte: »Solch ein Titus soll doch noch geboren werden, der in alle Mädchen verliebt ist, die ihn totschlagen wollen« –; das Genre der Huldigungsoper brauchte eine Idealfigur.

Die Premiere in Prag war am 6. September 1791; und natürlich hatten die Krönungsfeierlichkeitsgäste zu diesem Zeitpunkt schon zu viel gefestet und gebechert, um auch nur andeutungsweise würdigen zu können, was ihnen da der Menschheit Genius angeboten und zugemutet hatte. Daß die Kaiserin das Werk eine »porcheria tedesca« genannt hat, eine »deutsche Schweinerei«, müssen wir schweigend zur Kenntnis nehmen; man kann sie ja nicht mehr fragen, ob sie sich nicht geniert habe, so etwas auszusprechen. Die Oper wurde zum Glück in den Tagen nach der Premiere noch einige Male wiederholt, und von einer dieser Aufführungen stammt der schöne, hier vorangestellte Satz aus einem Mozartbrief, der den Prager Ohren ein gutes Zeugnis ausstellt.

Das Titus-Sujet war nicht neu; Gluck z. B. hatte eine Titus-Oper komponiert. Man kann sich denken, wie Mozart, der seit den gücklichen ›Idomeneo‹-Tagen sich eine eigene Liebe zur Opera seria bewahrt hatte, nun seine durch den ›Don Giovanni‹ gesteigerte dramatische Feuerkraft mit Freuden entfalten mochte, mit aller Sicherheit, wenngleich – der Eile wegen – wie mit linker Hand. Im Wiener Burgtheater wurde die Oper erst dreieinhalb Jahre nach Mozarts Tod aufgeführt, im Jahr 1800 hörte sie Goethes Mutter in Frankfurt, und die ersten Jahrzehnte des neuen Jahrhunderts waren der Aufnahme des festlichen Werkes günstig: kein Hoftheater ließ sich die Oper damals entgehen, wir wissen, daß sie um 1825 im Stuttgarter Repertoire war, und wir kennen einen glücklichen Hörer aus jener Zeit: Eduard Mörike. Dem kam die Erfahrung eines großen Theaterabends ins Bewußtsein, als ihn, Jahre später, in der dörflichen Abgeschiedenheit von Ochsenwang ein mächtiges Alb-Gewitter überraschte. »Da sah ich am Fenster ein Gewitter von der Teckseite herziehen, eine Minute darauf rollte der erste Donner, und alle meine Lebensgeister fingen an, heimlich vergnüglich aufzulauschen. In unglaublicher Schnelle stand uns das Wetter überm Kopf. Breite, gewaltige Blitze, wie ich sie nie bei Tag gesehen, fielen wie Rosenschauer in unsre weiße Stube und Schlag auf Schlag. Der alte Mozart muß in diesen Augenblicken mit dem Kapellmeisterstäbchen unsichtbar in meinem Rücken gestanden sein und mir die Schulter berührt haben, denn wie der Teufel fuhr die Ouvertüre zum Titus in meiner Seele los, so unaufhaltsam, so prächtig, so durchdringend mit jenem oft wiederholten, ehernen Schrei der römischen Tuba, daß sich mir beide Fäuste vor Entzücken ballten.« So lesen wirs in einem Brief von 1830, und fünfzehn Jahre später trifft ihn die Erinnerung an die melodische Gartentür von Cleversulzbach:

»Wie – rief ich staunend – träum ich denn? War das nicht ›Ach nur einmal noch im Leben‹ ganz. Aus Titus, wenn mir recht ist –.«

Wir, die Kinder eines nüchternen Zeitalters, haben es wohl schwerer als die Hofopernfreunde von eh und einst. Ich zögere freilich, die Urteile der Experten hier zu übernehmen: Alfred Einstein hält die Titus-Figuren für Puppen, und Hildesheimer spricht unverblümt von Papiermaché; er bedauert Mozart, daß ihm nichts Besseres vorgelegt wurde als diese Metastasio-Mazzolà-Mixtur. Ich zögere, weil Mozart selbst das Textbuch gelobt hat in einem Tagebuch-Eintrag, in dem es heißt: »Zur wirklichen Oper umgearbeitet von Signor Mazzolà, kurfürstlich-sächsischem Hofpoeten.« Ich glaube nur, daß wir so recht nicht mehr den Schwergewichten der Opera seria gewachsen sind, wofern ihnen nicht, wie etwa im ›Don Giovanni‹ oder in der ›Zauberflöte‹, das Gegengewicht des Humors, des Lächelns, der Ironie sich zugesellt: es gibt im festlichen Werk Elemente des Exaltierten, des Überschwangs, die uns nicht mehr unmittelbar so ergreifen, wie sie die Vorväter noch ergreifen konnten: wir weinen vielleicht die Tränen von Goethes Mutter nicht mehr. Nun, dies sei, wie es sei: keltere sich jeder ›Titus‹-Hörer von heute nach Gusto seinen Wein: Mozartsche Trauben sind es allemal, und Spätlese ist es in jeder Pièce. Ich habe, da ich über diesen Versuch die Worte ›Sechzig Takte Titus‹ schrieb, nur eine einzige Szene im Auge, im Ohr: eben jenes ›Duettino ex A‹, das zur fünften Szene des ersten Aktes gehört. Die Staatsaktionen des Herzens – so muß man sich wohl ausdrücken – sind voll im Gang, Vitellia und Sextus haben ihre Auftritte, Titus singt ein erstes großes Rezitativ, eine erste Arie dann. Nun soll Annius, der Servilia liebt und von Servilia wiedergeliebt wird, eben dieser Servilia verkünden, daß der Kaiser sie zur Frau haben will, und er folgt dem Wunsch der Majestät, den Wunsch des eigenen Herzens verdrängend. Servilia, die Nichtsahnende, will nicht verstehen –: »Così concusa!« ruft sie (»Welche Verwirrung!«); Annius erschrickt über den eigenen Brautwerberdienst: »Mi perdo s'io non parto« (»bleib ich, bin ich verloren«); in ein schutzlos gestammeltes »anima mia« mündet das Rezitativ. Und dann singen sie ihr Lied »Ah perdona al primo affetto«. Und da ist nun nichts mehr von Staatsaktion; es ist, als habe sich die Szene verengt – und nichts regiert als der Urlaut des Lebens, und der heißt: »Ich und Du.« Sie singen nach der Weise der neapolitanischen Oper ihr kleines Dreistrophenlied. Annius singt Liebe, Verzicht, Liebe von neuem, Servilia singt Erstaunen, Liebe, Schrecken, Treuspruch; zuletzt singen sie zusammen gegen das Geschick der Stunde das Immerwährende ihres Vertrauens: »Aus der Welt soll alles schwinden, was nicht treue Liebe ist.«

»Das Duettino von die 2 Mädchens«: die Rolle des Annius ist wie die der Servilia ein Sopran-Part; bei der Premiere allerdings sang Signor Bedini, ein Kastrat, der in der italienischen Truppe eine hervorragende Stellung hatte – und nach Mozarts Zeugnis herrlich sang; in späteren Aufführungen sangen zwei Frauen. Der Annius-Part wird vom Fagott, dem männlichen

Instrument, begleitet, die Servilia-Strophe von der Flöte. Von der Melodie ist nichts zu sagen, da sie selbst über jedes Deuten und Begreifen hinaus alles durch sich selbst sagt. Drei Einzelheiten bleiben im Bewußtsein: die Vierundsechzigstel-Vorhalte in der Begleitung, diese zärtlichen Schleifer, einige Triolen dann, die das rascher, unruhiger drängende Gefühl bezeugen, zuletzt die Staccati des selig-erschrockenen Herzschlags. Mehr nicht. Aber es gibt kein Mehr. Es gibt kein Darüberhinaus. Denn dieses »Ah perdona al primo affetto« – drei, vier Monate vor Mozarts letztem Erdentag komponiert – ist, so meine ich – wieviel auch gegen die Gleichsetzung von Leben und Werk spricht –, in seiner seltsamen Anima-candida-Seligkeit eine große Abschiedsverlautbarung. Es sollte noch einmal bezeugt werden, daß die Liebe nicht lügt, daß Glück und Verzicht nah beieinander wohnen können, ja: daß es sie gibt, in der Trauer noch, jene Einfalt, an die eine Maxime Kierkegaards rührt: »Reinheit des Herzens ist: Eines zu wollen.«
Natürlich hat man bei der Suche nach verwandten Klängen in Mozarts Werk sich an die Spielduette erinnert, an das Briefduett im ›Figaro‹, an Augenblicke in ›Così fan tutte‹. Ich höre mehr noch den Ton des Klavier-Adagios in h-moll und den zweiten Satz der letzten Klaviersonate, höre nachbarlich den namenlosen Ernst, die schutzlos sich preisgebende Wahrheit.
Mag sein, daß die Prager, denen dieses Belcanto ins Ohr fiel, mehr der Spur nach so heftig geklatscht und die Wiederholung erzwungen haben. Wir, aus der Entfernung, aus der Überschau auf das Ganze, können diesen Beifall – so mag man sagen – besser verstehen, als er sich selber verstand. Fragte man mich nach Kontexten gleichen Ranges, die die nämliche Herzensbewegung ausdrücken, so gerate ich unversehens, aber unabweisbar an Dokumente der Summa bei Shakespeare und Goethe . . . ich meine dies: »Willkommen, Tod, hat Julia ihn beschlossen« – oder den Aufgesang aus ›Pandora‹: »Wer von der Schönen zu scheiden verdammt ist, / Fliehe mit abgewendetem Blick.«

Wie beginnt Shakespeares Herzog? »Wenn die Musik der Liebe Nahrung ist, / Spielt weiter.« Aber ja: sie sollen weiterspielen, bis sie die Wahrheit auch der Umkehrung erfahren: daß es die Liebe ist, die der Musik Nahrung bringt, Essenzen, Tinkturen. »Du sollst auch der letzte sein«, singt Servilia – Tinctura sempiterna, und Lebensaugenblick, Abschiedsaugenblick, Ewigkeitsaugenblick, sie sind nicht mehr zu unterscheiden.

Die ›Krönungsmesse‹

*Eine Predigt**

Dreierlei habe ich mir für diese Morgenstunde vorgenommen. Ich muß zu der Mozartmesse, die wir hören, ein Wort sagen. Und zugleich möchte ich mit euch nachdenken über den Text der Messe, über diese immer gleichen unerschöpflichen sechs Stücke: Kyrie, Gloria, Credo, Sanctus, Benedictus, Agnus Dei; und dabei sollte uns das Vertrauen begleiten, daß wir, in diesem großen Text lebend, *dem* Stand näherkommen, von dem der Apostel sagt, er sei der Stand derer, die sich »als Diener Gottes erweisen«: »Als die Sterbenden, und siehe: wir leben; als die Traurigen, aber allezeit fröhlich.«

Als Mozart auf das Autograph dieser Messe – es ist leider seit dem Jahr 1945 nicht mehr auffindbar – das Datum des 23. März 1779 setzte, stand er, ein Mann im 24. Lebensjahr, gerade in der Mitte seines wunderbaren, schöpferischen Daseins. Elf Jahre zuvor, noch nicht dreizehnjährig, hatte er ein erstes Mal eine Messe von sich aufgeführt, wirklich »mit Pauken und Trompeten«; zwölf Jahre nach dieser Krönungsmesse war er schon tot, begraben in einem Grab, das keiner kennt.

Lange Zeit hat man das Wort ›Krönungsmesse‹ in Verbindung gebracht mit einem gekrönten Madonnenbild in Maria Plain bei Salzburg; das ist, wie die neue Forschung sagt, wohl nicht richtig. Die Messe ist vor 200 Jahren, 1779 und wieder 1780 im Ostergottesdienst im Salzburger Dom aufgeführt worden und dann von neuem zehn Jahre später bei einem kaiserlichen Festakt im Stephansdom in Wien. Sie war, wie alle diese

* Gehalten am Sonntag Cantate, am 17. Mai 1981, in der Paul-Gerhardt-Kirche, Stuttgart. Im Gemeindegottesdienst wurde die Krönungsmesse (K. V. 317) aufgeführt. Der Prediger knüpfte an den Text 2. Kor, 6,9f an: »Als die Sterbenden, und siehe: wir leben; als die Traurigen, aber allezeit fröhlich.«

geistlichen Arbeiten, eine Auftragsarbeit des Domkapellmeisters Mozart, der im Dienst des ungeliebten Erzbischofs von Salzburg stand; dieser Erzbischof war durchaus nicht unkundig, auch nicht musikunkundig, aber er war befehlsgeübt: Die Messen, so hatte er angeordnet, müssen kurz sein – und so haben wir nun diese Missae breves, ganz gestraffte Werke. Die Textworte werden – anders als etwa in Bachs h-moll-Messe – nicht oft wiederholt; man muß, um ein solches Werk recht zu verstehen, gehörig aufpassen, aber die Aufmerksamkeit lohnt sich: das, was da gesungen wird, ist ja ein wahrhaft unvergleichlicher Text.

Wenn ich *ein*mal das glaube, was auf einem Bild Rembrandts zu sehen ist: daß der Engel nahe bei dem Ohr des Boten steht und ihm einen Text diktiert, so glaube ich es für diese sechs Stücke, für jedes einzelne von ihnen und dann noch einmal neu für den Zusammenhang. Daß sie, um das hier vorweg zu sagen, nun eben lateinisch gesungen werden, ist schmerzlich für alle, die nicht oder nicht genügend Latein können; aber es hat den Vorzug, daß dieser Text in allen Erdteilen, bei allen Völkern wortwörtlich der gleiche ist. Der reisefreudige Papst Johannes Paul II. (an den in Sorge und Liebe die ganze Christenheit auf Erden, ja, alle Menschen guten Willens heute neu denken) – er könnte reisen, wohin er wollte: im Augenblick, wo die Messe beginnt, ist er daheim, und mit ihm in allen Ländern der Welt die Hörer, aus vielen Völkern zusammengekommen, die nun den Weg der Anbetung und der Dankbarkeit gehen, den ihr heute hier mitgehen wollt.

»Kyrie, eleison«: das ist griechisch. Im neutestamentlichen Idiom fängt die Messe an. Da stehen sie: *vor* dem Heiligtum noch, in Gruppen vielleicht, der und jener Einzeln-Einsame auch, fröhliche Leute, traurige Leute – nicht anders als die, die wir heute, Leute unsres Kirchwegs, waren. Und so gehen sie durchs Portal, und das erste, was sie sagen können, wenn sie vor sich selbst wahr sein wollen, ist: »Herr, erbarme Dich.« Vielleicht, daß dann einer erschrickt und sagt: »Wie wag ich's, so zu sprechen?« Und dann hilft ihm einer, der da unter den Rufenden ist, und erinnert daran, daß der Mann vom See Genesaret gesagt hat: »Wer zu mir kommt, den werde ich nicht hinausstoßen«, und dann ruft er: »Christe, eleison«, und dann sind sie mutig geworden und wiederholen ihr »Herr, erbarme Dich« und drängen ins Heiligtum hinein.

Dort sind sie nun und sind, wie es sich geziemt, zuerst: Hörende. »Rede, Herr, Dein Knecht hört« – das ist das Urwort vom Heiligtum. Und so hören sie zuerst, was vor ihrer Zeit, zu Beginn der neuen Gotteszeit die heiligen Boten über Bethlehem gerufen haben; sie hören miteinander die Weihnachtsbotschaft, das »Ehre sei Gott« und das Wort von dem Frieden, der zugesprochen wird den Menschen guten Willens. Wer Erbarmen erbittet, weiß, daß er arm ist, daß er nicht viel tun kann, aber eines doch tun kann: er kann *wollen*, guten Willens zu sein.

Aber dann soll dieses Gloria der Engel Helfer finden: Das Gloria will Menschen; es will die Stimmen derer, die lastenschwer sind. Und so wagen sie's denn: »*Wir* loben Dich, wir preisen Dich, wir beten Dich an.« Unüberhörbar in der Musik ist der Jubel, unüberhörbar auch dies: die Stockungen, die Verzögerungen, das Innehalten, das Weiterdrängen dann; es ist, als müsse einer dem andern beistehen in diesem Dienst der Anbetung. Und dann kommt das Kardinalwort des Vertrauens, das »quoniam«: weil. Weil wir nicht verwirrte, vielverwirrte Leute allein sind, sondern weil vor uns ein anderer allein ist: »tu solus sanctus«: Du allein bist heilig. Es ist, wie wenn die Unruhe des Beters sich selbst zur Ordnung rufen muß, sich selbst immer korrigiert und zuletzt den Geist bittet, daß er sei, was er ist: der Geist der Sammlung. Und was bei J. S. Bach als der Höhepunkt der Messe in einer ungeheuren Fuge erscheint, das »cum Sancto Spiritu in gloria Dei Patris«, das erscheint hier, in Mozarts Werk, knapper, strenger, doch gesungen in gleicher Gewißheit.

Und nun soll der Beter, in der Mitte des Heiligtums stehend,

Rechenschaft ablegen und begründen, warum er's denn wagen kann, so kühn zu loben und zu danken, und er setzt neu ein: »Credo ...« Ja, ich glaube. Und da ruft er nun den Weltenmorgen auf, den ersten Blick Adams auf das, was noch darüber ist: das Geheimnis von der Herrlichkeit Christi. Es sind Anrufe, die in mächtigen Halbsätzen niederfahren, Siegzeichen, Lichtsignale alle: »Gott von Gott, Licht von Licht ...« Hörer, die in der Geschichte der Kirche ein wenig Bescheid wissen, wissen auch, daß es um jedes dieser Worte Kämpfe der Lehrer, Kämpfe der Synoden gegeben hat. Nun ist nicht mehr Synode und Sorge der Väter; nun steht der Text da als das Triumphwort der Verkündigung.

Und dann ist plötzlich Stille. Es ist der Augenblick, in dem die Christgeburt verkündet wird, das Wunder der Menschwerdung, und nur wenige Einzelstimmen rühren an das Geheimnis: »Et incarnatus est.« Aber dann, da die Geschichte Christi zu sagen ist, muß der Chor mittragen, streng und herb: »Crucifixus«, und von Pausen durchzogen, das »passus et sepultus est«: Das Grab tut sich auf in diesen Pausen, der Schlund des Grabes. Sogleich aber folgt das Wort vom Ostersieg und vom Sieg des Christus, dessen Reich kein Ende haben wird am Ende der Zeit.

Noch einmal wird neu Atem geholt, hell fährt die Einzelstimme, taubengleich herab, Pfingsten zu sagen: »et in spiritum sanctum« ... Und sogleich sekundiert die Männerstimme, als müsse sie sagen: Träum' nicht; das ist nicht etwas außer der Zeit, das ist: *in* dieser Zeit; »qui locutus est per prophetas« ... Das versteh' als Geschichte für diese deine Erdenzeit!

»Amen.« Die »Amen« Mozarts haben ihr eigenes Leben: »Ja, ja, es *ist* also geschehen«, heißen sie – und auch: »Ja, ja, es *soll* also geschehen.« Zuletzt kommt eine mozarteigene Überraschung; der Chor beginnt zum Schluß noch einmal: »Credo in unum Deum«: wie als müsse sich hier die Brücke vom Neuen zum Alten Bund zurückmanifestieren, das alte, heilige

»Sch'ma Jisrael« (»Höre, Israel«) klingt auf: »Adonai aechad« (»Der eine Gott«).
Nun hat der Beter so viel gewagt: wie, daß er vor seinem eigenen Wort erschrickt, daß ihn das Beben Jesajas erreicht: »Weh mir, ich vergehe!« So läßt er – wie dort, Jesaja im sechsten, den Serafim das Wort: Sanctus – das Dreimalheilig wird gesungen. Aber schon stürzen, wie Volkes Stimme von beiden Seiten, die Hosanna-Rufe herein, und hier leben Mozarts Spielfreuden, man sieht sie fast: die Palmwedel des Willkomms, und hört den Rutenschlag der Freude.
Denn nun werden Palmarum und Advent in eins gesungen: Es ist im Gang der Messe der Augenblick, da der Priester die Wandlung vollzieht; der im Sakrament Gegenwärtige wird – mit Stimmen großer Innigkeit – willkommen geheißen: »Benedictus, qui venit.« Und noch einmal, nun schon wie abschiednehmend, stürmen die freudigen Zeugen in die Nähe des Altars: »Hosanna in excelsis«.
Dann ist Stille. Ein einzelner nur bleibt zurück. Werden nun – es ist der Augenblick der Austeilung der Hostie – die großen Festlichter schon gelöscht, so daß nur noch das Kreuz im Scheine bleibt? »Agnus Dei«: Immer neu hat Mozart dem Agnus seine besondere, erfinderische Liebe zugewendet: Die Einzelstimme singt, sie singt nicht Trauer, sie singt Dankbarkeit: »Eucharistie«; sie dankt, daß einer da ist, der das Schwergewicht aller Menschenschuld auf sich nimmt: »Qui tollis peccata«: Es ist, so dünkt mich, der höchste Augenblick der Mozartschen Krönungsmesse, wie das zweimal immer höher steigende »peccata« hier gestaltet ist; dann ist es, als breche sich die hochgetürmte Woge, und die Stimme sinkt in die Friedensbitte hinein: »Dona nobis pacem ...« Und während es nun die eine Stimme singt und dann die drei Begleitstimmen einfallen, geschieht es, daß die Menge, die schon dem Ausgang zustreben wollte, zurückkehrt: »O ja – so scheint sich's zu deuten– »Dona nobis pacem«, das ist unsre Sache, da müssen wir mitsingen, und so geht im vollen Chor das Werk zu Ende.

Warum, Freunde, ist das, was hier erklingt und was so ein wenig sich deuten ließ, so mächtig, daß es ein Leben begleiten, ja, ein Leben leiten kann? Ich will antworten: Weil diese Texte voller Wirklichkeitssinn sind und voller Ewigkeitssinn – und beides zugleich.

Daß es gut ist, nach dem rechten *Wirklichkeits*sinn zu trachten, wissen wir wohl. Es ist uns wohl bei einem Menschen, der Wahrheit Wahrheit nennt, Betrug Betrug, Größe Größe und Feigheit Feigheit. Aber Einübungen in den Wirklichkeitssinn können – auch das wissen wir aus Erfahrung – bittere Mundfalten zeitigen. Und: *Ewigkeitssinn:* Die Heiligen der Thebais mögen uns in den Sinn kommen, sie, die nicht mehr »in der Zeit« sind, sondern aller Verwirrung entnommen, die alles, was geschieht, nur erkennen wollen sub specie aeternitatis. Die wahre Lebensfülle aber ist doch dort, wo die beiden Sinne, der Wirklichkeitssinn und der Ewigkeitssinn, in eins verschlungen in uns wahr sind. »Als die Sterbenden, und siehe, wir leben« – das ist nicht Buddhas Aufschrei: »Weh mir, ich habe einen Sterblichen gezeugt«, da ist viel mehr die Strenge von Luthers Fastenpredigt: »Wir sind alle zum Tode gefordert und wird keiner für den anderen sterben ...« »ich werde dann nicht bei dir sein noch du bei mir«. Aber es ist auch nicht das vitalistisch aufgeräumte »Hurra, wir leben!« oder das »Wir sind noch einmal davongekommen«, sondern dies: Auf unsren Namen ist ein anderer Name geschrieben, auf unsre Hand legt sich eine andere Hand: »Ich lebe aber; doch nun nicht ich, Christus lebt in mir.«

»Als die Traurigen, aber allezeit fröhlich.« Ein nachdenklicher Nicht-Christ, der Dichter Gottfried Keller, war es, der davon sprach, daß den Menschen, dem es um mehr als das Von-Tag-zu-Tag geht, eine »gewisse Grundtrauer« nicht verlasse. Ja, eine »gewisse Grundtrauer«, wir werden sie auch in uns nicht verleugnen; aber das Blumhardtsche »Und wir gehen freudig und getrost Deinem immer stärker werdenden Reich entgegen« – das können wir ebensowenig vergessen.

Man hat sich, wenn man die Bilder des Mannes, dessen große Musik wir da heute hören, ansah, immer wieder verwundert darüber, mit was für einem Ernst er als ganz junger Mensch in die Welt sah. Später, und in jüngster Zeit ausdrücklich, hat man sich Mühe gegeben, alle hübschen, dummen und kecken Sprüche, die es – authentisch – *auch* von ihm gibt, zu sammeln und der Welt zu offerieren. Die Wahrheit ist, daß diese zwei, das »traurig« und das »fröhlich« zusammengehören, daß sie sich nicht auseinanderreißen lassen, nicht bei Mozart und nicht bei allen, die mitten in der Zeit sehen, wie alles noch offen ist, und alles ist: voller Zukunft.

Als ich – laßt mich so persönlich schließen – ein ganz junger Mensch war, habe ich zuerst als Schüler von Romano Guardini die Texte des ›ordo missae‹ kennen-, lieben gelernt, und besonders liebte ich sogleich jenes Staffelgebet, das damals noch regelmäßig vom Priester für sich selbst gesprochen wurde: »Ich trete zum Altare Gottes, zu dem Gott, der meine Jugend fröhlich macht.« Das konnte der zwanzigjährige Student mutig nachsprechen; aber besser noch ist es, dünkt mich, jetzt, nach Jahr und Tag, zu verstehen: daß es nicht auf Tage und Jahre ankommt, sondern auf das, was Jesaja im vierzigsten gesagt ist: »– kriegen neue Kraft« . . . Das Predigtamt ist nicht aller Jahre Amt; aber es ist eine rechte Ordnung der Kirche, daß die Aufgabe, bei diesen Messetexten am Altar zu stehen, erst zu Ende geht, wenn das Leben selbst erlischt.
Daß nun auch wir nicht aufhören, dies zu buchstabieren: Wie mit unsrer Müdigkeit vom Mut, mit unsrem Vergehen von der Zukunft, mit unsrem Alter von neuer Jugend gesprochen wird, das verleihe uns der barmherzige Gott. Amen.

Halb schon im Abschied

Zu einem Terzettino aus ›Così fan tutte‹
»Weht leiser, ihr Winde«

Vor fünfzig Jahren – man erlaube, daß ich bei diesem »Festspielsplitter« so persönlich einsetze – hatte ich für einige Zeit einen guten Ort, an dem ich erste Erfahrungen mit großen Kunstwerken halblaut bedenken konnte, es war die ›Frankfurter Zeitung‹ der Jahre 1936 bis 1942. Es gab unter dem Prinzipat von Reifenberg und Hausenstein eine Kommunität, in der man mit wachen, heiteren und kritischen Augen und Ohren rechnen konnte; man gab aufeinander acht; Walter Dirks und Dolf Sternberger werden es heute nicht anders sagen. Die Medien – Radio und Schallplatte – hatten noch ihre Jugendjahre zu absolvieren, und wenn der junge Autor aus schwäbischer Dorfverborgenheit in das Staatstheater seines Landes kam, um ein erstes und dann gleich noch ein zweites Mal ›Così fan tutte‹ zu hören, so war das für ihn kein flüchtiges Abendgeräusch, sondern ein Ereignis. ›Der leichte Sinn‹ überschrieb ich meine Rechenschaft von damals (hier im Buch zu finden), und dabei leitete mich eine Strophe aus dem ›Schicksalslied‹ des Clemens Brentano: »Freude singt, was Leid gelitten, / Schweres Herz hat leichten Sinn.« Es galt, sich das Werk vor- und nachzuerzählen. »Eine tollere Komödie sah man noch zu keiner Zeit«, singen Despina und Alfonso, die beiden Verführer, und sie haben die Zustimmung des Hauses. Es galt zu sehen, zu hören; dazwischen und danach wohl auch mit amüsierter Verwunderung die seltsamen Mißverständnisse zu registrieren, denen diese »Komische Oper« nach da Pontes Text im Gang der Zeiten ausgeliefert war, auch die Ehrenrettungen, die nicht retten, wo nichts gerettet werden muß – denn was sollte im Spiel der Rettung bedürfen? O ja, Verführung geschieht; aber doch nicht Verführung zu Treubruch und Leichtsinn, sondern Verführung zur Leichtigkeit, Heiterkeit, Gelassenheit, zum Lachen und Befreitsein. Verführung, damit die gefrorene Seele ein wenig töne, damit ihr steinerner Ernst sich löse. Der leichte Sinn: das ist der Leichtsinn nicht, der die Abgründe leugnet, weil er sie nicht sehen will. Der leichte Sinn: das ist der Menschensinn mit dem Vorzeichen des Lächelns. Und ist nicht das Lächeln, das vielfach auszudeutende, unsres Menschentums menschlichstes Teil?

Das war 1936. Theaterzettel habe ich nicht aufbewahrt, und auch an Einzelheiten und Sänger von damals habe ich keine Erinnerung. Der Adept hatte noch keine Vergleichsmöglichkeiten, und die Berichte aus dem für uns so völlig unerreichbaren Glyndebourne, wo der große Fritz Busch diese Oper dirigierte, kamen nur im Legendenton zu uns; mir mußte es genug sein, mit dem Klavierauszug wieder und wieder umzugehen, um Mozart zu hören. Welchen Mozart? Oder sage ich besser gleich: die sechs Mozarte zu hören, die sich hier begegnen. Beim ersten Hören hatte man einfach seinen Spaß an dem großen Jokus im ganzen, an diesem gestaltgewordenen »Ausdruck der ergötzlichen Ironie« – so heißt es in E. T. A. Hoffmanns ›Serapionsbrüdern‹ von ›Così fan tutte‹. Jetzt, aufs Einzelne achtend, erfuhr man, wie Mozart in jeder der sechs Figuren so zu sein vermochte, als käme es nur auf die eine an. In einem Werk, in dem – von da Ponte her – alles auf die Vertauscherlust gestellt ist, feiert – durch Mozart – das Unaustauschbare seinen eigenen Triumph. Wenn man bei Goethe sagen mochte – es ist so überliefert –, »es war, als hätte das ganze weibliche Geschlecht bei ihm zur Beichte gesessen«, so gilt das, erweitert noch, für Mozart. Er kannte sie in sich alle: Liebhaber und Liebhaberin in jeder Gestalt; in Despinas Doktortalar war es ihm vorübergehend herzlich wohl, und auch Alfonsos Voltaire-Maske war dem Mozart von 1790 vertraut. Wohl: aus Paris hatte er – das war 1778 – an den Vater geschrieben: »daß nehmlich der gottlose und Erz-spitzbub voltaire so zu sagen wie ein hund – wie ein vieh crepiert ist.« Dieser Ausbruch des Zweiundzwanzigjährigen liegt weit zurück; das würde er jetzt weder schreiben noch – komponieren. Jetzt weiß er nicht nur, daß »das Moralische sich von selbst versteht« (so F. Th. Vischer), sondern auch: daß das Nicht-Moralische seinen Platz überall findet: Così fan tutte.

Inzwischen ist viel Zeit vergangen, und wir können – dank den Zauberkästchen – selbst fern der großen Opernhäuser wohnend – ohne übergroßen Neid an das »dix fois« denken, dem wir bei Hippolyte Taine begegnen; *zehnmal* habe er – vor mehr als hundert Jahren berichtet er aus Paris – diese Oper gesehen und gehört, und es muß für ihn das gewesen sein, was es für mich gleich damals, anno 36, gewesen und seither geblieben ist: der Mozart hoch zwei; der allermozartischste Mozart.

Der nun alt gewordene Hörer wird auch jetzt schwerlich vor dem letzten Ton aus dem Theater gehen, aber er erfährt in sich, daß er jetzt mehr auf das Subtrahieren und Konzentrieren sich versteht als auf Additionen und Summen; er versichert seinem Begleiter, daß er auch in der Pause nach dem ersten Akt gehen könne; ja, daß es ihm im Grunde genug sei, das Terzettino Nummer 10 zu hören. Keine Sorge, ich schleiche mich nicht durch die Stuhlreihen hinaus, und sehr froh bin ich, daß mir Ferrandos Arie vom »Odem der Liebe« nicht entgeht; aber recht eigentlich »abendfüllend« ist für mich dieses Terzett.

Ich habe den Wortlaut klar im Kopf, und der ist nicht »ergötzlich« und »ironisch«, sondern einfach schön, schöner, als sonst Operntexte zu sein pflegen, er ist ein Gedicht: »Soave il vento / Tranquillo sia l'onda / à oggi elemento / benigne risponda / ai nostri desir.«

Freilich ist sie ein wenig sinnverwirrend und grotesk, diese herrliche Terzett-Singerei, die da Ponte befiehlt. Alfonso darf mitsingen, und es ist natürlich die reinste Heuchelei, *daß* er mitsingt. Der Vorhang geht auf, man sieht azurblauen Himmel und neapolitanische Golf-Herrlichkeit. Den beiden Damen ist es ernst bei ihrem Reisesegen für die entschwindenden Geliebten; Alfonso aber kann es unmöglich ernst sein; er weiß, daß das Schiff nicht länger als bis zum Abend seine Wettkumpanen beherbergen wird, und er muß ja dann auch, kaum, daß der letzte Ton verklungen ist, im Secco-Rezitativ die Wahrheit sagen, seine Wahrheit: »Ich bin kein schlechter Komiker, va bene ...«. Aber was bis dahin musiziert wird: wie die Violinen ihre hellschimmernden Wellenbewegungen in Terzen auf- und abstreichen, wie Klarinette, Fagott und Horn accompagnieren und alternieren, dann in die Höhe fahren, wie eine heftige Dissonanz sich einfügt, eine einzige nur, und wie ganz zuletzt in den drei Takten des Nachspiels die Bratschen sich noch in dieses Auf und Ab mischen, so die Szene am Ende ein wenig verdunkelnd: dieses still dahinschwebende Ganze, diese Barke der Glückseligkeit – was sagen wir darüber?

»Wahrscheinlich hat man nicht auf mich gewartet, daß ich es feststellte, aber das ist ein vollkommenes Musikstück«: so Adrian Leverkühn, und er meint die dritte Leonorenouvertüre –; aber ich nehme den Satz auf – und meine dieses Terzett. Ich reise weit, um es noch einmal im Vollendungsglanz zu hören.

Es ist der Mozart des letzten Raums, der obersten Lebensstufe, halb schon im Abschied. Da sind sie ganz beisammen: der namenlose Ernst und die schwerelose Heiterkeit. Da ist es nicht mehr weit bis zu jenem Rondo, das er – im Todesjahr für die Glasharmonika der blinden Marianne Kirchgäßner geschrieben hat: gramkundig und ariel-leicht in einem.

Es war, so denke ich rückblickend, nicht unangemessen, daß ich damals die Brentano-Strophe beizog, dieses »Schweres Herz hat leichten Sinn«. Jetzt, da ich den »Mozart, halb schon im Abschied« so deutlich in dieser Musik finde, tritt fast stärker noch als je in mein Bewußtsein die fünfte Strophe aus Brentanos Gedicht: »Weil sich Wandrer gern gesellen, / Denn auch ich bin nicht von hier.«

Der Vorhang ist noch offen; Fiordiligi, Dorabella und Don Alfonso singen. Aber wir – wir blicken dem Schiff so recht nicht mehr nach. Für uns ist es kaum noch der Opernhimmel, kaum noch da Ponte und Watteau – nur: musica assoluta è celesta; es ist diese Musik – und: »wohin ziehst du mich?«

Bibliographischer Nachweis

Hinweis (1987). Hier zum erstenmal gedruckt

Mörikes Siegel (1956). Die großen Deutschen, Propyläen-Verlag, Berlin 1956

Zum neuen Jahre (1949). Von Mensch zu Mensch, Bemühungen, S. Fischer, Frankfurt 1949

Nachwort, geschrieben 1944. Mörikegedichte, Feldauswahl, Cotta, Stuttgart 1944

Mörike beim Spiel (1957). Die guten Gefährten, Prosastücke, Cotta, Stuttgart 1957

Musik des Abschieds (1949). Wiesbadener Volksbücher, Mozart-Novelle, Nachwort zu ›Mozart auf der Reise nach Prag‹, Cotta, Stuttgart 1949

Gewiß ist ungewiß (1957). Aber im Winde das Wort, G. B. Fischer, Frankfurt 1963

Unschuld des Schönen (1954). Ruf und Echo, Aufzeichnungen 1951–1955, S. Fischer, Frankfurt 1956

Früh im Wagen (1952). Freude am Gedicht, S. Fischer, Frankfurt 1954

Mörike – gestern, heute, immer (1975). Tagwerk. Prosa und Verse, S. Fischer, Frankfurt 1976

Menschenlos im Wartestand (1975). Noch und schon. Zwölf Überlegungen, Radius Verlag, Stuttgart 1983

Koboldgeschichte (1978). Stuttgarter Hutzelmännlein, Europäische Bildungsgemeinschaft, Kornwestheim 1978

Mörike oder die Zwiesprache (1975). Rode in Marbach/N. Jahrbuch der Deutschen Schillergesellschaft, Alfred Kröner Verlag, Stuttgart 1976

Herbstkräftig. Zum ›Septembermorgen‹ (1979). Besonderer Tage eingedenk. Buchhändler-Vereinigung, Frankfurt 1979

Um Mitternacht (1982). Begleitwort zum Faksimiledruck eines Briefblattes von Mörike an den Vikarius J. Mährlen mit der frühen Fassung des Gedichts ›Um Mitternacht‹. Der Druck wurde 1984 vom Verlag der Buchhandlung Zimmermann in Nürtingen herausgegeben. Herrn Dr. Horst Zimmermann sei für die Erlaubnis zur Wiedergabe des Textes verbindlich gedankt.

Der Stiftler (1986). Hier zum erstenmal gedruckt

In Ochsenwang (1986). Erzählungen/Gedichte/Betrachtungen, S. Fischer, Frankfurt 1986

Mozart, der Gast (1955). Ruf und Echo, S. Fischer, Frankfurt 1956

Der leichte Sinn (1938). Die guten Gefährten, Cotta, Stuttgart 1957

Die Zauberflöte (1937). Die guten Gefährten, Cotta, Stuttgart 1957

Paris, Sommer 1778 (1963). Mozart, Briefe aus Paris, Trajanus Presse, Frankfurt 1963

Barbarinas Cavatine (1983). Hier zum erstenmal gedruckt

Contessa perdono (1974). Tagwerk, S. Fischer, Frankfurt 1976

Mozart, dreiundzwanzigjährig (1955). Aber im Winde das Wort, G. B. Fischer, Frankfurt 1963

Figaros Hochzeit (1929). Mozart, Figaros Hochzeit, Gedichte, S. Fischer, Frankfurt 1953

Sieben Leben (1950). Gedichte 1930–1950, S. Fischer, Frankfurt 1950

Musik aus dem Äther (1956). Aber im Winde das Wort, Prosa und Verse aus zwanzig Jahren, G. B. Fischer, Frankfurt 1963

Kristinas Papagenowald (1977). Hier zum erstenmal gedruckt

Einem, der davonging, nachgerufen (1973). Lichtschatten du, Gedichte aus fünfzig Jahren, S. Fischer, Frankfurt 1978

Der Briefschreiber (1979). Wolfgang Amadeus Mozart, Briefe. Herausgegeben von Albrecht Goes, Fischer Taschenbuch Verlag (2140), Frankfurt 1979

Ein Übergang zur Ruh (1980). Hier zum erstenmal gedruckt
Dezember 1791 (1976). Letzte Tage, Kreuz Verlag, Stuttgart 1976
Das Duettino ex A (1981). Hier zum erstenmal gedruckt
Die Krönungsmesse (1978). Noch und schon. Zwölf Überlegungen, Radius Verlag, Stuttgart 1983
Halb schon im Abschied (1985). Hier zum erstenmal gedruckt